Dr. iur. Paul Hoffacker MdB
geb. 24. 11. 1930 in Büderich bei Wesel,
Rechtsanwalt in Essen, verheiratet,
5 Kinder. Vorsitzender des Bundestagsausschusses für Jugend, Familie
und Gesundheit; Bundesvorsitzender
des Deutschen Kolpingwerkes
(Wahl-Ehrenamt).

Benedikt Steinschulte
geb. 04. 04. 1949 in Menden (Westfalen).
Studium der Rechts- und Politikwissen-
schaft, Geschichte und Philosophie in Bonn
und Köln; Journalist, Köln/Rom.

Paul-Johannes Fietz
geb. 06. 02. 1959 in Essen.
Studium der Rechts- und Sozialwissen-
schaften in Bochum und Bonn;
Jurist; Doktorand bei Prof.
Dr. iur. Josef Isensee, Lehrstuhl
für Öffentliches Recht an der
Universität Bonn.

Hoffacker/Steinschulte/Fietz
(Herausgeber)

AUF LEBEN UND TOD

Abtreibung in der Diskussion

BASTEI-LÜBBE-TASCHENBUCH
Band 60 133

1. Auflage Nov. 1985
2., verbesserte Auflage Nov. 1985

© für die Farbbild-Dokumentation: Dr. Rainer Jonas, Alsfeld

Originalausgabe
© 1985 by Gustav Lübbe Verlag GmbH, Bergisch Gladbach
Printed in Western Germany
Redaktion: Werner Morawetz
Einbandgestaltung: Manfred Peters
Satz: Fotosatz Froitzheim, Bonn
Druck: Ebner Ulm
ISBN 3-404-60133-5

Der Preis dieses Bandes versteht sich einschließlich
der gesetzlichen Mehrwertsteuer

Inhalt

Einführung

Vor mehr als einem Jahrzehnt wollte der Deutsche Bundestag durch eine Novellierung des § 218 das ungeborene Leben wirkungsvoller schützen. Zunächst verabschiedete man 1974 die sogenannte *Fristenlösung*, nach der die Abtreibung durch einen Arzt während der ersten drei Monate der Schwangerschaft grundsätzlich straflos sein sollte, die das Bundesverfassungsgericht 1975 aber für verfassungswidrig erklärte.

Im Anschluß daran wurde 1976 die noch heute geltende *Indikationenregelung* Gesetz, die bei Vorliegen bestimmter Umstände (medizinischer, eugenischer, kriminologischer oder sozialer Art) die grundsätzlich strafbare Abtreibung für straflos erklärte.

Ob diese damals beschlossenen Gesetzesänderungen den in sie gesetzten Erwartungen entsprechen würden, war zwischen den politischen Lagern äußerst umstritten, teilweise sogar innerhalb der Parteien.

Wenn auch nach wie vor die Bewertung der damaligen Gesetzgebung sehr unterschiedlich ausfällt, so kann doch folgende Tatsache nicht mehr bestritten werden: Die Gesamtzahl der Abtreibungen – Tötung menschlichen Lebens, ungeborener Kinder – ist entgegen mancher Hoffnungen und Erwartungen nicht nur nicht kleiner geworden, sondern im Gegenteil in den letzten Jahren ständig gewachsen. Grund genug also für den Gesetzgeber, aber auch für die Verwaltung und die Gerichtsbarkeit, sich erneut mit diesem Thema zu befassen, das bereits in den zwanziger Jahren Gegenstand parlamentarischer Debatten war.

Aufgrund der zu Beginn der 70er Jahre gewonnenen Erfahrungen – starke Emotionalisierung, bekenntnishafter Austausch von Standpunkten oder gar Schlagworten, wenig ernsthafter Dialog – sollten in der öffentlichen Debatte aber in Zukunft einige Fehler vermieden werden. Ein aufmerksamer Beobachter kann zum Beispiel unschwer erkennen, daß in der Diskussion bestimmte Argumente der einen Seite auf der jeweils anderen unbeantwortet blieben (und bleiben). Der Grund für diese Argumentationsmängel ist sicher nicht nur in vorgefaßten Meinungen zu suchen, sondern auch in der zum Teil fehlenden Erkenntnis, daß unser Thema nur bei Beteiligung verschiedener Wissenschaftsbereiche – im interdisziplinären Gespräch – sachrichtig behandelt werden kann. Von größter Bedeutung ist in diesem Zusammenhang ein methodisch einwandfreier Dialog aller Beteiligten, was in einer Gesellschaft mit teilweise völlig unterschiedlichen Interessen, Standpunkten und Wertungen keinesfalls selbstverständlich ist.

So heißt es zum Beispiel in einer von Pro-Familia-Bremen 1984 herausgegebenen Broschüre: »Wann Leben beginnt (...) muß dem einzelnen Bürger als eine höchst subjektive (...) Frage zur Entscheidung überlassen werden.« Diese Meinung ist vom medizinisch-naturwissenschaftlichen Standpunkt aus nachweisbar falsch, weil artspezifisches menschliches Leben mit der Verschmelzung der Keimzellen im Augenblick der Befruchtung entsteht.

Für die Transparenz und Sachbezogenheit der öffentlichen Auseinandersetzung wäre schon viel gewonnen, wenn man sich auf zielführende Fragestellungen einigen könnte, zum Beispiel: Welche Gesichtspunkte sind in der Diskussion zu beachten, welche Einzelfragen sind zu beantworten? Als Strukturelemente einer ernsthaften Diskussion bieten sich außerdem folgende Fragen an:

1. Welche Standpunkte sind beweisbar?
2. Welche Auffassungen sind allgemein einsichtig (evident)?
3. Welche Meinungen sind zumindest vertretbar?

Dieser gedanklichen Linie entsprechend ist die logische Reihenfolge der Beiträge gewählt, in denen herausragende Vertreter verschiedener Disziplinen im Rahmen ihrer Kompetenz Stellung nehmen: aus genetischer, embryologischer und medizinischer Sicht, unter philosophischen Gesichtspunkten, aus einer juristischen, insbesondere verfassungsrechtlichen Perspektive sowie aus dem Blickwinkel des Politikers.

Der Band wird eingeleitet und abgeschlossen von je einem Beitrag einer jungen Frau und Mutter.

Mit dem vorliegenden Buch möchten die Herausgeber einen Gedankengang darstellen, der dem Schutz des menschlichen Lebens ebenso gerecht zu werden versucht wie den Anforderungen an den Prozeß der Rechtsetzung in einer pluralistischen Gesellschaft.

Dem kritischen Leser wird nicht entgehen, daß sich zu einer Frage, die manche für ein ausschließlich Frauen betreffendes Problem halten, überwiegend Männer äußern. Diesen optischen Mangel gestehen die Herausgeber natürlich ein. Die Tötung menschlichen Lebens – geboren oder ungeboren, unter welchen Umständen auch immer – ist jedoch niemals nur eine Angelegenheit des einen oder des anderen Geschlechts (zum Beispiel hier Krieg – dort Abtreibung). Deshalb ist der § 218 nicht ausschließlich ein Thema für Frauen, wie Fragen von Krieg und Frieden nicht ausschließlich Männersache sind.

Aus Gründen der Geschlechterbalance und in Erfüllung einer großen Dankesschuld möchten die Herausgeber aber nicht unerwähnt lassen, welches Übermaß an Engagement Frau Brigitte Sichelschmidt diesem Buch gewidmet hat. Ihre unermüdliche Aufmerksamkeit bezog sich nicht nur auf die organisatorischen und technischen Fragen der Manuskripterstellung – als junge Frau war sie mit wertvollen Anregungen auch an der inhaltlichen Gestaltung des Buches interessiert.

Bonn, im Juni 1985 DIE HERAUSGEBER

Martine Liminski

Werdendes Antlitz

Vom Wachsen der Hoffnung vor der Geburt

Hoffnung ist mehr als ein Prinzip. Sie belebt. Und sie ist, gut getragen, Leben.

Hoffnung muß entdeckt werden. Ein unbekannter Kontinent tut sich auf, wenn die Ahnung zur Gewißheit reift. Zunächst wächst, erst unerreichbar weit, wie ein Punkt weit weg, die Frage. Das Ahnen verdichtet sich. Antwort bringt die Zeit, manchmal auch das Fernrohr der Medizin, die Analyse. Dann der Moment der Entdeckung. Er hat viele Eigenschaften: die Angst des Ungewissen, die Fülle der Hoffnung, die Freude des Lebens, der Schreck vor den Folgen, der Schmerz des Verzichts, der Verlust vieler Optionen, der Gewinn an Zukunft. Unbestimmbar ist das Gefühl, denn die Bestimmung des neuen Lebens ist noch unberührt. Fest steht: Unser Leben wird anders, das Ereignis sprengt die gemütliche Enge der inneren Häuslichkeit. Aber die Hoffnung, gut getragen, sie reißt die Fenster auf.

Platz schaffen

Die Hoffnung hat einen Namen. Es sind immer die Geschwister gewesen, die ihren Bruder, ihre Schwester im Schoß der Mutter beim Namen riefen. Der abstrakte Begriff »Kind« kommt ihnen kaum in den Sinn, noch weniger über die Lippen. Sie rufen es »nominatim«, beim Namen, und geben in ihrer Unbefangenheit und Natürlichkeit den Erwachsenen eine große Lektion. Das Kind ist Person, schon jetzt. Es hat seinen Platz, sein Zuhause. Wieder sind es die Geschwister, die zuerst daran denken, wo Jessica, Natascha, Nathanael, Rafael, Michel – anfangs gibt es viele Namen – schlafen, essen, ruhen, spielen soll. Sie schaffen Platz im Haus. Denn das Kind hat schon einen in ihren Herzen. So gewinnt Hoffnung Gestalt.

Die Sorglosigkeit der Geschwister ist ermutigend. Fast könnte man meinen, sie hätten nichts anderes getan, als den Schweizer Volksdichter Albert Bitzius (Jeremias Gotthelf) oder andere Propheten des familiären Glücks zu lesen. »Kinder sind des Staates größter Schatz, wie sie des Hauses reichste Gabe sind«, hat Bitzius gesagt.

Er mag für seine Zeit recht gehabt haben. Heute sind Kinder, rein mikro-ökonomisch gedacht, eine Fehlinvestition von rund 400 Mark im Monat. Sie machen die Wohnkäfige noch enger, die Umwelt noch lauter, die Emanzipation noch schwieriger. Fast zwei Drittel aller kinderreichen Familien erreichen die Mindestnorm an Wohnraum nicht und leben mit mehr als drei Kindern auf weniger als 80 Quadratmetern. Jedes dritte Ehepaar scheut laut Umfrage die Kosten, jedes fünfte Zeit und Arbeitsaufwand der Erziehung. Kinderlose Ehen, bei denen beide Partner arbeiten, haben den dreifachen Lebensstandard gegenüber einer Familie mit drei Kindern, aber nur einem Verdiener. Außerdem erarbeitet sich ein Doppelverdiener-Ehepaar zwei Renten. Undsofort. Es geht nicht ohne Hoffnung.

Der Tellerrand der Ratio

Und es geht nicht ohne Familie. Aber welche? Der dritte Familienbericht der Bundesregierung – die ersten zwei sind glücklicherweise vergessen, der vierte leider noch nicht geschrieben – spricht von Familie, »wenn durch Geburt von Kindern aus der Ehe eine biologisch-soziale Kleingruppe zusammenlebender Menschen entsteht«. Profane

Wissenschaft, was weiß der Bürokratismus vom Leben? Der fade Geschmack solch soziologischer Formeln oder philosophischer Definitionen und theologischer Sätze, ob von Kant, Fichte, Schleiermacher, Freud oder anderen, die ich nicht kenne, er hat immer mit dem Tellerrand der Ratio zu tun. Lebenspendende Hoffnung aber sieht weiter. Die kleinen Schuhe des Verstandes haben Mühe, den Siebenmeilenstiefeln des Herzens zu folgen. Er oder sie ist da. Ungeplant, akzeptiert oder Wunschkind, das sind Kategorien für die Arbeit eines Ministeriums, nicht für das Leben einer gesunden Familie. Für uns gilt: Du bist da.

Mögen die Politiker sich weiter wegen Fragen der sozialen Gerechtigkeit und des generativen Verhaltens der Deutschen oder Europäer streiten. Das Kind im Schoß steht außerhalb ihres Verfügungshorizonts und ihrer Kompetenz. Orwells und Huxleys Romane sind nicht verfassungskonform. Sie machen Kinder, ähnlich wie der überholte zweite Familienbericht der Bundesregierung oder die Jugenddienstverordnung vom 25. März 1939, zu Objekten des Staates, im besten Fall noch der Bevölkerungspolitik. Aber sie sind Subjekt, haben Namen, Familie, sind Personen. In jeder normalen Familie wird das Kind, der Mensch, um seiner selbst willen geliebt. In der Familie gewinnt der Mensch Persönlichkeit, in der Gesellschaft lebt er sie. Die Erziehung zur Persönlichkeit vollzieht sich nicht serienmäßig, sondern von Mensch zu Mensch, von Du zu Du. Jedes Kind hat das Recht, seine Mutter, seinen Vater zu sehen. Es hat das Recht, sein Bett zu haben, sein Spielzeug, seine Puppe, seinen Bären. Alles gehört ganz ihm. Denn in seiner Individualität, im Sein und Haben anerkannt zu werden, das ist es, was das Hort-, Heim- oder Tagesstätten-Kind entbehrt. In der Familie lernt das Kind besser als irgendwo sonst den tiefen Sinn dieser beiden Verben, die der Mensch am häufigsten und mit dichtestem Inhalt gebraucht: Sein und Haben, ich habe und ich bin. Die Familie ist das Milieu der Hoffnung.

Die Gründe des Herzens

Die Urbedürfnisse des Kindes – Geborgenheit, Angenommensein, Schutz, Autorität, Identifikation – sind familienspezifisch. »Die Familie verfügt über große schöpferische Kräfte«, schreibt Robin Skynner in seinem Buch »Die Familie – Schicksal und Chance«; »zerfällt sie, wächst ihr ein ähnlich großes Potential an Zerstörungskraft zu«. Die schöpferischen Kräfte entfalten, das beginnt schon mit der Annahme des Unverhofften, des Unvorhergesehenen, mit der Annahme dessen, der nicht gefragt hat, ob er willkommen ist, sondern der einfach kommt. Wieviel einfacher ist der »Lebensstart eines Kindes, das mit Freude erwartet wurde und dessen Eltern seine Ankunft mit Sorgfalt und Liebe vorbereitet und sich auch um seine Zukunft bereits viele Gedanken gemacht hatten, bevor es auf die Welt kam!« Die bekannte Psychologin Christa Meves weiß, wovon sie spricht, wenn sie diese Lebensweisheit nach einer Reihe erschreckender Beispiele aus ihrer Seelen-Praxis niederschreibt[1]. Diese heute mit wissenschaftlichen Methoden abgesicherte Erkenntnis war schon etwa 350 Jahre vor Christus bekannt. So formuliert Aristoteles: »Schwangere Frauen müssen für ihren Körper Sorge tragen. Ihr Gemüt aber sollen sie frei halten von Sorge, denn das werdende Kind nimmt vieles von der tragenden Mutter an, wie die Pflanze von dem Erdreich, in dem sie wurzelt.«
Wenn die Mutter ohne Hoffnung trägt, wie traurig muß das Kind die Welt erblicken. Es soll Mütter geben, die daraus den Trugschluß ziehen: lieber tot als traurig. Nein, der Tod ist keine Alternative, weder für die Mutter noch für das Kind. Hoffen lernen, muß die Devise heißen.
Der Lernprozeß ist manchmal mühsam, nie unmöglich. Es kommt auf das Umfeld, die Berater an. Hier sind die »großen schöpferischen Kräfte der Familie« (Skynner) gefordert. Auch die anderen müssen hoffen. Oder hoffen lernen. Zuerst der Vater. Seine Präsenz hat Stiftungskraft.

Sie nährt den Keim der Hoffnung. Sie prägt das Milieu. Sie spendet so viel Sicherheitsempfinden, so viel Geborgenheit, daß der Mutter beinah ein doppeltes Maß an Tragekraft erwächst. Die Gegenwart des Vaters ist wie die Luft, unsichtbar, nicht zu fassen, aber unverzichtbar. Dazu gehört vielleicht auch, daß er die Dame seiner Hoffnung etwas hofiert, ihr auch mit kleinen Diensten zur Seite steht. Natürlich kann ich einen Wäschekorb oder die Einkaufstasche selber tragen. Aber solch kleine Relikte der Ritterlichkeit heben das Herz, erleichtern das Gemüt. Sie tragen bei zur Atmosphäre der Geborgenheit. Wie soll man den reinen Glanz in sich ruhender Natürlichkeiten beschreiben, ohne sie in die Grelle unserer Neonwelt zu zerren? Das Herz hat Gründe, von denen der Verstand nichts weiß, die er auch nicht begreift, sagt tröstend Pascal. Diese Selbstverständlichkeiten des Herzens sind die geheimen Kanäle der Seele, das geistige Gewebe der guten Hoffnung.

Forschen und Fortschritt

Auch die Fragen verästeln sich jetzt. Wie sieht er aus? Ich kann, nach fünf Jungen und zwei Mädchen, mir eigentlich nur noch Buben vorstellen. Ist er stämmig, kräftig oder schmächtig, zäh? Ist er sensibel, introvertiert, laut, ruhig, lebendig? Wie sind seine Augen? Die Hoffnung sucht ihr Antlitz. Als diffuses Licht drang sie bisher wie durch eine dicke Milchglasscheibe in die kleine Stube des eigenen Ichs. Jetzt versuche ich, dieses Licht zu bündeln. Schon formen die Fragen im Geist die Physiognomie. Sie wollen die Person umfassen, modellieren, die Gewißheit des Lebens in einer konkreten Gestalt verkörpern. Aber eine Person läßt sich nicht wie heißes Eisen in vorgegebene Matern gießen. Sie ist. Auch das Kind in meinem Schoß kümmert sich nicht um meine Fragen. Es braucht meine

Vorstellung nicht. Es hat ein eigenes Gesicht. Es hat ein eigenes Leben, unwiederholbar, nicht austauschbar. Es gehört mir nicht, wiewohl ich es trage. Und es demonstriert recht früh seine Eigenständigkeit. Zum Beispiel nachts, wenn es mich weckt, indem es unruhig ist, weil ich tagsüber unruhig war. Oder bei der Ernährung. Ich mag so viel oder wenig essen, wie ich will. Der Kleine nimmt, was er braucht. Er holt sich seine Portionen, ungefragt.

Ich forsche weiter in mir nach ihm. Auch das erste Bild gibt nicht mehr Aufschluß. Das Wunder des Ultraschalls enthüllt das Geheimnis nur partiell. Manche Ärzte sind begeistert angesichts dieses Fortschritts. Mit Recht. Er bringt die Medizin voran. Er macht das Kind sichtbar, noch bevor es das äußere Licht erblickt. Aber er vermag den Wertekreis der Person nicht zu erhellen. Man erkennt nichts Persönliches, nur Meßwerte. Sie stimmen. Oder auch nicht. Sie erleichtern die Diagnose.

Und sie beleben die Erwartung. Manche Ärzte sind von einer Erwartungshaltung, die mancher Mutter unverständlich erscheint. Das erste Foto ist keine Entdeckung, nur eine Feststellung. Es lebt. Ja natürlich lebt er. Und es sieht aus wie jedes Kind auf Ultraschall. Dennoch, eins bewegt mich an dem Gerät: Der Herzschlag. Nicht die Existenz des Schlags oder seine Akustik. Nein, es ist die Symbolik, die ruhige Monotonie. Wo ein Herz schlägt, da zieht sich eine Linie, Punkt für Punkt, Sekunde um Sekunde, Schlag um Schlag, bis in die Ewigkeit.

Es sind die Impulse der Hoffnung. Sie machen die Freude des Arztes ansteckend.

Wie erschreckend dagegen die Vorstellung, daß Ärzte angesichts der Lebensfeststellung, der Töne und Fotos des Ultraschallgeräts, dennoch ein Nein zum Leben aussprechen. Sie sehen das Leben, sie messen seine Größe, die Intervalle des Herzschlags. Dann reduzieren sie die Größe des Lebens auf Umfang, Daten und Fakten und töten es – herzlos. Für dreißig Silberlinge auf Krankenschein. Sie tilgen das Antlitz. Ihnen fehlt die Dimension der Hoffnung. Sie sind wie Tiere.

Wir sind neugierig

Ich freue mich auf Dich. Dein Vater auch. David und Tobias haben gesagt, sie rücken zusammen. Dann wäre noch Platz auf der Bank. Annabelle und Vanessa wollen Dich wickeln. Thomas leiht Dir seine Seifenkiste, wenn Du etwas größer bist. Vielleicht schenkt er sie Dir dann auch. Thiebaut überlegt noch, ob er Dir außer dem Piratenschiff auch noch das Cowboy-Fort zum Spielen geben soll. Nur Arnauld will nichts von Dir wissen. Er ist noch der kleinste. Das möchte er bleiben. Er wird etwas eifersüchtig sein, anfangs.
Ich bin neugierig auf Dein Gesicht. Es wird etwas Endgültiges sein. Geformt hat es sich, ohne daß wir noch etwas dazu taten. Es ist immer ein Wunder, sagte die freundliche Schwester, als Arnauld vor gut drei Jahren sein noch zusammengekniffenes Antlitz zeigte. Und der Arzt, der immer so viel hilft, meinte: »So siehst Du also aus!« Wir sind alle neugierig auf Dich, Deinen Blick, Dein Schreien. Wir sind jetzt wirklich neugierig zu sehen, wie Du bist, kleiner Sendbote der Hoffnung.

[1]   Erziehen lernen, 2. Aufl. Freiburg – Basel – Wien 1984, S. 15.

Jérôme Lejeune

Die Spitze der Nadel

Über den Anfang menschlichen Lebens

Wann beginnt menschliches Leben? Ich will versuchen,
diese Frage nach dem heutigen Stand der Wissenschaft so
präzise wie möglich zu beantworten. Die moderne Biologie
lehrt uns, daß die Vorfahren mit ihren Nachkommen durch
ein fortlaufendes materielles Bindeglied verbunden sind,
da ein neues Menschenleben aus der Befruchtung der
weiblichen Zelle (des Ovums) durch die männliche Zelle
(das Spermium) entsteht. Das Leben hat eine sehr lange
Geschichte, doch hat jedes Individuum einen genau zu
definierenden Anfang, nämlich den Augenblick der *Empfängnis*.
Das materielle Bindeglied ist der molekulare Faden der
Desoxyribonuclein-Säure (DNS). In jeder Fortpflanzungs-
zelle ist der etwa ein Meter lange Faden in Stücke geteilt
(beim Menschen sind es 23 Stücke). Jedes Segment wird
sorgfältig aufgerollt und verpackt (wie ein Magnettonband
in einer Minikassette), so daß es unter dem Mikroskop
aussieht wie ein Stäbchen, ein Chromosom.
Sobald sich die 23 väterlichen Chromosomen durch die
Befruchtung mit den 23 mütterlichen Chromosomen ver-
einigt haben, ist alle genetische Information gesammelt,
die erforderlich und ausreichend ist, alle dem neuen Lebewesen angeborenen Eigenschaften zum Ausdruck zu
bringen.
Die Natur- und die Rechtswissenschaft sprechen dieselbe
Sprache. Erfreut sich jemand einer robusten Gesundheit,
so sagt der Biologe, daß er in guter Verfassung ist; von

einer Gesellschaft, die sich in Harmonie und zum Nutzen all ihrer Mitglieder entwickelt, würde der Gesetzgeber sagen, daß sie eine gerechte Verfassung hat.

Der Gesetzgeber kann ein bestimmtes Gesetz nicht voll und ganz erfassen, solange seine Bestimmungen nicht klar und deutlich ausgedrückt worden sind. Liegen diese vollständigen Informationen jedoch vor und wurde über das Gesetz abgestimmt, so kann dieses Gesetz helfen, die Bestimmungen der Verfassung zu definieren.

Die Natur arbeitet in derselben Weise. Die Chromosomen sind die Tabellen für das Gesetz des Lebens, und wenn sie in dem neuen Lebewesen zusammengestellt worden sind (wobei die Befruchtung das Wahlverfahren darstellt), drükken sie dessen persönliche Verfassung vollständig aus.

Die »Programmierung« des einzelnen Menschen paßt auf die Spitze einer Nadel

Was daran erstaunt, ist die Winzigkeit der Inschrift. Es ist kaum zu glauben – obwohl kein Zweifel mehr bestehen kann –, daß die gesamten genetischen Informationen, die erforderlich und ausreichend sind zur Entwicklung unseres Körpers und selbst unseres Gehirns – dieser mächtigsten Vorrichtung zur Lösung von Problemen, die sogar die Gesetze des Universums zu analysieren vermag – hinsichtlich ihres materiellen Substrats auf die Spitze einer Nadel passen.

Die Komplexität des Gehirns selbst eines schlichten Menschen erhebt diesen bei weitem über die außerordentlichste Maschine, die man je erfunden hat. Unser Gehirn enthält etwa 13 Milliarden Nervenzellen (Neuronen), die ganz großen Computer aber nur einige Millionen.

Aber das ist ein ungerechter Vergleich, denn in Wirklichkeit ist jede Nervenzelle imstande, Kontakte mit einer wechselnden Anzahl von anderen Zellen – minimal 100 und maximal 10 000 – auszutauschen. Anders ausgedrückt: Jede Nervenzelle ist für sich selbst, in sich selbst eine kleine, schon viel mächtigere Rechenmaschine als die, die wir im Handel kaufen, was zu einer astronomischen Ziffer wie etwa 10^{14} führt. Das ist eine Zahl, die sich in keiner Sprache ausdrücken läßt. Was die Kabelverbindungen und die Fäden und das Netz betrifft, die die verschiedenen 13 Milliarden von Neuronen unter sich verbinden, so sind sie von einer äußerst beeindruckenden Länge: Wenn man die Kabelverbindung aus einem menschlichen Gehirn herauslöste und die Fäden aneinanderreihte, wäre die Länge ungefähr von uns bis zum Mond und zurück!

Und das Außerordentlichste ist dies: Alle Spezifizierungen dieser außergewöhnlichen Maschine sind in einer winzigen Zelle enthalten, in einem befruchteten Ei – und zwar nicht nur ihre Konstruktionspläne, sondern auch die Pläne, die die Konstruktionspläne erst konstruieren werden! Die ganze Information, die notwendig und ausreichend ist, um den Menschen zu »fabrizieren« – nicht nur mit seinen Armen, Beinen und mit seinem Kopf, sondern auch mit dieser »Maschine«, die selber das Universum analysieren wird – all dieses hat sehr bequem auf der Spitze einer Nadel Platz. Es genügt, wenn die »Maschine« von der Befruchtung an festsitzt und man ihr die Mittel zum Überleben gibt, damit sie ihr Ziel erreicht.

Noch beeindruckender ist, daß diese genetische Information während des Heranreifens der Fortpflanzungszellen so vielfältig umgruppiert wird, daß jedes empfangene Lebewesen über eine nur einmal existierende Kombination verfügt – eine Kombination, die es niemals zuvor gegeben hat und die es auch nie wieder geben wird. Jedes neue Lebewesen ist einzigartig und somit unersetzlich. Eineiige Zwillinge und echte Hermaphroditen (Zwitter) bilden die Ausnahme der Regel, die lautet: *ein Mensch, eine genetische Zusammensetzung;* aber interessanterweise müssen sich diese Ausnahmen zum Zeitpunkt der Empfängnis vollziehen. Spätere Ereignisse können nicht zu einer harmonischen Entwicklung führen.

Ich habe es schon gesagt: In der ersten Zelle, die nach dem Eindringen der Samenzelle in die Eizelle entsteht, also aus dem Verschmelzen der von der Mutter stammenden Hälfte der Erbmasse mit der anderen Hälfte, die vom Vater stammt, sind alle Instruktionen, die einen Menschen ausmachen, vorhanden. Und dies nicht, damit ganz allgemein ein Mensch entsteht, sondern damit *dieser* Mensch entsteht, der, den wir später Peter, Paul oder Magdalena nennen – genau dieser und kein anderer. Das ist möglich, weil die Transmission des Lebens die genaueste »Sprache« verwendet, die es gibt. Alle Charakteristika, die gänzlich alle und jede Eigenschaft einer Person definieren werden, sind einem sehr langen Molekül der DSN eingeprägt, das, auch wenn die Proportionen hier unendlich klein sind, dem Magnetband eines Magnetophons gleicht. Und ebenso wie das Tonband Ihnen die ganze Symphonie wiedergeben wird, die unter Code-Form durch winzige Veränderung der örtlichen Magnetisierung auf dem Band eingeschrieben ist, ebenso wird die Zelle, die diese zahlreichen magnetischen Bänder enthält, die Symphonie des Lebens wiedergeben.

Aber dieses ist eine besondere Symphonie, die von unserem Vater und unserer Mutter je nur die Hälfte der elterlichen Erbmasse enthält, und zwar auf eine äußerst komplizierte Weise. Es handelt sich nämlich nicht um eine Spule, sondern wir haben 46 Spulen, und jeder Elternteil gibt uns die eine oder die andere seiner 46 Spulen, was bereits eine Anzahl von astronomischen Kombinationen ausmacht. Wie es möglich ist, daß diese Spulen zerschnitten sind – so wie man eine Filmmontage macht – und man einen Teil von der einen und einen Teil von der anderen erhält, so übertrifft die Zahl der dadurch möglichen Kombinationen bei weitem die unaussprechliche Zahl der Menschen, die je auf diesem Planeten gelebt haben. Man ist also ganz sicher, daß jeder von ihnen eine einzigartige und absolut unersetzliche Formel besitzt. Sie hat keine Aussicht, in einer Zeit, die in astronomischen Dimensionen vorausgesehen werden kann, sich zu wiederholen.

Das Retortenbaby beweist: Menschliches Leben beginnt mit der Befruchtung

Allerdings ist es notwendig, daß wir auch unsere Zeitgenossen überzeugen. Und wie können wir das? Was können wir tun, damit sie glauben, daß dieses winzige Wesen, das im Augenblick der Befruchtung kaum einen Millimeter mißt, tatsächlich seine eigene Botschaft empfängt, wirklich ein menschliches, vollkommen einzigartiges Wesen ist – nur mit dem Unterschied, daß es wunderbar jung ist?
Viele behaupten, die Meinung, ein menschliches Wesen existiere in einer derart verkleinerten Form – »auf seinen einfachsten Ausdruck reduziert« –, sei ein philosophischer Gedanke. Man hat zum Beispiel gesagt, die Abtreibung sei (höchstens) nur ein »metaphysisches« (und kein physisches) Verbrechen.
Es handelt sich jedoch nicht um ein philosophisches Konzept – es ist im Experiment aufgezeigt. Und wir haben sogar einen Beweis dafür, den jedermann verstehen kann, ohne Bezugnahme auf die codierten Moleküle und auf die ganze genetische Maschinerie:
Einem englischen Genetiker namens Edwards ist vor nicht langer Zeit eine Befruchtung im Glas gelungen. Er hat einer Frau eine Eizelle entnommen, hat sie in ein etwas kompliziertes, aber im biologischen Sinne ganz einfaches Milieu gesetzt, hat dazu vom Sperma des Gatten gemischt, und einer Samenzelle ist es gelungen, das Ei zu befruchten. Dieses hat begonnen, sich aktiv in einer winzigen kleinen Flasche zu teilen und wurde dann wieder in den Uterus seiner Mutter gepflanzt. Die Journalisten haben das

ausgeschlachtet, haben erklärt, das sei ein »Retortenbaby«, was gar nichts besagt. Das Wichtige, was den Massenmedien entgangen zu sein scheint, liegt nämlich hierin: Man hatte endlich und beim Menschen erstmals den formalen und *unbestreitbaren Beweis erbracht, daß das Leben eines menschlichen Wesens schon bei der Befruchtung beginnt!* Denn wenn dieses winzige Ding, dieser kleine Embryo, der sich in Zellen geteilt hat, nicht schon ein menschliches Wesen gewesen wäre, wie hätte dann seine Einpflanzung in den Uterus eine Schwangerschaft und die Geburt eines glücklichen kleinen Mädchens zur Folge haben können?

Dies war das erste Mal, daß wir in unserer Spezies nicht durch philosophisches Denken, sondern nur durch experimentelle Beobachtung demonstrieren konnten: Das menschliche Wesen beginnt – wie alles – mit seinem Anfang.

Nidation ohne Einfluß auf das lebende Individuum

Wird die Eizelle einer Kuh mit dem Sperma eines Bullen befruchtet, so beginnt der winzige, frei in der Flüssigkeit herumschwimmende Embryo sofort seinen Lebensweg als Rind. Normalerweise würde seine Reise durch den Eileiter zur Gebärmutter etwa eine Woche dauern. Aber dank der modernen Technologie kann er viel schneller reisen, sogar über den Ozean!

Am besten ist so ein zwei Milligramm schweres Rind zu befördern, indem man es in den Eileiter eines weiblichen Kaninchens einsetzt (die Luftfracht ist dafür niedriger als für eine schwangere Kuh). An seinem Bestimmungsort angelangt, wird das winzige Tierchen sorgfältig herausgenommen und vorsichtig in den Uterus einer anderen Kuh eingesetzt. Monate später weist das Kalb alle genetischen Eigenschaften seiner wahren Eltern (der Spender des Ovums und des Spermas) auf, und keine der Eigenschaften seines temporären Trägers (des Kaninchens) oder seiner Pflegemutter, in deren Gebärmutter es herangewachsen ist.

Wie viele Zellen sind für die Entwicklung eines Individuums erforderlich? Experimente jüngeren Datums geben Antwort auf diese Frage. Werden sehr junge Mäuseembryonen (mit Hilfe einer speziellen enzymatischen Behandlung) künstlich zerlegt, trennen sich ihre Zellen. Vermischt man derartige Zellsuspensionen verschiedener Embryonen miteinander, so bilden sie wieder eine Einheit. Wird diese winzige Masse dann in ein weibliches Empfängertier eingepflanzt, so entwickeln sich einige kleine Mäuse (allerdings nur sehr wenige) termingerecht und völlig normal. Wie B. Mintz theoretisch erwartete und Market und Peter experimentell nachgewiesen haben, kann eine Mausschimäre aus höchstens zwei oder drei Embryonen entstehen. An der Entwicklung eines Individuums sind höchstens drei Zellen beteiligt.

In voller Übereinstimmung mit dieser empirischen Demonstration teilt sich das befruchtete Ei normalerweise in zwei Zellen, von denen sich eine nochmals teilt, so daß sich überraschenderweise die ungerade Zahl von drei Zellen ergibt, die in ihrer Schutzhülle, der zona pellucida, eingekapselt sind.

Nach dem gegenwärtigen Stand der Wissenschaft ist diese Individualisierung (das Erreichen des drei Grundzellen enthaltenden Stadiums) der nächste auf die Empfängnis folgende Schritt, der sich nur Minuten später vollzieht.

All dies erklärt, warum Dr. Edwards und Dr. Steptoe die Befruchtung eines reifen Ovums von Frau Brown durch Samenzellen von Herrn Brown in vitro beobachten konnten.

Der winzige Embryo, der einige Tage später in den Schoß von Frau Brown eingepflanzt wurde, konnte kein Tumor und kein Tier sein. Es war in der Tat die unglaublich junge Louise Brown, die heute sieben Jahre alt ist.

Embryonen sind außergewöhnlich lebensfähig. Zu Experi-
mentierzwecken hat man Mäuseembryonen tiefgefroren
(bis zu Minus 296 Grad Celsius), sie vorsichtig aufgetaut
und erfolgreich implantiert. Für das weitere Wachstum dieser Embryonen kann nur die Gebärmutterschleimhaut des
Empfängertiers die embryonale Plazenta mit den erforderlichen Nährstoffen versorgen. In seiner Lebenskapsel, dem
Amnion, ist das kleine Lebewesen ebenso lebensfähig wie
ein Astronaut auf dem Mond in seinem Raumanzug: Die
Zuführung lebenswichtiger Flüssigkeiten vom Mutterschiff
aus ist erforderlich.
Diese Ernährung ist für das Überleben zwar unabdingbar,
doch »macht« sie das Baby nicht, ebensowenig wie eine
Raumfähre – und sei sie auch noch so hochentwickelt –
einen Astronauten hervorbringen kann.

Schon in der 11. Woche tanzt das Baby

Ein derartiger Vergleich wirkt noch überzeugender, wenn
der Fötus anfängt, sich zu bewegen. Mit Hilfe einer verfei-
nerten, sonar-ähnlichen bildlichen Darstellung ist es dem
englischen Arzt Dr. Ian McDonald vor fünf Jahren gelungen, einen Film herzustellen, in dem der jüngste Star der
Welt die Hauptrolle spielt – ein elf Wochen altes, in der
Gebärmutter tanzendes Baby. Das Baby spielt gewissermaßen auf einem Trampolin! Es beugt die Knie, stößt sich
von der Wand ab, fliegt hoch und fällt wieder herunter. Da
sein Körper den gleichen Auftrieb hat wie die Amnionflüs-
sigkeit, fühlt es keine Schwerkraft und tanzt auf eine sehr
langsame, graziöse und elegante Weise, wie es an keinem
anderen Ort der Erde möglich wäre. Nur Astronauten im
schwerelosen Zustand können sich ähnlich langsam und
graziös bewegen. Übrigens mußten die Techniker vor
dem ersten Spaziergang im All entscheiden, wo sie die
Flüssigkeitsschläuche anbringen sollten. Sie entschieden

sich schließlich für die Gürtelschnalle des Raumanzugs, und erfanden so die Nabelschnur noch einmal.

Der Däumling und die Wahrsagerin

Im Alter von zwei Monaten ist ein menschliches Wesen vom Kopf bis zum Rumpf kleiner als ein Daumen. Es würde mit Leichtigkeit in eine Nußschale passen, aber es ist schon alles vorhanden: Hände, Füße, Kopf, Organe, Gehirn. Sein Herz schlägt bereits seit einem Monat. Sähe man genauer hin, so könnte man die Linien in der Handfläche erkennen, und ein Wahrsager könnte diesem winzigen Wesen die Zukunft aus der Hand lesen. Mit einem guten Vergrößerungsglas wäre es möglich, die Fingerabdrücke zu erkennen. Alle Unterlagen für einen Personalausweis sind vorhanden.

Der hohe Stand unserer Technologie hat es uns ermöglicht, in seine Privatsphäre einzudringen. Mit Hilfe spezieller Hydrophone können wir die ursprünglichste Musik der Welt vernehmen: ein tiefes, beruhigendes Hämmern mit etwa 60 bis 70 Schlägen in der Minute (das Herz der Mutter), und eine rasche, hohe Kadenz von etwa 150 bis 170 Schlägen in der Minute (das Herz des Fötus) – diese Nachahmung von Kontrabaß und Rumbakugeln, der Grundrhythmen aller Pop-Musik.

Wir wissen heute, was der Fötus empfindet, wir haben gehört, was er hört, gerochen, was er schmeckt, und wir haben ihn voller Grazie und Jugend tanzen sehen. Die Wissenschaft hat das Märchen vom Däumling zu einer wahren Geschichte werden lassen, einer Geschichte, die jeder von uns im Schoß der Mutter selbst erlebt hat.

Um Ihnen vor Augen zu führen, wie präzise diese Entdeckung sein kann: Würde man ganz zu Anfang, kurz nach der Empfängnis und Tage vor der Implantation, diesem winzigen, einer Beere ähnlichen Lebewesen eine einzige

Zelle entnehmen, so könnte man diese Zelle kultivieren und ihre Chromosomen untersuchen. Wenn ein Student bei der Betrachtung dieser Zelle unter dem Mikroskop nicht in der Lage wäre, die Zahl, die Form und die Struktur dieser Chromosomen zu erkennen, wenn er nicht mit Sicherheit sagen könnte, ob sie von einem Schimpansen oder einem Menschen stammen, dann würde er die Prüfung nicht bestehen.

Zu akzeptieren, daß ein neues Lebewesen existiert, sobald eine Befruchtung stattgefunden hat, ist keine Auffassungs- oder Geschmacksache mehr. Die menschliche Natur des Menschen, von der Empfängnis bis ins hohe Alter, ist keine metaphysische Behauptung, sondern eine experimentell erwiesene Tatsache.

Erich Blechschmidt

Daten der menschlichen Frühentwicklung

Menschliches Leben beginnt im Augenblick der Befruchtung

Wenn heute das Leben des ungeborenen Menschen von vielen Seiten als frei verfügbar angesehen wird, dann liegt dies – vom weltanschaulichen Standpunkt abgesehen – auch an mangelnder Kenntnis biologischer Fakten. Viele wissen nicht oder machen sich nicht klar, daß mit dem *Augenblick der Befruchtung* ein *neues menschliches Leben* entsteht. Sie meinen vielmehr, der Mensch beginne seine Entwicklung als ungeordneter Zellhaufen, durchlaufe Stadien, die wesentliche Merkmale von Tieren zeigten, und differenziere sich erst allmählich – vielleicht über einen allgemeinen Säugertypus – zum »eigentlichen« Menschen.

Dieser Vorstellung liegt das sogenannte Biogenetische Grundgesetz von Ernst Haeckel zugrunde. Es wurde von ihm 1866 aufgestellt und besagt, daß in der Individualentwicklung des Menschen, d. h. während seiner Ontogenese, in kurzgedrängter Form die Stammesgeschichte (Phylogenese) wiederholt werde. Mit anderen Worten: Anhand zoologischer Beobachtungen sollte sich die menschliche Entwicklung sozusagen als Grenzfall tierischer Frühstadien beschreiben lassen. Wollte man das Biogenetische Grundgesetz ganz eindeutig interpretieren – und es ist wichtig, hier konkret zu denken –, wäre zu fragen: Welche Tierarten wiederholen sich in der menschlichen Frühentwicklung und welche Stadien dieser Tierarten – bei jungen Embryonen vielleicht frühe, bei älteren spätere? Schon hier erkennt man leicht den hypothetischen Charakter des Biogenetischen Grundgesetzes.

Zu Haeckels Zeiten war die menschliche Frühentwicklung noch unbekannt. Dazu muß man folgendes wissen: Junge menschliche Keime sind so klein und wasserklar durchsichtig, daß sie nur ausnahmsweise beobachtet werden, meist nur bei Eileiterschwangerschaften. Bei der aus klinischen Gründen operierten Tubargravidität (Zerreißen des Eileiters mit lebensbedrohender Blutung) wären die äußerst empfindlichen Keime schon bald nach dem Absterben wegen schnell einsetzender Autolyse (Gewebszerfall) nicht mehr deutlich in ihrer Form zu erkennen und für exakte Untersuchungen unbrauchbar, würden sie nicht künstlich »gefestigt« (fixiert). Zu Haeckels Zeiten gab es noch keine geeigneten Untersuchungsmethoden. Schlecht fixierte Präparate – und damit eine unnatürliche »Ähnlichkeit« zwischen tierischen und menschlichen Keimen – waren ein Grund dafür, daß das Biogenetische Grundgesetz Glauben finden konnte.

Wie verläuft die menschliche Frühentwicklung?

Der Rückschluß aus tierischen Frühstadien auf die menschliche Entwicklung muß jedoch immer unbefriedigend sein, weil die Frage offenbleibt, wie die menschliche Frühentwicklung tatsächlich abläuft. Um sie zu untersuchen, bestand zunächst die Notwendigkeit, die jungen Keime sichtbar zu machen, und zwar im Hinblick auf ihre äußere Form ebenso wie hinsichtlich der Struktur in ihrem Inneren. Nur ausreichend große »Modelle« konnten gewährleisten, daß auch kleine Organanlagen darstellbar waren. Die Göttinger »Humanembryologische Dokumentationssammlung« (Blechschmidt) – die einzige ihrer Art und international anerkannt – erfüllte zum erstenmal diese Aufgabe. Mit dieser Dokumentationssammlung ließ sich zeigen, daß das bis dahin angenommene sogenannte Biogenetische Grundgesetz Haeckels nicht gilt. Die Vorstellung, daß die Individualentwicklung die Stammesgeschichte rekapituliere, konnte nicht bestätigt werden.

Wenn heute noch vielfach die Meinung vertreten wird, ein menschlicher Keim sei zu Beginn seiner Entwicklung aus dem Ei zunächst ein ungeordneter Zellhaufen und menschliche junge Embryonen hätten vorübergehend Kiemen, Flossen, einen Schwanz oder andere sogenannte »rudimentäre« Organe, dann ist das ein fundamentaler Irrtum und Zeichen einer Unkenntnis der heute nachgewiesenen menschlichen Embryonalentwicklung.

Die Phylogenese als Ursache der Ontogenese anzunehmen, ist ein historischer Deutungsversuch, der gar nichts über formale oder kausale Faktoren der Entwicklung aussagen kann. Die Einsicht, daß das sogenannte Biogenetische Grundgesetz falsch ist und den Tatsachen widerspricht, ist nicht etwa eine Frage der Interpretation des Dargestellten, sondern von Sachkenntnis.

Die in den letzten Jahren gewonnenen Forschungsergebnisse müssen heute als verpflichtend zur Kenntnis genommen werden.

Mancher wird fragen: Warum – wenn das Biogenetische Grundgesetz als Irrtum nachgewiesen ist – wird immer noch in vielen Büchern an ihm festgehalten? Vor allem wohl, weil es die erhoffte einfache Erklärung für die menschliche Entwicklung zu geben scheint. Es erscheint als eine bequeme Deutung sonst schwer zugänglicher Fakten, besonders für denjenigen, der sich nicht die Mühe machen will oder kann, sich über das heute gesicherte Befundmaterial junger menschlicher Embryonen genau zu informieren.

Mit Hilfe der genannten Rekonstruktionssammlung konnte die Frühentwicklung des Menschen als ein geschlossener Gestaltungsvorgang demonstriert werden. Dabei wurden Regeln und Prinzipien deutlich, welche die menschliche vorgeburtliche Entwicklung als einen folgerichtigen Ablauf von Wachstumsprozessen genauer verständlich machen.

Die ersten Tage des menschlichen Lebens

Eine befruchtete menschliche Eizelle ist besonders klein. Sie hat einen Durchmesser von etwa 0,1 mm. Der Hauptteil ihrer Substanz ist Wasser. Deshalb sind junge Keime klardurchsichtig. Gleichwohl ist diese junge menschliche Eizelle schon ein funktionierendes Ganzes mit einem Stoffwechsel. Ihre Entwicklung beginnt durch den Anreiz der Befruchtung (eine nicht befruchtete Eizelle geht zugrunde). Mit der ersten Furchung beginnt das einzellige Ei sich in Tochterzellen zu unterteilen. Im Verlauf der Unterteilung sind die Zellen durch den Stoffwechsel miteinander verbunden, so daß der Keim immer ein Ganzes, eine Einheit ist.

Um die Mitte der ersten Woche besteht das Ei nicht nur aus Zellen, sondern auch aus zwischenzelliger Flüssigkeit. Es erscheint nun als Keim in Blasenform mit einer dicken und einer dünnen Polzone der Blasenwand. Mit der dicken Polzone saugt sich das Ei durch Nahrungsaufnahme aus der Uterusschleimhaut an diese an und dringt mehr und mehr in die Tiefe. Es nistet sich ein. Mit der *Einnistung* werden schon in den ersten Tagen geordnete Stoffwechselbewegungen zwischen Mutter und Kind von Bedeutung. Ein Stadium, in dem das Kind einen Zellhaufen ohne Ordnung seiner Zellen darstellen würde, gibt es nicht. Eingenistet, vergrößert sich das Ei zunächst vor allem außen, während es innen langsamer wächst und dort das sogenannte zweikammerige Innenei entsteht. Die Trennwand zwischen den beiden Kammern des Inneneis ist die zunächst scheibenförmige Anlage des jungen Embryo, die menschliche *Keimscheibe*. Sie hat nach 14tägiger Entwicklung des Eis – dieses ist dann 2 mm groß – erst einen Längsdurchmesser von 0,2 mm. Das zeigt, wie langsam und behutsam sich der junge menschliche Keimling entwickelt. An der jungen Keimscheibe kann man Ende der 2. Woche oben und unten eine Rückenseite und eine Bauchseite unterscheiden. Die Zellschicht an der Rückenseite wächst intensiver als die an der Bauchseite und funktioniert durch ihr kräftiges Flächenwachstum als Hauptgestaltungsapparat des jungen Embryo.

Vergleiche mit den nachfolgenden Stadien zeigen, daß die Zellen eines 14tägigen menschlichen Keimlings zum überwiegenden Teil die *Gehirnanlage* bilden! Hals, Rumpf und Gliedmaßen sind noch nicht entstanden. Die frühe Gehirnbildung ist charakteristisch menschlich. Sie leitet die Frühentwicklung des ganzen Embryo ein. Der wachsenden Gehirnanlage dient der Hauptteil der frühen Nahrungszufuhr. Bereits in der 3. Woche entsteht das *Gefäßsystem*, indem vom Außenei über den Haftstiel und Dottersack Nahrungsstoffe zum Embryo strömen. Sie erreichen vor allem das Gehirn. Im Zusammenfluß des rechten und linken zuführenden Gefäßes entsteht im oberen Nabelrand, dicht unter dem Gehirn, die *Herzanlage*. Man darf sagen, daß das Herz sich im Dienste des Gehirns entwickelt, in deutlicher Abhängigkeit von ihm.

Getrennter Kreislauf von Mutter und Kind

Bereits Ende der 3. Woche, wenn der Embryo ca. 2 mm groß ist, ist der Kreislauf geschlossen und das Blut zirkuliert in ihm mit Hilfe des schlagenden embryonalen Herzens, denn mütterlicher und kindlicher Kreislauf sind voneinander getrennt. Wenn der Embryo etwa 3 mm groß ist, versorgt sein winziges Herz nicht nur den embryonalen Körperkreislauf, sondern auch die hunderte von Zotten des Außeneis (Chorion), deren jede eine Kapillarschlinge enthält. Das ist eine ungeheure Leistung des kleinen Herzens.

In diesem Stadium, z. B. bei einem 3,4 mm großen Embryo, ist das Köpfchen über den Herzwulst gebeugt. Während der Beugung entstehen Beugefalten. Sie bilden die Anlage des *Gesichts*. Die Beugefalten sind voneinander durch tiefe Kerben getrennt. Beugefalten und Kerben sind keine Reste von Kiemen und Kiemspalten und haben nichts mit einer Atmungstätigkeit zu tun! Die Beugefalten entstehen vielmehr mit konstruktiver Notwendigkeit: Das Gehirn wächst besonders intensiv in die Länge, intensiver als die mit ihm zusammenhängenden Blutgefäße an der »Bauchseite« des Embryo. Mit diesem ungleichen Längenwachstum wirken die Gefäße gleichsam als Zügel, als Halteapparat, so daß sich der Embryo an seinem freien Ende krümmt. Diese Krümmung führt notwendigerweise zur Bildung von Beugefalten.

3,4 mm großer menschlicher Embryo, 27 Tage alt, in der Frucht. Das Köpfchen ist über den Herzwulst gebeugt. Dabei sind Beugefalten im Bereich der Gesichtsregion entstanden.

Kleine Abb. auf Seite 37: Kopfregion des 3,4 mm großen Embryo. 1 Herzwulst, 2 Augenanlage, 3 Oberkieferwulst, dahinter Unterkieferbogen, Unterzungenbogen und Kehlkopfbogen. Zwischen den Beugefalten Kerben, in deren Tiefe die Körperwand besonders dünn ist (keine »Kiemenspalten«!).

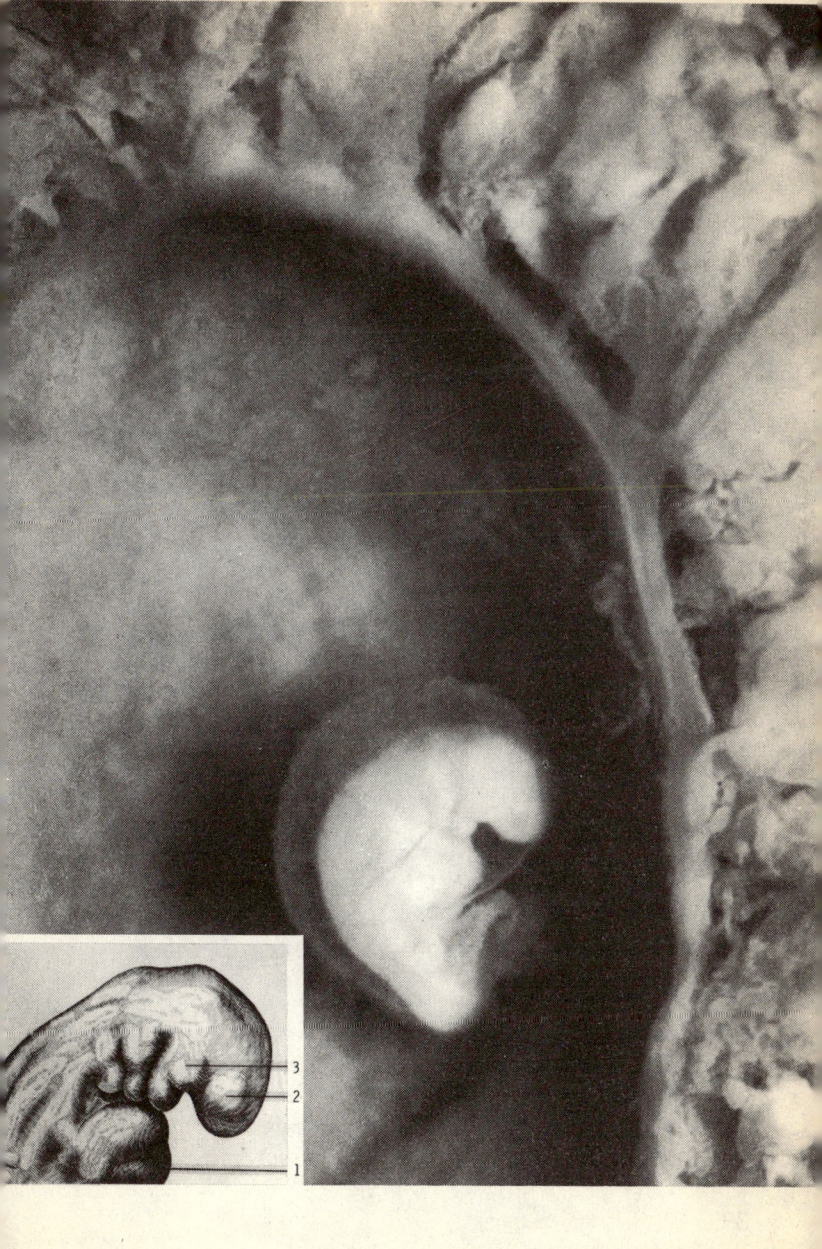

3
2
1

Es gibt normalerweise keine Spalten zwischen den Gesichtsbögen. Gelegentlich beobachtete Spalten sind immer anomal (krankhafte Zerreißungen als Grenzfall des Normalen). Die Beugefalten bilden im besonderen die Anlage des Unterkiefers, des Zungenbeins und des Kehlkopfes (s. Abb. Seite 37).

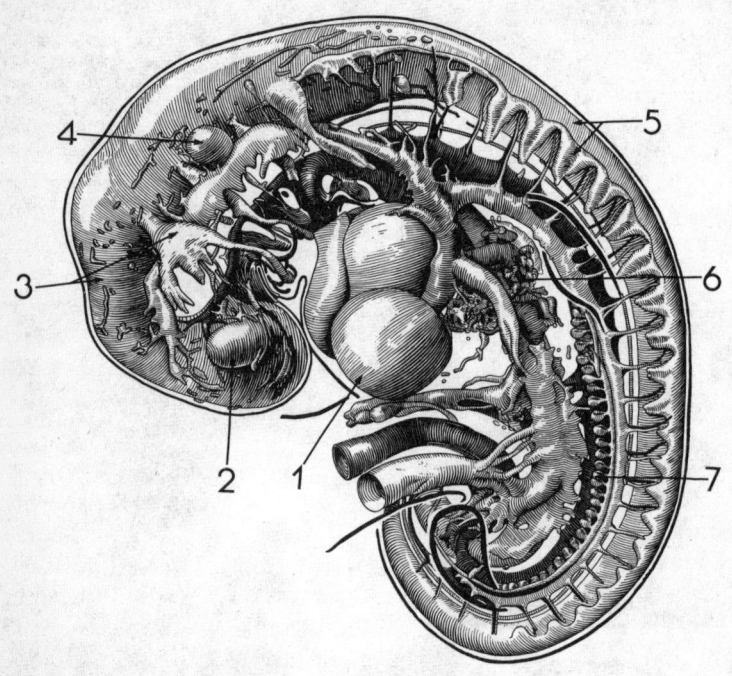

Schnittserienrekonstruktion eines 4,2 mm großen menschlichen Embryo, 28 Tage. Alle Organsysteme sind bereits nachweisbar. 1 Herz mit Blutgefäßen, 2 Auge, 3 Gehirn mit Hirnnerven, 4 Anlage des Innenohrs, 5 Rückenmark mit Anlage der Rückenmarksnerven, 6 Leber, 7 großer Exkretionsapparat.

Mit 28 Tagen ist der menschliche Embryo 4,2 mm groß. Die Anlagen der *großen Organsysteme* sind sichtbar: das Zentralnervensystem mit Hirnnerven, Augenblase und Ohrblase, das Herz mit den Anlagen der großen Blutgefäße, der frühe Eingeweideapparat ebenso wie die Anlage des Bewegungsapparates. In der Tiefe der Bauchregion findet sich ein mächtiger Ausscheidungsapparat. Seine Größe weist darauf hin, daß der junge Embryo schon ein tätiger Organismus ist, der viel Nahrung verbraucht und Abbauprodukte abgibt.

Sich aus einer kleinen Eizelle in vier Wochen so weit zu differenzieren, verlangt sehr geordnete Stoffwechselprozesse und eine genaue gegenseitige Abstimmung der lokalen Entwicklungsvorgänge. Sie alle hängen konstruktiv aufs engste miteinander zusammen. Daraus folgt, daß der Embryo immer eine Einheit ist.

Frühe Entwicklungsbewegungen der Arme und Beine

Mit dem Wachstum werden die späteren Leistungen des Kindes und damit des Erwachsenen eingeleitet. Die frühen Entwicklungsbewegungen der jungen Arme und Beine vollziehen sich im Sinne einer Greif- und Strampelbewegung und machen uns damit auf Leistungen des Embryo im Sinne eines *Wachstumsgreifens* und *Wachstumsstrampelns* aufmerksam, die eine Vorbereitung späteren Greifens und Gehens sind. Auch hier wirkt wieder das in den Arm bzw. das Bein einwachsende Gefäß durch sein relatives Kurzbleiben als Halteapparat und zügelt so z. B. die obere Gliedmaße im Sinn der genannten Greifbewegung. Wie man weiß, ist Greifen eine der Voraussetzungen des *Begreifens*. Dieses wird also schon frühembryonal vorbereitet. Teil einer Funktionsentwicklung ist z. B. auch die Entstehung der Lungen. Die frühe Vergrößerung des wachsenden Brustkorbs ermöglicht ihre Entstehung in einem »Sograum«, wie er später beim Einatmen mit der Erweiterung des Brustkorbs auftritt (s. Abb.). Die Wachstumsprozesse initiieren so die späteren Atembewegungen. Dadurch wird der »erste Atemzug« nach der Geburt möglich.

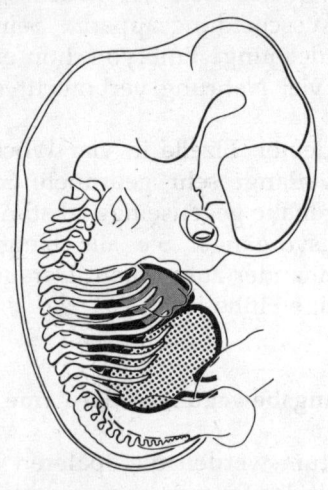

17,5 mm großer menschlicher Embryo, 7. Woche. Hinter dem Herzen (grau) und der Leber (punktiert) entwickelt sich die Lunge (schwarz) in einem Sogfeld, das während der Volumenvergrößerung des Brustkorbs entsteht. Diese frühen Wachstumsbewegungen bereiten die späteren Atembewegungen vor, leiten sie ein.

Die Wachstumsbewegung des Armes (s. Zeichnung in der Abb. auf Seite 41) vollzieht sich mit Hilfe der Haltefunktion des Armgefäßes und des »Stemmkörperwachstums« des Knorpels (divergente Pfeile).

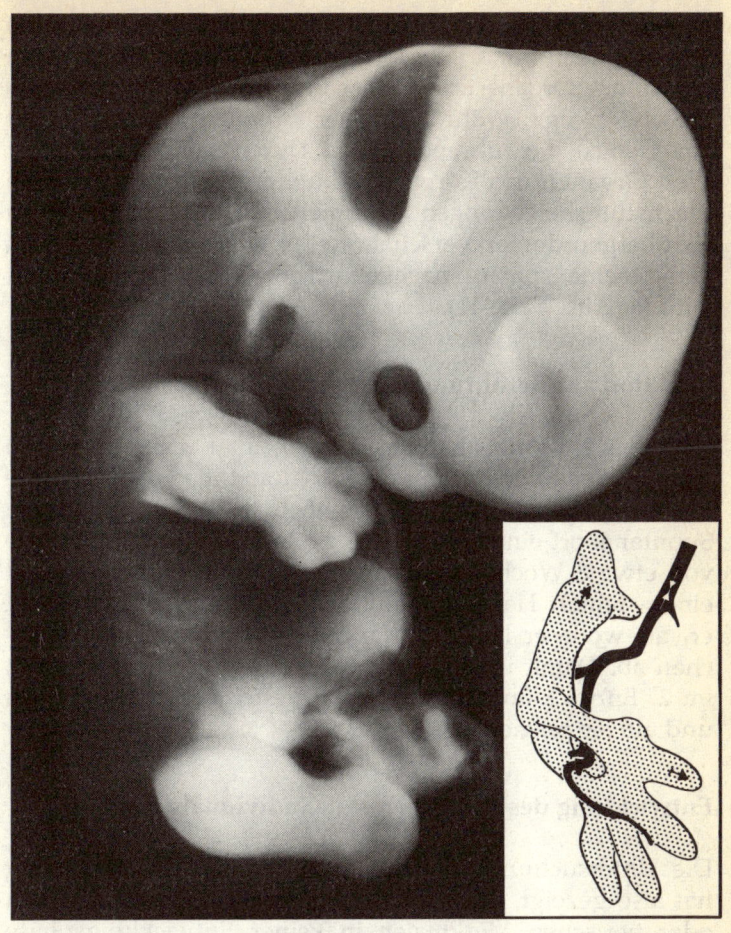

15,5 mm großer menschlicher Embryo, Anfang 7. Woche. Der Kopf mit dem mächtigen Gehirn ist noch fast ebenso groß wie der Rumpf. Über dem äußeren Ohr sind die zarten Bogengänge des Innenohrs sichtbar. Das Ärmchen hat eine Wachstumsbewegung von der Seite auf den Herzwulst vollzogen.

Im Laufe des zweiten Monats entwickelt sich der Embryo so weit, daß mit 6 Wochen fast alle vom Erwachsenen bekannten Organe erkennbar sind. Dann ist er gewissermaßen »fertig«. Während dieser Organentwicklung spielt das Gehirn die führende Rolle. Durch seine Nerven mit allen Organen des Körpers verbunden, wird es von deren Wachstumsbewegungen informiert, so daß es schon früh als übergeordneter Verschaltungsapparat funktioniert und damit seine spätere nachgeburtliche Tätigkeit eingeleitet wird (s. Abb. Seite 41).

Reaktion auf Berührungsreize schon im 2. Monat

Ende des 2. Monats hat der Embryo eine Länge von 30 mm erreicht. Jetzt beginnt mit dem 3. Monat die vorgeburtliche Entwicklung des *Kleinstkindes* (Fetus). Wenn bei einem Spontanabort einmal – leider – ein lebender junger Embryo von etwa 8 Wochen beobachtet wird und man diesen mit einem feinen Haar am Mundwinkel berührt, dann zuckt er, als wolle er lächeln. Manche wenden auch das Köpfchen ab. Damit ist deutlich, daß schon der kleine Mensch im 2. Entwicklungsmonat *Berührungsreize* empfinden kann und auf sie reagiert.

Entwicklung des Menschen stets individualspezifisch

Die Untersuchung der frühen menschlichen Entwicklung hat also gezeigt, daß von einem ungeordneten Zellhaufen oder tierischen Merkmalen in keiner Entwicklungsphase die Rede sein kann. Vielmehr haben sich durch Vergleich der verschiedenen Stadien Regeln und Prinzipien nachweisen lassen, nach denen sich der Organismus Schritt für Schritt folgerichtig differenziert. Voraussetzung für die menschliche Entwicklung ist dabei eine lebendige individualspezifische befruchtete menschliche Eizelle. Die für die menschliche Entwicklung als gültig gefundenen Regeln sind mit hoher Wahrscheinlichkeit ähnlich auch für die Entwicklung von Tieren maßgebend. Das Thema moderner Entwicklungsbiologie ist danach, unter Anwendung der heute bekannten Entwicklungsprinzipien die Ontogenese verschiedener Tiere zu verstehen, d. h. die Frage zu beantworten: Wie differenzieren sich bei ihnen die einzelnen Organe? Dann müßte nicht mehr vergeblich versucht werden, mit Hilfe der Vergleichenden Anatomie den Körperbau der verschiedenen Tiere historisch »als Ergebnis der Geschichte« zu verstehen, sondern dieser könnte, naturwissenschaftlich-biologisch fundiert, als eine Folge der Eigenschaften des Eis erkannt werden.

Es läßt sich nachweisen, daß grundsätzlich die Formbildung eines Organs von einer normalen Lageentwicklung seiner Zellen abhängig ist und die (innere) Strukturbildung wieder von einer normalen Formbildung. Bei allen Wachstumsbewegungen spielen u. a. biophysikalische Kräfte eine entscheidende Rolle, weil Wachstum stets Überwindung von Widerständen verlangt. Jedes Wachstum eines Embryo ist also eine Leistung.

Es konnte gezeigt werden, daß es in diesem Sinne keine Organe gibt, die etwa keine wachstumsfunktionelle Bedeutung hätten und damit überflüssig (rudimentär) wären.

Die systematische Untersuchung der menschlichen Ontogenese hat, wie oben gesagt wurde, ergeben, daß die Entwicklung schon früh *charakteristisch menschlich* verläuft. Gleichwohl kann es Ähnlichkeiten bei Mensch und Tier geben, es mag sogar das eine oder andere Merkmal das gleiche sein, aber im Rahmen der Individualentwicklung hat es immer individualspezifische Bedeutung. Hier darf Ähnlichkeit nicht mit Identität verwechselt werden. Daß zwischen Mensch und Tier gravierende Unterschiede bestehen – und dies gilt auch für die vorgeburtliche Entwicklung –, weiß jeder, der die Versuche mit Organtransplantationen verfolgt hat, der die Kautelen kennt, die bei einer Blutübertragung beachtet werden müssen, dem die schweren Folgen von Allergien gegen Fremdeiweiß bekannt sind. Mit anderen Worten: Die menschliche Entwicklung ist stets individualspezifisch. Daran dürfte eigentlich kein Zweifel bestehen. Jeder macht selbst die Erfahrung, daß er es ist, der sich entwickelt, daß er derselbe ist wie vor Jahren. Erinnerungen an die Kindheit werden überzeugend berichtet: »Ich war – ich erlebte...« Wir haben zwar unser Erscheinungsbild geändert, sind aber sicher, daß wir immer derselbe sind. Ein Kind ist unverwechselbar ein kleiner Mensch, nicht nur seiner Gestalt nach, sondern auch in seinem seelischen Verhalten, ja, es ist eine kleine Persönlichkeit. Und an der Menschlichkeit eines Neugeborenen ist ebenfalls kein Zweifel. Wenn wir nun die Entwicklung zurückverfolgen bis zur Befruchtung, stellen wir fest: Es gibt *keine Zäsur* im Verlauf der Entwicklung, die es erlauben würde zu sagen: Von jetzt an haben wir einen Menschen vor uns und vorher war es ein »Nichtmensch«. Das äußere Erscheinungsbild ändert sich zwar, es bleibt aber immer dasselbe Wesen. Hinsichtlich der körperlichen Vorgegebenheiten ist dies leicht zu begründen: Weibliche und männliche menschliche Chromosomen vereinigen sich bei der Befruchtung. Sie sind individualspezifisch menschlich – das hat uns die Genetik klar gelehrt. Mit der Befruchtung sind die Anlagen des einmaligen Menschen gegeben. Die Chromosomen enthalten keinerlei Information für die Ausbildung tierischer Wesensmerkmale. Das heißt, der Organismus differenziert sich aus einer *individualspezifischen Eizelle* und ist damit von Anfang an individualspezifisch. Es wird beim Menschen daher in keiner einzigen Phase Nicht-Menschliches rekapituliert. Nochmals: Anregungen zur Entwicklung und Differenzierungsschritte führen zwar zur *Änderung des Erscheinungsbildes, niemals aber* zu einer *Wesensänderung*.

Der Einwand, es gäbe aber menschentypische Kiemen oder

Flossen, ist irrig; Kiemen oder Flossen kommen während der menschlichen Entwicklung nicht vor!

Das Gesetz von der Erhaltung der Individualität

Diese drei Befunde: Vereinigung männlicher und weiblicher individualspezifischer menschlicher Chromosomen, Verlauf der Entwicklung als charakteristisch menschlich und die Tatsache, daß es keine Zäsur im Verlauf der Entwicklung gibt, die als Übergang von nicht-menschlicher zu menschlicher Differenzierung angesehen werden könnte, erlaubt die Formulierung eines Gesetzes von der Erhaltung der Individualität. Dieses Gesetz von der Erhaltung der Individualität ist als ein Grundprinzip der Biologic zu verstehen, das an Bedeutung dem Gesetz von der Erhaltung der Energie in der anorganischen Natur entspricht. Das Gesetz gilt allgemein in der Biologie, auch für Pflanzen und Tiere. Danach »wird« der Mensch nicht Mensch, sondern »ist« Mensch von Anfang an!

Was macht den Menschen zum Menschen?

Trotz dieser unzweifelhaften Tatsache ist die Frage zu stellen: Was trägt die Entwicklung? Was macht den Menschen zum Menschen? Was macht ihn vom Tier unterscheidbar? (Daß er sich vom Tier unterscheidet, wird niemand bezweifeln wollen, selbst wenn er den Menschen nur als ein höher entwickeltes Tier verstehen möchte.)
Die naturwissenschaftlich-biologische Beschreibung genügt nicht, um das Einmalige des jungen Menschen deutlich zu machen. Die Entwicklung lebendiger Organismen läßt sich nicht auf Physik und Chemie reduzieren. Die Schönheit einer Rose, die Anmut eines jungen Tieres und die Unantastbarkeit menschlichen Lebens liegen nicht im Materiellen, sondern im »Lebendigen«, in dem, was das Materielle

überschreitet. Insbesondere *Menschsein* ist mehr als nur materielle oder auch nur vegetative oder animale Realität – es ist geistig charakterisierte Existenz, *Personalität*.

Wir beschreiben den Menschen als *Leib-Seele-Einheit* und sehen dabei die Seele als Träger der Individualität an. Wenn der Mensch also charakterisiert ist durch seine Geist-Seele, und wenn sich die Entwicklung eines Menschen von der Befruchtung an als charakteristisch menschlich vollzieht, dann ist diese Geist-Seele als von Anfang an existent anzusehen. An einer Seele des Menschen zweifelt auch der

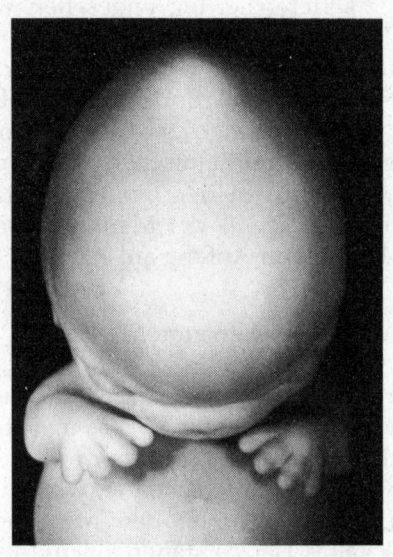

Gesicht eines 21 mm großen Embryo, Anfang der 8. Woche. Zwischen den Augen ist unter der Haut im Bereich der Nasenwurzel mit der zunehmenden Vorwölbung der Stirn ein Gewebsband entstanden, das die Augen nahezu am Ort ihrer Entstehung hält, so daß mit zunehmendem Kopfumfang die Augen mehr und mehr nach vorn kommen.

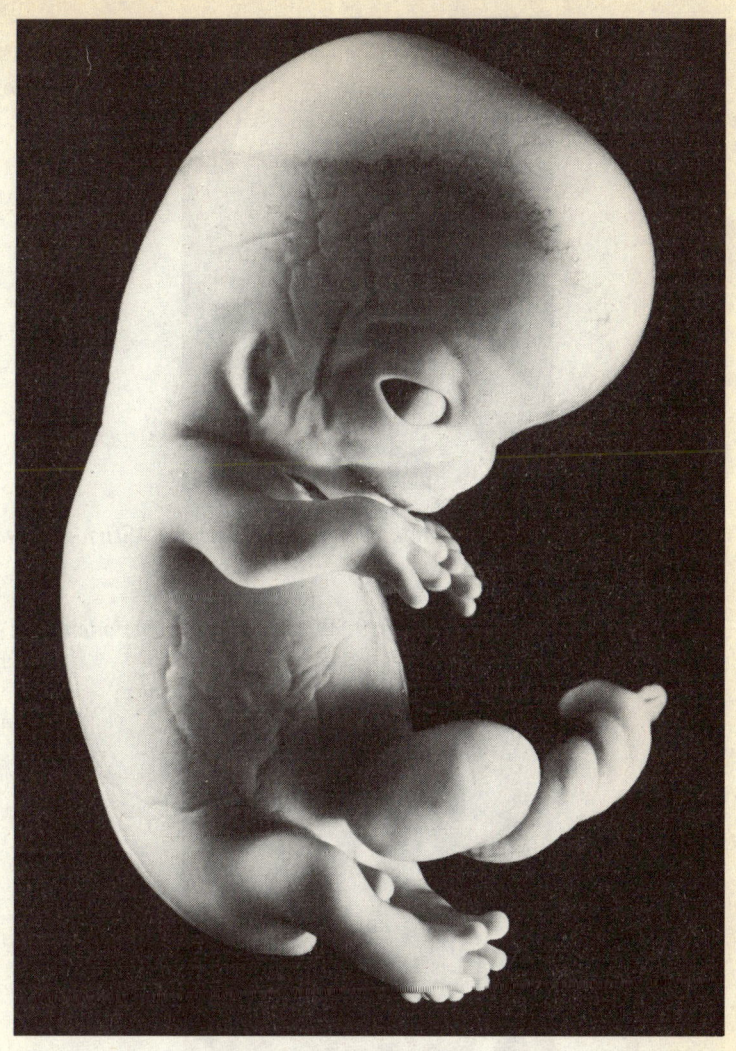

23,6 mm großer Embryo, 8. Woche. In diesem Stadium kann der kleine Mensch bereits Berührung empfinden und darauf reagieren.

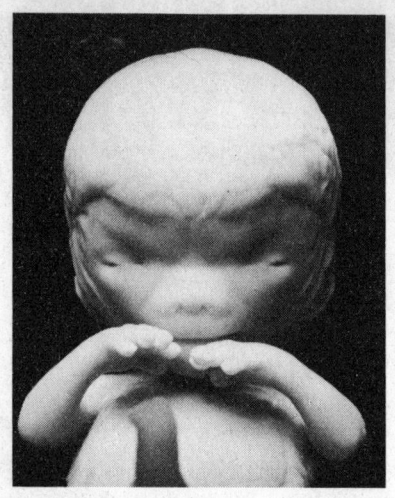

30 mm großer Embryo, Ende 8. Woche. Deutliche »Stirn-Haar-Grenze«.

43 mm großer Fötus, Ende der 9. Woche. Die Proportionen sind jetzt die eines Kleinstkindes.

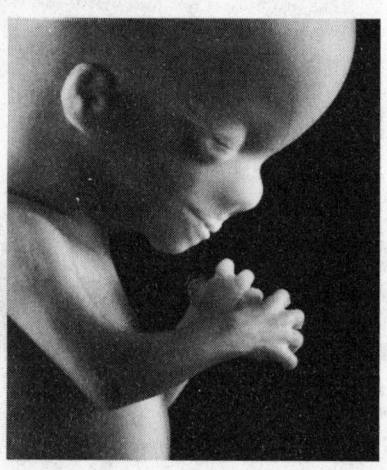

Materialist nicht – auch er anerkennt Psychologie, ebenso wie den Psychiater, Psychotherapeuten und Psychoanalytiker. Wir wissen, daß seelische Krankheiten den Körper beeinflussen, wissen also um den engen Zusammenhang zwischen Leib und Seele. Die Seele können wir zwar nicht naturwissenschaftlich beweisen, sie nicht auf die Waage legen und berechnen. Wir müssen sie aber folgern und von Anfang an als existent glauben. Das heißt, daß bei allen Differenzierungen eine *psychische Komponente* beteiligt ist. Er gibt heute die Disziplin der pränatalen Psychologie, die sich um die Aufklärung gerade der vorgeburtlichen psychischen Verhaltensweisen des jungen Embryo bemüht.

Die Frage, wann der eigentliche, der volle Mensch entstünde, ist nach dem Gesagten im Ansatz verfehlt: Der Mensch wird nicht Mensch, sondern ist Mensch. Er entwickelt sich nicht zum Menschen, sondern als Mensch. Dem Wesen des Menschen, seiner Personalität, kann kein Mehr hinzugefügt werden. Es ist immer vollkommen im Sinne von ganzheitlich existent, wenn auch zunächst noch nicht wirkungsfähig. Es gibt keine halbe Person und keine prozentuale Individualität.

Notwendige Korrektur verbreiteter Irrtümer

Nach dem Gesagten darf und muß die Behauptung, der Beginn menschlichen Lebens sei wissenschaftlich nicht definierbar, mit Entschiedenheit zurückgewiesen werden. Wir wiederholen: Aus einer menschlichen männlichen Samenzelle und einer menschlichen weiblichen Eizelle wird mit der Befruchtung ein neues menschliches Lebewesen. Da mit der Befruchtung neues Leben entsteht, ist es unkorrekt, von »werdendem Leben« zu sprechen. Leben ist, aber wird nicht. Der Begriff »werdendes Leben« führt leicht zu einer Relativierung des Wertes eines jungen Menschen. Ein noch nicht »ganz gewordener«, erst in den Anfängen des Werdens stehender junger Keim wäre weniger wertvoll als ein weiter entwickeltes oder gar schon geborenes Kind. Menschliches Leben kann und darf nicht relativiert werden, weder hinsichtlich seines Wertes noch hinsichtlich seiner etwaigen Lebensberechtigung.

Gegen die Tatsache »personales Leben von Anfang an« wird bisweilen argumentiert: Solange *Zwillingsbildung* stattfinden könne, sei der Mensch noch kein Individuum im Sinne einer Person, denn Personalität sei nicht teilbar. Wer so argumentiert, muß sich zunächst fragen lassen, was denn das für ein Lebewesen sei, das bis zum Zeitpunkt einer möglichen Zwillingsbildung existiert, wenn es bis dahin noch kein individualpersonales Lebewesen ist. Vielleicht doch nur Schwangerschaftsgewebe, wie gern behauptet wird? Eine Mehrlingsbildung widerspricht nicht dem Gesetz von der Erhaltung der Individualität. Denn sie kann schon genetisch angelegt sein – wir kennen erbliche Zwillingsbildung, und nichts spricht dagegen, daß auch die spontan auftretende Zwillingsbildung mit der Befruchtung bereits angelegt und genetisch verankert ist.

Der Hinweis, daß die Gynäkologen den Beginn einer Schwangerschaft mit dem 14. Tag nach der Befruchtung ansetzen, heißt nicht, daß bis dahin das Kind noch kein voll-menschliches Lebewesen sei, sondern hat lediglich praktische Gründe: das Ausbleiben der Regel. Dies sowie die beendete Einnistung des Eis in die Uterusschleimhaut kennzeichnen einen Zustand der Mutter, haben aber mit der Wesenhaftigkeit des Kindes selbst nichts zu tun!

In den Bereich grob irriger Behauptungen muß verwiesen werden, der Mensch wäre erst dann wirklich Mensch, wenn seine *Hirnrinde* nachweisbar sei – das hieße in der 6. Entwicklungswoche. Denn der Mensch sei durch sein Bewußtsein, eng mit der Tätigkeit der Hirnrinde verbunden, als Mensch charakterisiert. Erst wenn die Möglichkeit zu deutlich menschlicher, zu geistiger Tätigkeit sich zeige, dürfe vom eigentlichen Menschen die Rede sein. Das ist jedoch nach dem bereits Gesagten ein Fehlschluß. Die

50

Untersuchung zeigt, daß schon Ende der zweiten Entwicklungswoche die Anlage des Gehirns deutlich sichtbar ist.

Zudem äußert sich geistgeprägtes Verhalten nicht nur nachgeburtlich im Selbstbewußtsein und in logischen Denkakten. Vielmehr ist jede, auch körperliche Verhaltensweise von der bestimmenden Geist-Seele geprägt – und zwar schon vor der Geburt. Wer menschliche mit tierischen Embryonen vergleicht, kann sich leicht von der »Lebendigkeit« und besonderen Individualspezifität des Menschen gegenüber der Artspezifität von Tieren überzeugen.

Es wäre fatal, *Menschsein auf Hirnrindentätigkeit* reduzieren zu wollen. Dann wäre ein Kind, dessen Hirnrinde weniger entwickelt wäre oder krankhafterweise keine normale geistige Tätigkeit erlaubte, weniger Mensch. Oder ein alter Mensch, dessen Hirnrinde abgebaut und deshalb nicht mehr normal leistungsfähig ist, wäre kein Mensch mehr. Mit einer solchen Definition könnte der Euthanasie Kranker und Alter leicht das Wort geredet werden.

Es muß ganz eindringlich darauf hingewiesen werden, daß die willkürliche oder eigenmächtige Festlegung des Beginns menschlichen Lebens ebenso wie seines Endes unabsehbare Konsequenzen hat, nicht nur in ethischer, sondern auch in mitmenschlich-kommunikativer und gesellschaftspolitischer Hinsicht.

Die Anerkennung oder Leugnung ungeborenen personalen Lebens von Anfang an bestimmt unser Menschenbild und hat Bedeutung für die Anwendung der uns heute gegebenen Möglichkeiten. Leugnen wir die Personalität, also das volle Menschsein von Anfang an, dann kann Tötung jungen Lebens durch Pille (sie hat gegebenenfalls auch abortive Wirkung), Anwendung der Spirale und ähnliche Methoden in Kauf genommen werden. Dann wäre der künstliche Frühabort ebenso erlaubt wie die In-vitro-Experimente mit jungen menschlichen Keimen, bei denen zahllose »hergestellte« Menschen verworfen werden müssen oder zugrunde gehen.

Ein Wort zu Retortenbabies und Leihmüttern

Die technische Herstellung des Menschen in der kalten Sterilität eines Labors unter gleißendem Lampenlicht ist deswegen so absurd und unnatürlich (und damit falsch), weil ein menschliches Lebewesen mehr ist als biologisches Substrat. Zeugung ist beim Menschen ein Liebesakt und kein auf Instinkten beruhender Prozeß. Deswegen muß bei der Zeugung der ganze Mensch mitwirken und nicht nur die geschickte Hand eines Technikers. Kinder stellt man nicht her – das fühlt jeder –, sondern empfängt sie als Geschenk. Man legt sie nicht auf Eis nach Hautfarbe, Größe, Alter und voraussichtlicher Vitalität geordnet, um sie dann nach Bedarf aus einem Katalog auszusuchen und abzurufen. Ähnliche Einwände bestehen gegen Leihmütter, die während der Schwangerschaft bereits dem Kind ihre Liebe entziehen müssen, weil es ihnen nicht gehören darf (ob man »so etwas« gegen Geld tut oder nicht, sei hier nicht diskutiert). Die Frage ist bisher unbeantwortet, ob es dem Kind schädlich ist, wenn schon in den ersten Tagen, in denen die Beziehungen zwischen Mutter und Kind nachweislich besonders eng sind, von seiten der Leihmütter Vorbehalte gemacht und natürliche Freude und Dankbarkeit zurückgestellt werden müssen. Ganz abgesehen davon, welchen psychischen Schaden es für ein Kind bedeutet, wenn es erfährt, wie es »gemacht« wurde. Es darf nicht alles gemacht werden, was machbar ist. Wir haben Anlaß zu betonen, daß der Mensch in seiner Einmaligkeit und Ursprünglichkeit mehr ist als mit naturwissenschaftlichen Methoden erfaßt werden kann. Die Einmaligkeit und Unantastbarkeit junger menschlicher Embryonen beruhen auf ihrer vollen Menschlichkeit. Ihre Schönheit zeigt sich in dem Miteinander und Aufeinander-Abgestimmtsein aller Organe, in deren Korrelation zueinander.

Wir müssen den vollen Wert des Menschen in jeder Lebensphase, auch schon in den ersten Lebenstagen und -wochen, anerkennen, weil es keine einzige Entwicklungsphase gibt, die nicht individuell-humanspezifisch ist.

Günter Langendörfer

Die Praxis

Einordnung, Methoden und Risiken des Schwangerschaftsabbruchs

I. Grundsätzliches

Ohne Zweifel ist der Frauenarzt hinsichtlich des Handelns der am meisten Betroffene beim Schwangerschaftsabbruch; letzlich ist er mit seinem Gewissen allein. Es erscheint daher gerechtfertigt, wenn der Darstellung von Verfahren zum Eingriff in das ungeborene menschliche Leben einige grundsätzliche Überlegungen vorausgeschickt werden.

Seit alters her war die Frage des Rechtes zur Abtreibung mehr oder weniger heftig umstritten. Sie ist es heute noch, und sie wird es auch in Zukunft bleiben. Deswegen werden immer wieder Diskussionen über diese Fragen ausgelöst. Grundsätzlich sind derartige Dialoge zu begrüßen. Sie können nützlich und fruchtbar sein, sie sollten nicht unterdrückt werden.

Voraussetzung für eine »gute« Diskussion ist, daß sie – bei allen Emotionen – sachlich, mit fundierten Argumenten geführt wird und reiflich erwogene Standpunkte und Meinungen wiedergibt. Bloßes Gerede oder gar Geschrei, sei es nun »progressiv« oder »konservativ«, nützen ebensowenig wie der fehlende Respekt vor der echten Überzeugung eines anderen. Dies gilt auch dann, wenn eine Annäherung der Standpunkte oder gar eine Einigung nicht erzielt werden kann. Es erscheint wichtig, stets daran zu denken, daß die Ansichten von Einzelpersonen und Gruppen hinsichtlich der hier zur Rede stehenden Problematik immer divergent waren und sind. Das ist nicht weiter verwunderlich, da Lebensalter, Erziehung, Tradition und religiöse Bindung für die Gewinnung einer eigenen Meinung große Bedeutung besitzen.

Werden die Vorbedingungen zum Dialog nicht erfüllt, so sind Diskussionen unfruchtbar und unbefriedigend. Vielleicht liegt hierin auch der Grund dafür, daß es in der Vergangenheit nicht viele wirklich ernsthafte und »gute« Debatten gegeben hat.

Aus der Sicht eines praktizierenden Frauenarztes sollen nun einige Gedanken aufgezeigt werden. Natürlich handelt es sich auch dabei um eine persönliche Meinung, die nicht allgemein verbindlich ist. Vielleicht können hierdurch aber Denkanstöße gegeben werden, die eine fruchtbare Diskussion fördern.

Unbestreitbare Fakten

Nach meiner Ansicht müssen jedoch einige Punkte, über die bisher viel – vielleicht zu viel – geredet wird, von der Diskussion ausgenommen werden. Das betrifft Fakten, die nicht zu bestreiten sind:

Naturwissenschaftlich kann überhaupt kein Zweifel daran bestehen, daß das Leben mit *Befruchtung* und *Zellteilung* beginnt. Auch ist nicht zweifelhaft, daß es sich von Anfang an um spezifisches, menschliches Leben handelt. Tatsache ist ferner, daß sofort eigenes, von allen anderen Menschen unterscheidbares Leben vorhanden ist. Es ist nicht gerechtfertigt, von »werdendem Leben« zu sprechen.

Um von vornherein Irrtümer oder Vorwürfe einer Polemik zu verhindern, sei darauf hingewiesen, daß die letzte Phase des Lebens das »Sterben« und das Ende des Lebens der »Tod« ist. Daraus ergibt sich zwangsläufig und ohne jede Dramatisierung, daß die Beendigung des Lebens – geschehe sie nun aktiv oder passiv – »Tötung« ist.

Man kann natürlich den Begriff »Leben« zu umgehen versuchen, wie wir es bei der augenblicklichen Gesetzgebung zum Schwangerschaftsabbruch erfahren haben. In dieser kommen nämlich die Bezeichnungen »Leben«, »Leibesfrucht«, und »Abtötung« nicht mehr vor. Sie wurden alle durch »Schwangerschaft« und »Schwangerschaftsabbruch« ersetzt. Man hat den Begriff »Schwangerschaft«, der früher die Zeit von der Befruchtung bis zur Geburt umfaßte, neu definiert; er beinhaltet jetzt die Zeitspanne, die zwischen der vollendeten Einnistung des Embryo in die Gebärmutterschleimhaut und der Geburt verstreicht. Es läßt sich sicher darüber streiten, ob dieses – durchaus legitime – Verfahren auch gut ist. In keinem Fall bewirkt es irgendeine Änderung der Tatsachen.
Zur Diskussion lassen sich eine ganze Reihe von wichtigen und grundsätzlichen Fragen stellen.

Menschliches Leben – Mensch

Von überaus großer Bedeutung ist der Versuch, menschliches Leben und Mensch überzeugend voneinander zu unterscheiden. Hierzu wird als erstes vielfach der Begriff »Individualität« herangezogen. So kommt man zu der Folgerung, daß zu einer Zeit, in welcher noch eine Teilung der befruchteten Eizelle in Mehrlinge – selbst mit pathologischen Formen – möglich ist, zwar von einem »menschlichen Leben«, nicht aber vom »menschlichen Individuum« gesprochen werden könne. Erst dem menschlichen Individuum jedoch seien die Schutzrechte des Menschen einzuräumen. Bei dieser Denkart kommt es zu weitgehender Übereinstimmung mit dem neu definierten Schwangerschaftsbegriff. So viel eine solche Argumentation auch für sich haben mag, letztlich befriedigend erscheint sie mir nicht. Mir als Individuum nämlich würde – wie jedem geborenen Menschen – auf diese Weise ein Stück des eigenen Lebens genommen oder zur »Vormenschlichkeit« degradiert.

Der eben geschilderte Gedankengang wird noch durch Hinweise darauf bestärkt, daß von Natur aus zwischen Befruchtung und Einnistung ein großer Teil (50% oder mehr) der Embryonen zugrunde geht, also spontan den Tod findet. Diese Tatsache dürfte jedoch kaum eine sittliche und rechtliche Außerachtlassung des ersten Teils des menschlichen Lebens begründen. Zum einen macht das Leben, von seinem Beginn an bis zu seinem Ende, eine kontinuierliche Entwicklung durch. In deren Verlauf ist es Störungen (so auch der Ausbildung eineiiger Mehrlinge), Schädigungen und Todesfällen ausgesetzt. Das gilt ebenso für das ungeborene wie für das geborene Leben. Zum anderen wird wohl niemand ernsthaft eine Einschränkung der Wertung des menschlichen Lebens deswegen erwägen, weil bei Katastrophen (man denke an Erdbeben, Stürme und anderer Ereignisse) »von Natur aus« oft Hunderte, ja Tausende von Menschen umkommen.

Auch der Begriff *Personalität* wird oft in die Diskussion eingebracht. Damit soll eine Unterscheidung zwischen menschlichem Leben, menschlichem Individuum und personalem menschlichen Leben, welches dann – mehr oder weniger – dem Menschen gleichzusetzen ist, deutlich gemacht werden. Hier liegt eine Schwierigkeit sofort auf der Hand, denn für eine fruchtbare Debatte wäre die genaue Erklärung, was der einzelne unter »Personalität« verstehen will, Voraussetzung. Es gibt Definitionen (z. B. gegenseitige Kontakt- und Verständigungsfähigkeit mit anderen Personen), nach denen auch neugeborene Kinder, gewisse Geisteskranke und, möglicherweise, auch sehr alte Menschen von dieser Personalität und damit vom »Menschsein« ausgeschlossen wären. Im übrigen gilt wiederum das, was hinsichtlich der Individualität ausgeführt wurde.

Immer wieder wird versucht, eine Grenze zwischen

menschlichem Leben und eigentlichem Menschen durch das Vorhandensein besonderer Eigenschaften zu ziehen. Es sei sowohl an Formgebungen als auch an Funktionstüchtigkeiten wie die Hirnaktivität erinnert. Einmal dürften sich derzeit im Einzelfall – also individuell – kaum mit der für eine solche Grenzziehung erforderlichen Sicherheit Feststellungen treffen lassen. Zum anderen erscheint es nicht richtig, den Menschen im Verlauf seiner natürlichen Entwicklung in Wertstufen einzuteilen. Auch dies müßte ja wieder Konsequenzen für den geborenen Menschen haben. Ein Vergleich mit dem Hirntod schließlich wird den Verhältnissen nicht gerecht, da grundsätzliche Unterschiede bestehen. Beim Embryo geht die Entwicklung zum weiteren Leben hin; beim Todkranken ist die Verlaufsrichtung dem Tode zugewandt und stellt oft schon einen Teil des Sterbens dar.

Eine allgemein anerkannte, verbindliche und für die hier in Rede stehenden Probleme brauchbare *Definition des Menschen* gibt es bis heute nicht. Es erscheint daher gerechtfertigt, bei den Fragen des Schwangerschaftsabbruchs »menschliches Leben« als Grundbegriff für Schutzwürdigkeit und Wertstellung beizubehalten. Dies jedenfalls so lange, bis nicht wirklich überzeugende und befriedigende Erkenntnisse für eine andere, allseits anerkennbare Beurteilung vorliegen. Dabei würde eine Reihe von Fragen zu beantworten sein: Weshalb ist menschliches Leben an sich nicht grundsätzlich zu schützen? Wo liegt die Grenze zwischen schutzwürdigem und – mehr oder weniger – frei verfügbarem menschlichen Leben? Wie ist eine solche Grenzziehung zu begründen und wie ist sie individuell für die Praxis zu realisieren? Welche Folgen ergeben sich aus der unterschiedlichen Bewertung des Lebens für alle Geborenen, auch im Alter und bei Krankheit?

Ist menschliches Leben verfügbar?

Natürlich läßt sich auch darüber diskutieren, ob menschliches Leben nicht einfach verfügbar ist und seine Tötung durchaus legitim sein kann. Dabei drängen sich Gedanken an Notwehr und Todesstrafe ebenso auf wie humanitäre Erwägungen: die Erlösung von Leid oder die Vorrechte des mütterlichen Lebens vor dem kindlichen.

Notwehr und Todesstrafe scheiden, nach meiner Meinung, von vornherein und völlig aus. Wer kann in dem Kind, das ohne sein eigenes Zutun gezeugt wurde, wohl ernsthaft einen Angreifer oder einen Straftäter sehen? Bewahrung oder Erlösung von Leid, sei es nun durch Krankheit begründet oder dadurch, daß – möglicherweise – das erwartete Kind nicht geliebt wird, scheinen auf den ersten Blick überzeugend. Allerdings werden schnell viele Probleme offenbar: Wer urteilt über *Lebenswert* und *Lebensunwert*? Mit welchem Recht wird das Urteil gefällt? Nach welchen Regeln erfolgt die Beurteilung? Wer fragt schließlich den Betroffenen? Für den Arzt, dessen Aufgabe es normalerweise ist, Leben zu bewahren, käme hinzu noch die Frage, ob die Antwort auf Krankheiten irgendwelcher Art die Tötung sein kann.

Die Forderung nach dem alleinigen Verfügungsrecht der Mutter über das Kind ist nicht berechtigt. Dadurch werden nicht nur die Rechte des Kindes völlig ignoriert, sondern auch die des Kindesvaters. In den allermeisten Fällen dürfte die Mutter den Akt, der zur Befruchtung führte, freiwillig vollzogen haben. Diese Freiwilligkeit läßt sich nicht durch die Frage einengen, ob ein Kind erwünscht ist oder nicht. Verantwortung für Taten und Geschehnisse muß hier – wie stets im Leben – getragen werden, zumal es genügend Möglichkeiten zum *Schutz vor unerwünschter Empfängnis* gibt. Materielle Not kann und soll abgewendet oder gelindert werden. Psychosoziale Notlagen erfordern umfassende Hilfe und Unterstützung; sie rechtfertigen aber nicht die *Tötung*. Man sollte nicht vergessen, daß manche Forderungen hinsichtlich der Verfügbarkeit ungeborenen menschlichen Lebens zu Konsequenzen für spätere Ereignisse und Zustände im Leben des geborenen Menschen führen.

Als Ausnahme von der negativen Beurteilung soll der Fall erwähnt werden, in dem der Mutter durch die Schwangerschaft selbst akut der Tod droht; dann ist auch das Kind zwangsläufig vom Tode bedroht. Eine Verhütung des mütterlichen Todes kann dann eventuell durch die »Vorwegnahme« des kindlichen Todes erfolgen. Eine Wahlmöglichkeit zwischen mütterlichem und kindlichem Leben besteht unter solchen Umständen nicht. Hier, bei der sogenannten *strengen medizinischen Indikation*, liegt nach meiner Ansicht eine Rechtfertigung für die Beendigung der Schwangerschaft vor. Nicht unerwähnt bleiben darf jedoch, daß derartige Fälle sehr selten und keineswegs immer ganz klar sind.

Interessant und lehrreich dürfte es sein, sich zu erinnern, wie denn überhaupt die jetzige, vor gut 15 Jahren begonnene Diskussion in Gang kam. Sie hatte primär sicher nicht zum Ziel, eine Definition des Menschen zu finden oder Beginn und Entwicklung menschlichen Lebens zu untersuchen. Sie diente vielmehr dazu, beabsichtigte und gewollte Prozesse zu sanktionieren, allgemeine und politische Ziele zu erreichen und schließlich, mit den getroffenen Entscheidungen fertigzuwerden oder sich ihnen anzupassen. Es ist daher nicht verwunderlich, daß bei den ganzen Fragen die Gesamtsicht, auch die des Geborenen, seines Ursprungs, seines Seins und seines Lebens – mehr oder weniger – außer acht gelassen wurde.

Zunächst ging es noch gar nicht einmal um die Abtreibung selbst, sondern – im Rahmen der »Familienplanung« – um die Benutzung mechanischer oder hormonaler Mittel, die eine Einnistung des Embryo verhindern sollen (»Spirale« oder »Pille danach«). Nach altem Recht hätte es sich dabei, wie auch bei der vorsorglichen Ausschabung der Gebärmutter – bei Verdacht auf Befruchtung –, um Abtreibungen (Abtötung der Leibesfrucht) gehandelt. Durch die Änderung des Schwangerschaftsbegriffes und ihre Übernahme in das Gesetz liegen heute alle derartigen Maßnahmen – obgleich sie menschliches Leben betreffen – außerhalb jeder rechtlichen Wertung. So positiv sich das auf die angestrebte Praxis und die Erreichung der zunächst gesteckten Ziele ausgewirkt hat, so fragwürdig ist die Rechtssituation jetzt, wenn man an die diesbezüglichen Probleme bei der extrakorporalen Befruchtung denkt.

Unzweifelhaft hat die gesetzliche Regelung – wie vorauszusehen war – trotz vielleicht guter Intentionen das Rechtsbewußtsein erheblich verändert und zu Praktiken geführt, die wohl (hoffentlich) nicht beabsichtigt waren. Bei dem derzeitigen Streit ist im übrigen vordergründig nur von den Rechten und den berechtigten Forderungen die Rede. Von Verantwortung und irgendwelchen Pflichten, die gegenüber dem Ungeborenen bestehen oder jedenfalls bestehen könnten, wird dagegen nicht gesprochen. Es wird sehr viel von dem Wert und der Würde des menschlichen Lebens geredet; nichts von alledem jedoch im Hinblick auf den Ungeborenen. Nach meiner Ansicht würde aber nur eine Änderung in dieser Beziehung zu neuen Chancen für das menschliche Leben vor der Geburt führen. Ohne Horror-Visionen heraufbeschwören zu wollen, müssen bei allen Debatten Übergriffe auf und Konsequenzen für das weitere (geborene) Leben berücksichtigt werden. Wie wichtig das ist, zeigt sich, wenn man die Diskussionen um den ganzen Komplex der »Sterbehilfe« aufmerksam verfolgt.

Dem Anspruchsdenken, den Forderungen oder gar der Erpressung des Arztes und seiner Helfer sollte das Selbstverständnis des ärztlichen Berufes gegenüberstehen, das sich nicht auf Dienstleistungen nach Wunsch oder Verlangen und gegen Bezahlung beschränken kann. Verständnis und Nächstenliebe bedingen eine umfassende Hilfsbereitschaft, sie rechtfertigen jedoch keine Handlungen gegen Überzeugung und Gewissen.

II. Der Schwangerschaftsabbruch – Methoden und Risiken

Hier soll nicht die Rede sein von den Methoden, die der *Empfängnisverhütung* dienen. Das gilt ebenso für hormonale Mittel (»Pillen«) wie für mechanische Verfahren (Kondom, Diaphragma), chemische Stoffe (Tabletten, Cremes, Schaum), die Benutzung der Zeitwahl oder die Sterilisation und alle damit zusammenhängenden Probleme und Fragen. Nur nebenbei sei bemerkt, daß die Zeitwahl, ein »natürliches« Verfahren, je nach Art und angewandter Sorgfalt fast ebenso »sicher« ist wie die besten »Pillen«.
Wenn man ungewollte Schwangerschaften verhindern will, so sollte man Maßnahmen zur *Konzeptionsverhütung* treffen. Hier sind Verantwortung und Pflicht der Ehe- oder Geschlechtspartner angesprochen und gefordert. Man kann im übrigen feststellen, daß unser Land hinsichtlich der Anwendung derartiger Mittel eine gewisse Spitzenstellung in der Welt besitzt.

Frühabtreibung

Verfahren, die nicht eine Befruchtung sicher unterbinden, sondern gegen das neu entstandene menschliche Leben wirken, indem sie die Einnistung des Embryo verhindern, seien hier nur kurz erwähnt. Drei grundsätzliche Arten mit mehreren Varianten sind zu nennen:
Das *Intrauterin-Pessar* (ein verschieden gestaltetes Gebilde, das in die Gebärmutterhöhle eingelegt wird), meistens bekannt als »Spirale«. Die Oberfläche derartiger Pessare kann unterschiedlich beschichtet werden.

Die *Gabe von Hormonen* – dabei werden verschiedene Arten und Dosierungen verwandt – nach ungeschütztem Verkehr mit der Möglichkeit einer Befruchtung (bekannt als »morning after pill« oder »Pille danach«).

Schließlich die *Ausschabung der Gebärmutter* in irgendeiner Form dann, wenn in Rechnung zu setzen ist, daß es eventuell – ungewollt – zur Befruchtung gekommen ist.

Bei der augenblicklichen gesetzlichen Regelung liegen diese Methoden, trotz ihrer tötenden Wirkung auf das menschliche Leben, im rechtsfreien Raum. Falsch und irreführend ist es, derartige Maßnahmen dem Begriff »Kontrazeptiva« zuzuordnen.

Die häufigsten Abtreibungsmethoden

Wenden wir uns nun den Methoden zu, die beim Schwangerschaftsabbruch Anwendung finden. Es erscheint gut und gerechtfertigt, sich hier auf die wichtigsten und am meisten gebrauchten Maßnahmen zu beschränken.

An erster Stelle ist die *mechanische Entleerung der Gebärmutter* zu nennen. Dazu dienen zwei Verfahren:

Bei dem einen, heute am meisten angewandten, werden Embryo und Schwangerschaftsgewebe mittels einer Vakuumpumpe durch ein Rohr abgesaugt. Bei dem anderen, in der Häufigkeit zurückgehenden, erfolgt die Entfernung des entsprechenden »Materials« mit Instrumenten (»Curette« und eventuell »Abortzange«). Der Beseitigung von Frucht und Gewebe voraus geht fast immer eine Dehnung zur Erweiterung des Halskanals der Gebärmutter. Sie wird meist direkt mechanisch vorgenommen; sie kann mit chemischen Mitteln (Prostaglandine) gegebenenfalls erleichtert und begünstigt werden. Schließlich läßt sie sich auch dadurch erzielen, daß man bestimmte Stäbchen (»Laminaria-Stifte«) in den Halskanal einlegt; diese quellen dann im Verlauf längerer Zeit. Eine Ausnahme machen nur ganz junge Schwangerschaften (etwa 4–5 Wochen alt), bei denen eine Erweiterung des Halskanals im allgemeinen nicht notwendig ist. Es ist verständlich, daß sich bei solchen Eingriffen – je nach Schwangerschaftsalter – eine Zerstückelung der Leibesfrucht nicht immer vermeiden läßt.

Am zweithäufigsten finden *medikamentöse Maßnahmen* Anwendung. Damit sollen eine »normale«, »spontane« Fehlgeburt oder auch eine Frühgeburt nachgeahmt werden. Hierzu verwendet man meist die schon vorher erwähnten »Prostaglandine«. Diese werden örtlich, am Muttermund, im Halskanal der Gebärmutter oder in der Gebärmutter angewandt; sie können auch gespritzt und infundiert werden (die auch noch mögliche »Einnahme« hat man bei uns aufgegeben). Vielfach werden »Wehenmittel« (Oxytocin) – meist als Tropfinfusion in die Vene – benutzt; sie lassen sich gegebenenfalls auch mit örtlich applizierten Prostaglandinen kombinieren. Demgegenüber spielen andere Verfahren, wie die Einspritzung von Salzlösungen in die Fruchthöhle oder die Gebärmutterhöhle, bei uns keine Rolle.

Zahlenmäßig sind hierzulande auch weiterreichende *operative Eingriffe* mit Eröffnung oder Entfernung der Gebärmutter ohne wesentliche Bedeutung.

Auf die Methoden der *Unfruchtbarmachung* (Sterilisation) soll nicht eingegangen werden. Es sei jedoch bemerkt, daß derartige Maßnahmen manchmal mit einem Schwangerschaftsabbruch verbunden oder ihm – mehr oder weniger kurze Zeit später – angeschlossen werden.

Am häufigsten werden Schwangerschaften innerhalb der ersten 12 Wochen abgebrochen. Das ist leicht verständlich, da bei »Notlagen« eine solche Frist besteht und diese Indikation etwa Dreiviertel aller Fälle ausmacht. Hierbei finden fast ausschließlich die mechanischen Methoden Anwendung. Verhältnismäßig selten sind Eingriffe zwischen der 13. und 17. Woche. In dieser Zeit werden sowohl mechanische als auch – zunehmend – medikamentöse Verfahren angewandt. Bei den später zwischen der 18. und 22. Woche durchgeführten Abbrüchen stehen die medikamentösen Methoden im Vordergrund. Hier handelt es sich ja auch weitgehend um geburtsähnliche Vorgänge. Nicht selten weisen die Kinder unter solchen Umständen eine Körperlänge von über 25 cm auf; sie reichen damit fast an die Grenze der Lebensfähigkeit. In diese Gruppe fallen vornehmlich die Eingriffe aus »kindlicher Indikation«. Es ist heute noch nicht zu übersehen, ob in Zukunft eine wesentlich frühere Diagnostik kindlicher Schäden – mit einem vertretbaren Risiko – praktikabel sein wird. Eingriffe jenseits der 22. Schwangerschaftswoche sind überaus selten; dabei kommen überwiegend medikamentöse Methoden zur Anwendung.

Hinsichtlich der Abbrüche – mit geburtsähnlichem Verlauf – bei verhältnismäßig weit fortgeschrittener Schwangerschaft taucht ein großes Problem mit mehreren Facetten auf. Die entsprechenden »Früchte« oder »Kinder« können nämlich durchaus lebend geboren werden.

Man denke an die psychischen Belastungen, die unter solchen Umständen auf alle Beteiligten zukommen. Man versuche auch, sich die Problematik hinsichtlich des weiteren Handelns und Verhaltens von Geburtshelfern und Hebammen zu vergegenwärtigen. Darüber hinaus sind die rechtlichen Konsequenzen zu erwähnen. Nach unserem Personenstandsrecht gelten alle Leibesfrüchte, die irgendein definiertes Zeichen des Lebens aufweisen, als *meldepflichtige* »Lebendgeburten«. Eine Berücksichtigung von Körperlänge, Körpergewicht, etwaigen Mißbildungen oder sonstigen Umständen (Schwangerschaftsabbruch) ist nicht vorgesehen. Nach Eintritt des Todes müßte eine zweite Meldung erfolgen. Es wäre vielleicht interessant festzustellen, ob diesen Geboten in der Praxis entsprochen wird. In dieser Hinsicht bestehen ebenso berechtigte Zweifel wie bezüglich einer Erfüllung der Meldepflicht für Schwangerschaftsabbrüche überhaupt[1].

Die Risiken eines Schwangerschaftsabbruchs

Jeder Moment des menschlichen Lebens ist mit Gefahren verbunden, besonders unter dem Einfluß äußerer Einwirkungen. So beinhalten natürlich auch alle Verfahren zum Schwangerschaftsabbruch Risiken. Um jeder Panikmache von vornherein vorzubeugen, sei festgestellt, daß derzeit die Rate der Todesfälle beim gesetzlich zulässigen Schwangerschaftsabbruch unter 0,05‰ liegt. Ganz anders verhält es sich jedoch mit den Gefahren, die nicht zum Tode führen. Diese können durchaus zeitlich mehr oder weniger begrenzte, aber auch dauernde Beeinträchtigungen verursachen.

Es erscheint zweckmäßig, hinsichtlich dieser Risiken mehrere Arten zu unterscheiden: Primäre und sekundäre *Frühkomplikationen* sowie *Spätkomplikationen; physische* und *psychische Schäden.*

Bei den *primären Frühkomplikationen* handelt es sich um nachteilige Folgen, die direkt bei der Durchführung eines Eingriffes oder innerhalb der ersten 24 Stunden danach eintreten. Einige Beispiele seien genannt: Verletzungen von Scheide, Gebärmutterhalskanal oder Gebärmutterkörper. Blutungen, die das Ausmaß eines halben Liters überschreiten und manchmal Blutübertragungen erforderlich machen. Zwischenfälle, die durch Narkose oder örtliche Betäubung bedingt sind.

Als *sekundäre Frühkomplikationen* werden diejenigen bezeichnet, die sich später als 24 Stunden nach dem Eingriff – nicht selten erst einige Wochen hinterher – bemerkbar machen. Auch dazu einige Beispiele: Infektionen; hier ist ebenso an die Allgemeininfektion zu denken wie auch – speziell – an Entzündungen von Eileiter, Eierstock, Seitengewebe der Gebärmutter oder Beckenbauchfell. Oft handelt es sich um schwere Erkrankungen, die mit starken Schmerzen, hohem Fieber und sehr schlechtem Allgemeinbefinden einhergehen.

Auch nach Ablauf von 24 Stunden kommt es nicht selten zu Blutungen, die sowohl hinsichtlich der Dauer als auch bezüglich der Stärke ganz beachtlich sein können. Das gilt besonders dann, wenn das Schwangerschaftsgewebe nicht vollständig entfernt wurde. Schließlich sind in diesem Zusammenhang noch Thrombosen und Embolien zu nennen.

Die *Spätkomplikationen* treten erst nach mehr oder weniger langer Zeit ein. Sie machen sich vornehmlich im Zusammenhang mit weiteren Schwangerschaften bemerkbar. Einige Beispiele seien gegeben:

Es hat sich gezeigt, daß »Bauchhöhlen-Schwangerschaften« bei Frauen, die einen Schwangerschaftsabbruch hinter sich haben, deutlich häufiger vorkommen als bei Frauen ohne vorherigen Abbruch. Vermehrt beobachtet wurde auch das Eintreten später Fehlgeburten und Frühgeburten. Die Unfähigkeit des Gebärmutterhalskanals, geschlossen zu bleiben und damit die Schwangerschaft zu »halten« (Zervixinsuffizienz), ist in solchen Fällen gleichfalls häufiger. Hier besteht ein Unterschied zu den Ausschabungen der Gebärmutter aus anderen Gründen (meist zur Krankheitserkennung); dabei ist nämlich im Regelfall eine geringere Erweiterung des Halskanals erforderlich und damit auch eine weniger weitgehende Dehnung. Blutungen in der Schwangerschaft und atypische Blutungen während der Geburt scheinen nach voraufgegangenen Abbrüchen öfter vorzukommen als normalerweise. Diskutiert wird noch, daß nach solchen Eingriffen vermehrt kleinere (dystrophe) Kinder geboren werden als sonst. Auch Unregelmäßigkeiten der Perioden und Unfruchtbarkeit werden als mögliche Folgen in Erwägung gezogen.

Betrachtet man nun die sekundären Frühkomplikationen und die Spätkomplikationen, so zeigt sich, daß ein fließender Übergang besteht. Es ist völlig klar, daß Entzündungen im Bereich von Eileitern oder Beckenbauchfell – je nach ihrem Ausmaß – zu Bauchhöhlen-Schwangerschaften oder zur Unfruchtbarkeit führen können. Ganz abgesehen von den Folgen für die Fruchtbarkeit vermögen derartige Entzündungen ständige Beschwerden, Schmerzen und eine erhebliche Beeinträchtigung von Leistungsfähigkeit und Lebensfreude zu bewirken.

Gleiches gilt für Entzündungen im Gebiet des Seitengewebes der Gebärmutter und des Beckenbindegewebes. So kann man also zu Recht von Dauerfolgen sprechen, die sich – zumindest teilweise – nur schwer oder gar nicht beheben lassen.

Art und Häufigkeit der Komplikationen hängen deutlich von verschiedenen Umständen ab: Einmal von der betroffenen Frau selbst, dann vom Arzt, der den Eingriff durchführt, und endlich auch vom Ort des Abbruchs. Zum anderen spielen die jeweils angewandten Verfahren eine Rolle – von ihnen hängen Art und Größe der Risiken wesentlich ab. Schließlich ist von entscheidender Bedeutung das jeweilige Schwangerschaftsalter. Je jünger eine Schwangerschaft ist, um so ungefährlicher ist im allgemeinen ihr Abbruch. Dies war schon immer bekannt und hat sich jetzt wieder bestätigt. Vermutlich liegt hierin auch der Grund, daß die politisch Interessierten eine »Fristenlösung« anstrebten. Bei aller Liberalität und Freizügigkeit gegenüber jeder Entscheidung einer Frau wollte man – offenbar wegen der zunehmenden Risikogröße – eine Limitierung auf 12 Wochen.

Wie häufig sind Komplikationen?

Beim Versuch, die Häufigkeit der Komplikationen in Zahlen anzugeben, sind einige Punkte zu beachten. Die primären Frühkomplikationen lassen sich aufgrund der – wenn auch nur lückenhaft erfüllten – Meldepflicht verhältnismäßig sicher überschauen. Viel schwerer ist das schon bei den sekundären Frühkomplikationen, aber auch hier gibt es doch gute Beobachtungen und Berechnungen. Relativ ungenau wird das Bild bei den Spätkomplikationen.

Man kann davon ausgehen, daß derzeit hinsichtlich der primären Frühkomplikationen mit einer durchschnittlichen Rate von etwa 4% zu rechnen ist. Für die sekundären Frühkomplikationen ist nach all unseren Kenntnissen wohl eine Häufigkeit von ungefähr 7% in Rechnung zu setzen. Annähernd genaue Angaben über Spätkomplikationen lassen sich verständlicherweise kaum machen. Ein Teil dieser Gruppe dürfte – wie oben gezeigt – schon in der Zahl der sekundären Frühkomplikationen enthalten sein.

Mit aller Vorsicht läßt sich die augenblickliche Gesamthäufigkeit der Komplikationen – soweit körperliche Folgen in Rede stehen – auf rund 12% beziffern. Das ist in der Tat ein sehr beachtlicher Prozentsatz. Die mit einem Schwangerschaftsabbruch verbundenen Risiken sind also keineswegs gering und dürfen nicht unterschätzt werden. Inwieweit sie aufgrund verbesserter oder neuerer Techniken und einer umfassenderen Betreuung in der Zukunft vermindert werden können, ist fraglich. Nicht sicher ist auch, ob es infolge der zunehmenden Zahl von Frauen, die mehrfach »Abbrüche« vornehmen lassen, zu einer Vergrößerung der Risiken kommt. Man sollte jedoch wegen der Zahlen – die im übrigen Ausdruck des ehrlichen Bemühens sind, die Verhältnisse aufzuklären – nicht in Panik fallen. Es bleibt festzustellen, daß der überwiegende Teil aller Komplikationen nur vorübergehend, zeitlich begrenzt, von Bedeutung ist und völlig geheilt werden kann. Nur eine geringere Zahl führt zu ausgedehnteren Störungen. Nicht sehr häufig sind die Fälle, in denen eine langwierige, manchmal auch operative Behandlung nötig ist. Verhältnismäßig selten kommt es zu nicht behebbaren Dauerfolgen.

Dennoch bleibt festzustellen, daß der Schwangerschaftsabbruch unbestreitbar nicht ungefährlich ist. Unabhängig von den geschilderten Komplikationen wird durch den Eingriff selbst fast immer aus einer bis dahin körperlich sonst gesunden Mutter zunächst eine kranke Frau. Ohne Eintritt von Komplikationen geht dieser Zustand schnell wieder vorüber. Andernfalls jedoch hält er länger an oder er wird gar dauerhaft.

Bisher war immer nur die Rede von den körperlichen Konsequenzen der Abruptio. Man sollte jedoch nicht außer acht lassen, daß es auch *psychische, seelische Folgeschäden* geben kann und in der Praxis gibt. Sind Zahlenangaben schon bei somatischen Konsequenzen nicht einfach, so werden sie hinsichtlich der psychischen noch schwieriger. Immerhin wird man davon ausgehen können, daß es augenblicklich in etwa 5 bis 10% aller Fälle zu längerfristigen oder dauerhaften Beeinträchtigungen des seelischen Wohlbefindens kommt. Dabei bestehen natürlich Unterschiede hinsichtlich Stärke und Ausmaß der psychischen Belastung. Ohne Zweifel hängt vieles von der Persönlichkeit jeder einzelnen Frau ab sowie von den jeweiligen Verhältnissen und Umständen anläßlich des Eingriffes zur Abruptio. Da sich der Mensch – wie schon vorher erwähnt – Zeit seines Lebens in einer steten Entwicklung befindet, werden sich Anschauungen und Empfindungen auch mit Zunahme des Lebensalters ändern können. Deshalb läßt sich nicht vorhersagen, wie die Entwicklung hinsichtlich der psychischen Schäden weiter verläuft. Es ist also ungewiß, ob derartige Beeinträchtigungen in der Zukunft ab- oder zunehmen werden.

Will man alle Tatsachen, Erkenntnisse und Überlegungen zusammenfassen, so läßt sich ganz einfach sagen:

Der *Schwangerschaftsabbruch ist Tötung menschlichen Lebens*. Gleichzeitig stellt er auch eine Bedrohung und Schädigung der körperlichen und seelischen Gesundheit für die Mutter dar.

Etwa 250000 derartige Eingriffe dürften an Frauen unseres Landes jährlich vorgenommen werden. Das aber heißt nichts anderes, als daß bei uns auf drei Schwangerschaften oder auf zwei Geburten ein »Abbruch« entfällt.

Es stellt sich die Frage, welche Gründe so gewichtig sind, daß dadurch die unbestreitbaren »Negativ-Posten« aufgewogen oder gar »positiv« übertroffen werden können. Ob und wodurch sich also der Schwangerschaftsabbruch grundsätzlich, im jetzigen Ausmaß, in besonderen Situationen oder überhaupt rechtfertigen läßt.

---

[1] Vgl. zum »Meldedefizit« bei Schwangerschaftsabbrüchen den Beitrag von
     B. Erhard in diesem Band (Anm. d. Hrsg.).

Robert Spaemann

Kein Recht auf Leben?

Zur Auseinandersetzung um den Schutz des ungeborenen Kindes*)

Noch zu Beginn der 60er Jahre erklärte der sozialdemokratische Abgeordnete Adolf Arndt, die zeitweise Freigabe der Abtreibung, aber auch und besonders die Freigabe aus sozialen Gründen, die *»soziale Indikation«*, sei eine Kapitulation des Sozialstaates, der sich außerstande erkläre, einem Notstand anders als durch Freigabe der Tötung menschlichen Lebens zu begegnen[1]. Dieser Satz fand damals breite Zustimmung im Bundestag. Inzwischen ist kein neuer objektiver Umstand eingetreten und keine Tatsache bekannt geworden, die Adolf Arndt unbekannt gewesen wäre und ihn heute eines Besseren belehren müßte. Was also hat sich geändert?

Mehr Neigung zur Brutalität, weniger Achtung vor dem Leben

Geändert hat sich eine öffentliche Stimmungslage. Die neue Stimmungslage wird am besten durch das Wort *»Emanzipation«* charakterisiert, das heute in aller Munde ist. Diese Stimmungslage ist, was ihren Wert betrifft, wie alle Stimmungslagen ambivalent. Gewachsen sind die Ansprüche

---

*) Der Beitrag ist 1974 in der »Zeitschrift für Rechtspolitik« erschienen (ZRP 1974, S. 49–53, »Am Ende der Debatte um §218 StGB«; ZRP 1974, S. 114–118, »Haben Ungeborene ein Recht auf Leben?«). Die Argumentation ist nach wie vor gültig.

der Menschen auf individuelle Befriedigung. Gewachsen ist die kritische Beurteilung aller traditionellen Schranken solcher Befriedigung. Das »Ende der Bescheidenheit« wurde proklamiert. Gewachsen ist die Sensibilität für Ungerechtigkeiten in der Verteilung von Lebenschancen, von Lasten und Entschädigungen. Gewachsen ist die Bereitschaft, körperlich oder geistig Benachteiligten und gesellschaftlichen Randgruppen zusätzliche Hilfestellung zu geben. Gewachsen ist aber gleichzeitig die Neigung zur Brutalität gegenüber allem, was sich individuellen Ansprüchen in den Weg stellt. Und da dies oft individuelle Ansprüche anderer sind, hebt sich das emanzipatorische Bewußtsein vielfach selbst wieder auf. Emanzipation gibt es nicht ohne Solidarität. Oft aber ist sie nur ein anderes Wort für Hedonismus, für das Streben nach individueller Lustmaximierung. Hedonismus aber hat seit jeher einen Hang zur Brutalität, vom griechischen Sophisten Kallikles über den Marquis de Sade bis zu den Mördern der Sharon Tate. Er kennt zwar eine gewisse Solidarität, aber nur die Solidarität der Genußfähigen und Genießenden. Wer kein möglicher Partner in der Gemeinschaft der Genießenden ist, der soll dieser Gemeinschaft entweder dienen oder aber lieber gar nicht sein[2]. Die großen Tage Adolf Arndts standen noch unter dem Eindruck der Verbrechen des Nationalsozialismus. Die Erinnerung ist verblaßt, und gesunken ist seither die Achtung vor dem Leben. Terrorismus wird ein Bestandteil der Normalität. Eingriffe in den Autoverkehr – z. B. Geschwindigkeitsbeschränkungen – stoßen in der Öffentlichkeit auch dann auf heftigen Widerspruch, wenn sie eindeutig dazu dienen, die Zahl der Verkehrstoten zu mindern. In der Opposition dagegen findet sich ein bezeichnendes Bündnis von Konservativen, die keine Reglementierung naturwüchsiger Freiheiten, auch nicht der, schnelle Autos herzustellen, wünschen, Technokraten, denen die wichtigste der ungehinderte Verkehrsfluß ist und »emanzipatorischen« Liberalen, die den

Bürger um ein Vergnügen gebracht sehen, nämlich das, zu rasen.

Mir scheint, man muß die Abtreibungsdebatte in diesem Kontext sehen. Sie ist gekennzeichnet durch erhöhte Sensibilität gegenüber Situationen individueller Frustration und Bedrängnis. Aber bei der Entscheidung zwischen dem Lebensrecht jener, die ihre Stimme im demokratischen Chor noch nicht hörbar machen, die noch nicht schreien können, und dem Recht auf ungehinderte Selbstentfaltung und Lebensgenuß derer, die bereits »etabliert« sind, ist die Neigung unverkennbar, das erstere auf den zweiten Platz zu verweisen. Es sollte nicht vergessen werden, daß am Anfang der Debatte die brutale Parole stand: »*Mein Bauch gehört mir*« (Wem gehörte er eigentlich im Augenblick der Zeugung?). Und vergessen werden sollte nicht, daß jene Damen, die zum erpresserischen Mittel der kollektiven Selbstanzeige griffen, zum Establishment und durchaus nicht zu jenen hilfsbedürftigen sozial Schwachen gehörten, von denen auf einmal nur noch die Rede ist.

Die Debatte hat manches Gute bewirkt. Sie hat den Blick auf einen wunden Punkt gerichtet. Die Kirchen sind sich erst durch sie des Problems wirklich bewußt geworden und haben Hilfsmaßnahmen für bedrängte werdende Mütter eingeleitet, die es in diesem Umfang vor der Debatte nicht gab. Auch bei der anderen Seite sind die anfänglichen brutalen Parolen aus der Öffentlichkeit verschwunden. Dies ist ein Resultat, das festgehalten werden muß. Daß der Staat sich aus seiner verfassungsmäßigen Pflicht, menschliches Leben zu schützen, nicht einfach davonstehlen kann, hat nicht zuletzt der Bundesjustizminister in Erinnerung gerufen.

Vor allem aber: niemand kann nach der Debatte noch ernsthaft in Zweifel ziehen, daß ungeborene Kinder Menschen sind. Wir können eben nicht ins Mittelalter zurück. Die päpstliche Verlautbarung aus dem 16. Jahrhundert, daß Gott im zweiten Monat nach der Zeugung die menschliche

Seele erschaffe und in den Körper sende, wird zwar gern von Befürwortern der Fristenlösung zitiert. Aber sie halten dabei wohl päpstliche Äußerungen, besonders wenn sie lang zurückliegen, für unfehlbarer als es Katholiken tun, die für Fragen der Biologie Biologen und Mediziner eher als zuständig ansehen. Diese aber sind sich darin einig, daß die Entwicklung des menschlichen Organismus strikt kontinuierlich ist und dem genetischen Code folgt, so daß jede Grenze für den Beginn der »Menschlichkeit« willkürlich wäre. Dem Staat, wie Thomas Hobbes, das Recht einräumen, willkürlich festzusetzen, wer Mensch im Sinne des Gesetzes ist und wer nicht, hieße, den Menschenrechten ihren Charakter als Grundrechte nehmen. Es könnte ja durch die jeweilige Definition des Menschen jederzeit die Zahl derer, die dieses Recht beanspruchen dürfen, eingeschränkt werden. Der jeweils aktuell mitredende und repräsentierte Teil des Volkes könnte sich allein diese Rechte reservieren.

Daß der Schritt zur Euthanasie von hier aus kein prinzipieller mehr ist, kann nicht bestritten werden. Die Analogie wurde zeitweise als demagogisch bezeichnet, aber nichts Sachliches gegen sie eingewendet. Die Euthanasiedebatte hat ja inzwischen auch schon begonnen. Bereits die *eugenische Indikation* wäre ein solcher erster Schritt: Wir beurteilen, welches Leben lebenswert ist und welches nicht. Und dies aufgrund viel unsicherer Kriterien als bei der Tötung Geborener. Um die Geburt eines geschädigten Kindes zu verhindern, wird man mehrere gesunde abtreiben müssen. Die Schädigung nach Röteln der Mutter trifft nur etwa jedes 6. Kind! Der Philosoph Julius Ebbinghaus, der in den 50er Jahren für die Einführung der Todesstrafe und die Freigabe der Abtreibung plädierte, war in seiner Argumentation konsequent. Er ging davon aus, daß niemand ein Lebensrecht besitze, der es nicht als ein bewußtes Mitglied der menschlichen Personengemeinschaft selbst geltend machen könne, also weder Kinder noch Geisteskranke.

Auch gegen die Tötung von Kindern nach der Geburt sei vom Standpunkt des Menschenrechts nichts Grundsätzliches einzuwenden. Dahinter steht die idealistische These, Person sei gleichbedeutend mit Ichbewußtsein. Wir schrecken wohl alle vor solchen Konsequenzen zurück, und mit Recht. Aber sie ergeben sich folgerichtig aus der Voraussetzung.

Entweder ein Mensch ist Mensch durch die biologische Zugehörigkeit zur Gattung, oder er ist es erst von einem besonderen Grad aktualisierter Geistigkeit an. Dann aber ist ein neugeborener Säugling weniger schutzberechtigt als ein erwachsener Schäferhund, mit dem zweifellos ein höheres Maß an Kommunikation möglich ist. Wenn wir indessen eine solche Grenze des Menschenrechts nicht wollen, dann können wir jene ganz willkürliche Dreimonatsgrenze überhaupt nicht rechtfertigen.

Argumente gegen die Fristenlösung blieben unerwidert

Die Einsicht, daß menschliches Leben vom Augenblick seines Bestehens an ein Rechtsgut ist, ist im Lauf der Debatte, wie gesagt, durch Argumente so gewachsen, daß die Stimmen derer leiser geworden sind, die es kurz und bündig der Selbstbestimmung der Frau zu opfern bereit sind. Die *Befürworter der Fristenlösung* haben daher seit einiger Zeit andere Gesichtspunkte in den Vordergrund gestellt. Sie sagen

1. der strafrechtliche Schutz sei wirkungslos, die Dunkelziffer enorm hoch,
2. die Frauen, die zum Kurpfuscher gedrängt würden, trügen schwere gesundheitliche Schäden davon,
3. Gesetze, die nicht durchsetzbar seien, seien der Rechtsautorität abträglich,
4. es würden diejenigen Frauen privilegiert, die imstande seien, im Ausland Abtreibungen vornehmen zu lassen,

5. die »Entkriminalisierung« eröffne die Möglichkeit, Frauen vor der Abtreibung zu beraten und sie eventuell von ihrem Vorhaben abzubringen,
6. ungewollte Kinder erwarte ein schweres Schicksal. Sie stellten einen Großteil der Kriminellen.

All diese Gründe haben indessen den Gegenargumenten nicht standgehalten, die Punkt für Punkt wiederholt vorgebracht wurden. Dies drückt sich darin aus, daß in der öffentlichen Diskussion diese Gegenargumente fast ausnahmslos unerwidert geblieben sind. Die Befürworter der Fristenlösung haben, soweit ich die Diskussion überblicke, sich mit den Argumenten der Gegner nicht annähernd so gründlich auseinandergesetzt wie umgekehrt. Sie haben ihre anfänglichen Argumente weitgehend einfach wiederholt, so als sei unterdessen nichts gegen sie vorgebracht worden. Der Grund hierfür muß wohl darin gesehen werden, daß diese Gegenargumente der Sache nach überzeugend waren. Man hat nur die Wahl, sich von ihnen überzeugen zu lassen oder sie nach Möglichkeit zu ignorieren. Wenn nicht ein blindes »Sic volo, sic iubeo«, ein reiner Trotz des Rechtbehaltenwollens in rechtspolitischen Entscheidungen den Ausschlag geben soll, dann muß, so scheint mir, nach dem Stand der Diskussion die Fristenlösung fallen.
Die Gegenargumente, die von Ärzten, Juristen, Psychologen und Philosophen gegen die genannten sechs Gründe vorgebracht wurden, lassen sich etwa so zusammenfassen:

1. Strafrechtlicher Schutz ist wirkungsvoll. Die Wirkungslosigkeit des strafrechtlichen Schutzes ist nicht nur nicht erwiesen, sondern ausländische Erfahrungen beweisen mit einer an Sicherheit grenzenden Wahrscheinlichkeit das Gegenteil. So stieg in England die Quote legaler Abtreibungen von 7000 im Jahre 1964, also vor der Freigabe, auf 156000 im Jahre 1972. Und dies, ohne daß sich die Zahl der

illegalen in einer auch nur annähernd vergleichbaren Größenordnung verringert hätte. Die obligatorischen Beratungen mußten angesichts dieser Zahlen zur Farce entarten. Bei den legalen Abtreibungen sind Frauen mit mehreren Kindern in der Minderzahl. Dagegen gibt es Teenager, die zum sechsten, siebten und achten Mal erscheinen. Abscheu und Gewissensnot in den Kliniken wächst, wenn bei dieser Umfunktionierung Krebskranke nicht rechtzeitig behandelt werden können. Im Ostblock führen die Verhältnisse nach der Freigabe der Abtreibung zu neuen restriktiven Maßnahmen. Daß Strafgesetze wirksam sind, wenn sie angewendet werden, zeigt Rumänien, wo die exorbitanten Abtreibungsziffern nach erneuter »Kriminalisierung« deutlich zurückgegangen sind. Daß nicht einfach eine erneute Flucht in die Illegalität einsetzt, wird daraus ersichtlich, daß nach erneutem Abtreibungsgesetz die Zahl der Geburten sich in anderthalb Jahren verdreifachte.

Schließlich übersehen die Befürworter der Fristenlösung eine als gesichert geltende rechtssoziologische Einsicht, nämlich die normbildende Kraft strafrechtlicher Sanktionen. Dies gilt insbesondere für säkularisierte Gesellschaften, in welchen die sittenbildende Kraft der Religion abgenommen hat. Hier gilt das Strafgesetz weithin als Grenze, die das »ethische Minimum« fixiert. Nicht zuletzt ist das Strafgesetz in der Hand der Frau eine Stütze, und oft die einzige, um sich dem Druck des Erzeugers zu widersetzen, der auf Abtreibung drängt. Diese Funktion allein würde schon ausreichen, um die Aufhebung des Schutzparagraphen als unverantwortlich erscheinen zu lassen. Und es waren ja in der Schweiz die Frauen, die den Ausschlag gegen die Liberalisierung der Abtreibung gaben. Natürlich kann durch eine verantwortungslose öffentliche Meinungsmache die Schutzwirkung des Strafrechts vermindert werden. Aber wenn menschliches Leben von Anfang an ein Rechtsgut ist, warum sollte man dann vor der Kampagne kapitulieren statt zum Gegenangriff überzugehen? Immer noch wird die Gefährdung von Menschenleben im Straßenverkehr als Kavaliersdelikt angesehen, aber hier hat man längst mit einer Offensive zur Änderung dieses Bewußtseins begonnen.

2. Gesundheitliche Schädigung der Frau immer möglich. Die gesundheitlichen Schädigungen der Frau beim Kurpfuscher wären nur dann ein durchschlagendes Argument, wenn das Leben eines Kindes im Mutterleib kein Rechtsgut wäre. So aber kann es nicht oberste Aufgabe des Gesetzgebers sein, dessen Vernichtung möglichst risikofrei zu machen. Der gesundheitliche Gesichtspunkt könnte nur zum Tragen kommen, wenn und soweit er dem Gesichtspunkt des Schutzes unschuldigen Lebens nicht widerstreitet. Man braucht aber hierüber nicht zu streiten, denn in Wirklichkeit liegen die Dinge so, daß mit einem Ansteigen der Zahl der Abtreibungen, auch der legalen, die Zahl der gesundheitlichen Schädigungen gleichzeitig ansteigt. Eine New Yorker Statistik errechnet unter den legalen Abtreibungen vor der 12. Schwangerschaftswoche eine Komplikationsrate von 10,1 Prozent. Eine Statistik der Göttinger Frauenklinik gibt die Zahl der Dauerschäden mit 30 Prozent an, eine Budapester Statistik mit 36 Prozent. Zusammen mit der Tatsache, daß nicht eine generelle Senkung, sondern eine Erhöhung der Abtreibungsziffer zu erwarten wäre, bedeutet dies, daß auch gesundheitspolitisch nichts für die Fristenlösung spricht.

3. Hohe Dunkelziffer sehr umstritten. Ebensowenig schlüssig ist das Argument, die Rechtsautorität werde erschüttert durch die hohe Dunkelziffer. Erstens sind die genannten Ziffern umstritten. Aber das kann hier beiseite bleiben. Eines steht immerhin schon jetzt fest, daß die Zahl der Abtreibungen seit der massiven Öffentlichkeitskampagne gestiegen ist, nachdem sie zuvor infolge der Verbreitung der Pille gesunken war. Die Kampagne hat auch zur

Verunsicherung von Staatsanwälten und Richtern beigetragen. Wenn jetzt die gleichen, die sich an dieser Propaganda beteiligt haben, nun aus deren Folgen Forderungen herleiten, nähern sie sich der Rolle der Feuerwehr bei selbst gelegtem Brand.

Was aber das Argument selbst betrifft, so ist schon öfter eingewandt worden, warum man denn nicht zunächst einmal Warenhausdiebstähle bis zum Wert von 100 DM für straffrei erklärt, bei denen die Dunkelziffer bekanntlich ebenfalls enorm hoch ist. Ist ein ungeborenes Kind nicht einmal 100 DM wert? Geht Schutz des Eigentums vor Schutz des Lebens? Neuerdings ist auch öfter auf die hohe Dunkelziffer bei Kindesmißhandlungen hingewiesen worden. Allerdings nicht mit der Absicht, aus Gründen der Rechtsgleichheit Kindesmißhandlung in Zukunft freizugeben. Hier war es vielmehr die verdienstliche Absicht u. a. des Fernsehens, diese Fälle zu vermindern, einerseits durch Aufklärung und moralische Beeinflussung der Täter, andererseits durch die berechtigte Aufforderung an die Nachbarn, ihnen bekannt gewordene Fälle anzuzeigen. Es besteht kein einsichtiger Grund, warum man im Falle der Abtreibung die umgekehrte Konsequenz ziehen sollte. Es sei denn, man gehe wiederum stillschweigend davon aus, es handle sich gar nicht um ein zu schützendes Rechtsgut, sondern es handle sich allenfalls um eine Frage der »guten Sitten«, über die es wechselnde und nur weltanschaulich bedingte Meinungen gebe. In Wirklichkeit geht es jedoch um ein Grundprinzip unserer Rechtsordnung, das nicht zur Disposition des Gesetzgebers steht. Was nützt eine Stärkung der »Autorität des Rechts«, wenn sie mit der Preisgabe seiner Grundlage erkauft wird?

Im übrigen: die Grenze zwischen drittem und viertem Monat ist im Falle geschehener Abtreibung überhaupt nicht zweifelsfrei feststellbar, wie unlängst der österreichische Bundeskanzler Kreisky mit Recht erklärte, der eine völlige Freigabe der Abtreibung der Fristenlösung vorgezogen hätte. Warum er gleichwohl für die Fristenlösung stimmte, erläuterte er mit den Worten: »Es ist besser, mit seinen Freunden zu irren, als sich von ihnen zu trennen«. Die Dunkelziffer wird also auch bei der Fristenlösung bestehen bleiben.

4. Bekämpfung eines Verbrechens ist niemals eine Diskriminierung. Die gleiche petitio principii, d. h. die stillschweigende Voraussetzung dessen, was erst zu beweisen wäre, liegt vor bei dem Hinweis auf die Diskriminierung der weniger begüterten Frauen. Wieder wird dabei stillschweigend vorausgesetzt, Abtreibung sei kein Verbrechen. Denn nur dann wäre dieser Hinweis ein Argument. Es kann nämlich niemals eine Diskriminierung sein, wenn jemand daran gehindert wird, ein Verbrechen zu begehen. Man kann nur versuchen, das Privileg, es begehen zu dürfen, abzuschaffen. Leider aber ist der reiche Verbrecher immer gegenüber dem armen privilegiert. Seine Möglichkeiten, Straftaten zu begehen und sich der Strafgewalt zu entziehen, sind größer, da alle seine Möglichkeiten größer sind. Man kann deshalb Reichtum als ungerechte Privilegierung bekämpfen. Die Forderung, man solle statt dessen Chancengleichheit für die Begehung von Verbrechen durch deren Legalisierung herstellen, ist allerdings ganz neu. Wenn dies eine berechtigte Folgerung wäre, sollte man zunächst Unterschlagungen straffrei machen, weil ihre »Kriminalisierung« angesichts der Wirtschaftskriminalität in den wohlhabenden Schichten eine Diskriminierung ist. Glücklicherweise folgt man hier, wo es ums Geld geht, nicht dieser Logik, sondern macht sich Gedanken über die Möglichkeiten der Bekämpfung der Wirtschaftskriminalität.

5. Gesetzlicher Druck zugunsten des Lebens. Was endlich die Möglichkeit betrifft, schwangere Frauen ohne Druck zu beraten und dadurch von einer Abtreibung abzuhalten, so

hat das englische Beispiel gezeigt, was bei dem Massenandrang auf die Abtreibungskliniken aus dieser Beratung wird: eine Pro-forma-Konsultation. Die Beratungsmöglichkeit besteht im übrigen auch heute. Ehe eine Frau zum Kurpfuscher geht, geht sie normalerweise zum Arzt, um festzustellen, ob sie wirklich schwanger ist. Der Arzt kann, wenn er will, ziemlich leicht merken, ob die Frau das Kind will oder nicht. Um sie auf die Annahme eines Kindes, das sie zunächst nicht will, einzustimmen, bedarf es jedoch meistens eines wiederholten Gesprächs. Man könnte eine solche Beratung auch jetzt den Ärzten als Aufgabe verstärkt nahelegen. Aber es ist gegen alle Lebenserfahrung, von der kurzen Unterredung mit einem Beratergremium zu erwarten, was man vom zum Schweigen verpflichteten Vertrauensarzt nicht erwartet. Wenn aber von der Befreiung vom Druck die Rede ist – welchen Druck will man beseitigen? Der Druck des verantwortungslosen Erzeugers wird natürlich bei Legalisierung der Abtreibung zunehmen. Die Frau, die nicht abtreibungswillig ist, wird der Möglichkeit beraubt, sich ihm gegenüber aufs Strafgesetz und auf die Risiken der Illegalität zu berufen. Was ist aber schlimmer: der Gewissensdruck zur Tötung des Kindes oder der Druck des Gesetzes zugunsten des Lebens? Die Frage stellen heißt, sie beantworten.

6. Lieber töten als mit Belastungen leben? Was schließlich das Schicksal ungewollter Kinder betrifft, so lehrt die Erfahrung, daß bei weitem die meisten, auf deren Empfängnis die Eltern zunächst mit Schrecken und Abwehr reagierten, nach ihrer Geburt von den Eltern – und manchmal von den Großeltern – voll angenommen werden. Abtreibung erscheint vielen heute noch als ein Weg, der gar nicht in Betracht gezogen wird. Diese vielen würden natürlich weniger, wenn das Gesetz auf spektakuläre Art diesen Weg freigibt. In den ersten drei Monaten ist jedoch eine Prognose über das künftige Schicksal des Kindes fast

immer unmöglich. Vor allem aber: das hedonistische Kalkül: »Lieber Leben töten als es mit Belastungen seinen Weg gehen lassen« hätte manchen edlen und hervorragenden Menschen gehindert, ein solcher zu werden. Sollte gerade der sozialdemokratischen Partei hierfür kein Beispiel einfallen? Und sollte gerade sie jene Kapitulation des Rechts- und Sozialstaates vollziehen, von der Adolf Arndt sprach?

Die Debatte hatte das Gute, das Bewußtsein für die Leiden von Müttern und Kindern zu schärfen. Die Bereitschaft zur Hilfestellung ist gewachsen. Die Bereitschaft wird wieder verschwinden, wenn die Hilfestellung zur »flankierenden Maßnahme« für die Fristenlösung degradiert wird. Erfahrungsgemäß wird am Ende der bequemere, billigere und brutalere Weg gewählt, wenn er einmal offensteht.

Kindestötung aus Gewissensgründen?

Abschließend seien noch zwei Gesichtspunkte genannt, die in der Debatte meines Erachtens noch nicht hinreichend ausgesprochen worden sind. Der erste betrifft die häufige Rede vom Gewissen der Frauen und der Abgeordneten, das hier sprechen müsse. Diese Rede ist zweideutig. Gewissen ist die Stimme, die uns mahnt, das Rechte zu tun. Es ersetzt nicht den Versuch, das Rechte zu erkennen. Unser Staat kann die Erkenntnis dessen, was Recht und Unrecht ist, nicht willkürlich ans individuelle Gewissen abtreten. Er hat gewisse Grundüberzeugungen in den Grundrechten vorweg als Maßstab anerkannt. Wenn es überhaupt Menschenrechte gibt, dann bedeutet dies, daß das Recht des einen Menschen nicht abhängig gemacht werden darf vom Gewissen irgendeines anderen Menschen. Daher steckt in dem Rückzug aufs Gewissen wieder die gleiche Ansicht, die fast nie offen ausgesprochen, aber immer stillschweigend vorausgesetzt wird, daß es sich bei ungeborenen Kindern nicht um Menschenleben handelt, daß sie deshalb zur Disposition stehen für den Willen anderer, falls dieser sich nur als Gewissen ausgibt. Und eben diese Voraussetzung ist falsch. Interessieren sollte statt dessen das Gewissen derer, die jene Grundrechte anerkennen. Das Gewissen von Krankenschwestern und jenen Ärzten, die ihren hippokratischen Eid zu halten gesonnen sind. Der Text dieses Eides[3] im Sprechzimmer eines Arztes in der Nazizeit war ein untrügliches Zeichen, mit dem der Arzt sich dem Patienten als Nicht-Nationalsozialist zu erkennen gab. Als Leiter einer Frauenklinik dürfte ein solcher Arzt künftig wohl nicht mehr in Frage kommen, falls die Abtreibung freigegeben wird.

Der letzte Gesichtspunkt ist folgender. In einem Streit, der so viele Emotionen aufrührt, mag es sein, daß Argumente weitgehend auf der Strecke bleiben. Der folgende Gesichtspunkt aber läßt es, so scheint mir, auch für jene, die weiterhin der Fristenlösung oder einer ähnlichen zuneigen, geraten sein, auf ihr Vorhaben zu verzichten. Die Fristenlösung würde erstmalig seit 1949 in den Augen vieler Bürger unseres Landes die Legitimität des Staates in ihren Grundlagen antasten. Die Legitimität des neuzeitlichen Staates gründet in erster Linie auf seiner Schutzfunktion für das Leben. Dieser Schutz resultiert nicht aus einem Mehrheitsbeschluß, sondern ist die Voraussetzung dafür, daß der Minderzahl die Unterwerfung unter den Mehrheitsbeschluß zugemutet wird. Wo Minderheiten rechtlos gemacht werden, kann auch die Mehrheit nicht legitimieren. Mit der Freigabe der Fristenlösung würde erstmals seit 1949 der Fundamentalkonsens, auf dem unsere Republik beruht, angetastet. Der ehemalige österreichische Unterrichtsminister Piffl-Percevic schrieb anläßlich der dortigen Freigabe der Abtreibung:

»Eine Staatsgewalt, die sich von dieser Pflicht lossagt und geradezu Gegenteiliges zuläßt, begeht einen Staatsstreich. Sie pervertiert den Staat. Das heißt, sie verkehrt den Ur- und einzigen Rechtfertigungsgrund des Staates in sein schmähliches Gegenteil. Was in den Händen solcher Machthaber übrigbleibt, ist nicht mehr ein gerechtfertigter Staat, sondern eine, einen Staat nachahmende (...) Zwangsorganisation. (...) Eine solche wird zwar nicht in allem zum Widerstand verpflichten. Im Straßenverkehr z. B. werden wir ihr weiterhin folgen müssen wie etwa der Militärpolizei eines unseren Staat besetzenden fremden Machthabers. Ebenso wird das, was sie – wenn auch nur für die restlichen verbleibenden Menschen – Nützliches tut, zu bejahen sein. Ihre Ungeheuerlichkeit aber fordert zu jedem Widerstand heraus, wenn sie andere, der Tötung widerstrebende Bürger – und das sind keineswegs nur Christen – zwingen wollte, mit ihren Steuer- und Krankenkassenbeiträgen die Tötung nicht gewünschten Lebens zu bezahlen.«

Diese Äußerung ist so hart, daß sie geeignet ist, auf der Gegenseite Empörung und Verhärtung hervorzurufen. Ich will ihre Berechtigung hier nicht diskutieren. Es genügt die hier sichtbar werdende Tatsache, daß zahlreiche loyale Demokraten, die es gewohnt sind, Mehrheitsentscheidungen auch dann zu respektieren, wenn sie sie für falsch halten, in diesem Falle an die Grenze ihrer Loyalität stoßen. Mit der Fristenlösung würde für sie unser Staat aufhören, ein Rechtsstaat zu sein. Den Vertretern der parlamentarischen Mehrheit sollte dies zu denken geben. Es steht hier mehr auf dem Spiel, für das sie Verantwortung tragen. Falls sie trotz allem der Fristenlösung oder einer ähnlichen zuneigen, sollten sie sich fragen, ob die Durchsetzung dieses Zieles es wert ist, die Loyalität eines Teils ernsthafter und gutwilliger Bürger unserer Republik einer solchen Zerreißprobe zu unterwerfen.

Der Mensch nur Produkt der Gesellschaft?

Die Grundsatzdiskussion scheint allerdings noch nicht zu Ende zu sein. Giselher Rüpke hat einen scharfsinnigen Beitrag vorgelegt[4], der nicht unerwidert bleiben darf. Im Unterschied zu den meisten Befürwortern einer völligen, befristeten oder sozial indizierten Freigabe der Abtreibung läßt sich Rüpke auf den Kern des Problems ein, nämlich auf die Frage: Besitzen ungeborene Kinder ein Recht auf Leben oder nicht?

Rüpkes These ist, kurzgefaßt, diese: Das Recht auf Leben nach Artikel 2 Absatz 2 des Grundgesetzes bezieht sich nicht auf »menschliches Leben im naturwissenschaftlichen Sinn«, sondern auf einen idealen Gegenstand, der sich erst konstituiert durch »gesellschaftliche Relevanz, Erwartungen und Wertschätzungen«. Symbolisch vermittelte Interaktion und Kommunikation sind konstitutiv für menschliches Leben als Rechtsgut. Und wenn etwa Kleinkinder bis zum ersten Lebensjahr nicht getötet werden dürfen, obgleich sie an solcher Interaktion noch nicht teilnehmen, dann lediglich wegen der »Fülle symbolischer Bedeutung, die umgekehrt die (übrigen) Mitglieder der Gesellschaft dem Kind in Form von Erwartungen, Liebesbeziehungen, persönlicher, medizinischer und ökonomischer Hilfe entgegen bringen (sic!). Das Baby ist von hier aus ein sozialpsychologisch wie sozio-ökonomisch sehr relevantes Mitglied der Gesellschaft«. Rüpke folgert, »daß sich ohne ein sich dem Kind zuwendendes mütterliches Engagement ein gesellschaftliches Relevanzkriterium für die Aufnahme in die Rechtsgemeinschaft nicht unbedingt aufdrängt«.

Auf diese Argumentation trifft genau das zu, was ich über die idealistischen Voraussetzungen einer Trennung von Ichbewußtsein und biologischem Substrat, von »Leib« und »Seele«, geschrieben habe. Nur, daß die Umstülpung dieses Idealismus durch eine materialistische Sozialisationstheorie die Sache noch schlimmer und noch konfuser macht. Das

naturlose Ich erscheint nun als Resultat eines sozialpsycho-
logischen Prozesses der Identitätsbildung, die Seele als
Schöpfung der Gesellschaft. Mithin ist sie auch Eigentum
der Gesellschaft, und die Persönlichkeitsrechte werden zu
Eigentumsrechten der Gesellschaft an der Persönlichkeit.
Rüpke spricht von einer Dialektik von Individuum und
Gesellschaft. Eine solche Dialektik gibt es in der Tat, aber
sie wird gerade verkannt, wenn man, wie Rüpke, das
Individuum einlinig als Produkt der Gesellschaft begreift.
Die Rechte des Individuums werden so zu Schutzvorschrif-
ten für gesellschaftliche Bedeutungsträger, analog dem
Denkmalschutz, der ja auch nicht so etwas wie Rechte der
Denkmäler kennt, sondern Rechte derer, für welche Denk-
mäler Bedeutsamkeit (»Relevanz«) besitzen. Eine solche
Sicht, für die es originäre Rechte der Individuen gar nicht
gibt, ist nun ein Kennzeichen des sogenannten Totalitaris-
mus. Und wenn Rüpke glaubt, die Assoziationskette:
Abtreibung – Euthanasie – Nationalsozialismus deshalb
abweisen zu können, weil der Nationalsozialismus Abtreibung diametral anders bewertet habe, so irrt er. Wenn die
Nationalsozialisten die Strafandrohung für Abtreibung im
Inland aufrecht erhielten, so hatte dies ausschließlich
bevölkerungspolitische Gründe. Von einem Lebensrecht
Ungeborener hielten sie so wenig wie vom Lebensrecht
Geborener. Sie kannten nur das Kriterium gesellschaftli-
cher Relevanz. Bereits 1933 erteilte Hitler dem Reichsärzte-
führer Dr. Wagner die Genehmigung, »zur Verhütung erb-
kranken Nachwuchses außer der Sterilisation (. . .) auch die
Schwangerschaftsunterbrechung« anzuwenden[5]. In einem
Rundschreiben des Reichsärzteführers vom 13. September
1934 heißt es: »Es ist volle Gewähr dafür gegeben, daß kein
Arzt bestraft wird, der die Schwangerschaft unter obigen
Voraussetzungen aus eugenischen Gründen unterbricht«[6].
In einem Schreiben vom selben Datum an das Reichsinnen-
ministerium schreibt Wagner: »Der Führer hat mir wörtlich
erklärt, er wäre der Oberste Gerichtsherr und würde dafür

sorgen, daß kein Arzt [aus diesen Gründen] bestraft würde, (...) denn über dem Paragraphen stände das Wohl des deutschen Volkes«[7]. Außerdem wurden im Krieg in den besetzten Ostgebieten, und zwar ebenfalls aus bevölkerungspolitischen Gründen, die Strafbestimmungen für Abtreibung auf Befehl Hitlers ausdrücklich außer Kraft gesetzt. Wenn das, was Hitler für besetzte feindliche Gebiete einführte, nun – durch die Fristenlösung – in Deutschland selbst eingeführt würde, dann könnte jemand, der geschichtsphilosophischen Spekulationen zuneigt, darin allenfalls eine späte geschichtliche Gerechtigkeit sehen: Wer andern eine Grube gräbt, fällt selbst hinein.

Das ungeborene Kind ist Subjekt von Anfang an

Indessen kann die reductio ad Hitlerum die reductio ad absurdum nicht ersetzen. Kehren wir daher noch einmal zu den Überlegungen Rüpkes zurück. Sie sind dadurch auf den ersten Blick verführerisch, daß sie als eine Art Anwendung der neueren wissenschaftlichen Sozialisationstheorie erscheinen. Unbestreitbar ist, daß der Mensch erst zu dem wird, was das Wort meint, durch einen Prozeß, in welchem die Zuwendung Erwachsener eine entscheidende Rolle spielt. Es gibt keine Vernunft ohne Sprache, keine Sprache ohne Kommunikation, und hinsichtlich der Kommunikation ist das Kind auf die Initiative einer erwachsenen Bezugsperson angewiesen. Was den Menschen als Person charakterisiert, läßt sich folglich nicht am Grenzfall des sozial noch ungeprägten Embryo ablesen, sondern am erwachsenen Menschen. All diese Einsichten sind nicht so neu wie das sozialisationstheoretische Vokabular, in dem man diese Einsichten jetzt formuliert. Andererseits hat die moderne Anthropologie und vergleichende Zoologie zeigen können, daß der Mensch von seiner biologischen Konstitution her in einem Maße auf gesellschaftliche Prägung angewiesen ist wie kein anderes Lebewesen, um seine artspezifische Natur realisieren zu können. Soweit es sich um den Menschen handelt, läßt sich eben nicht, wie Rüpke glaubt, das »biologische Substrat« als Gegenstand der Naturwissenschaft von der kindlichen »Persönlichkeit« als Produkt sozio-psychischer Beziehungen trennen. Beim Menschen lassen sich die biologischen Sachverhalte selbst überhaupt nur im Lichte der sozialen und personalen »Bestimmung« interpretieren[8]. Der »Vorgriff« auf die soziale Persönlichkeitsbegründung, von dem Rüpke spricht, liegt daher nicht erst in der »Zuerkennung eines Lebensrechts an das biologische Substrat der kindlichen Persönlichkeit«; er liegt notwendigerweise schon in der biologischen Interpretation dieses Substrates selbst. Aber das Wort »Substrat« ist im Grunde nicht passend. Tatsächlich handelt es sich um einen eindeutig geprägten Organismus, in welchem auch bereits eine spezifisch strukturierte psychische Spontaneität angelegt ist, wie vor allem die Arbeiten von Piaget gezeigt haben. Es gibt eben wirklich eine Dialektik von Individuum und Gesellschaft, während Rüpke nur einen Dualismus von Gesellschaft und Natur kennt. Sofern der Mensch mehr ist als Natur, verschwindet er in einem soziologischen Monismus. Gewiß: »Ich«-sagen lernen wir erst von unseren Eltern. Aber dann sagen wir z. B.: »Ich wurde dann und dann geboren oder gezeugt«. Das heißt, wir sagen: »Ich« zu einem Wesen, das zu dem Zeitpunkt, von dem die Rede ist, eben gerade noch nicht »Ich« sagte. Wir trennen nicht unser Ich als Produkt sozio-psychischer Einwirkungen von jenem selbständigen Organismus, das als Du angeredet wurde und daraufhin Ich sagen lernte. Von der erreichten Wirklichkeit her erst können wir rückblickend interpretieren, was wir, potentiell, immer schon waren.

Der springende Punkt, um den es hier geht, kann aber besser noch verdeutlicht werden, wenn wir uns die Eigenart jener persönlichkeitskonstituierenden Akte der Bezugspersonen vergegenwärtigen, die nach Rüpke ein Lebensrecht erst entstehen lassen. Diese Akte sind nämlich alle »dialektisch« in dem präzisen Sinne, daß sie das, was sie zur Wirklichkeit bringen, bereits voraussetzen müssen. Kein Kind würde zu einem gesunden Menschen heranwachsen, wenn seine Eltern ihm in der Haltung dessen entgegenträten, der »aus ihm etwas machen« will. Vielmehr tritt die Mutter – in einer spontanen Regression, wie wir heute wissen – dem Kind als Kommunikationspartner entgegen. Sie spricht mit ihm, sie lächelt es an usw. und läßt so den Partner »entstehen«. Die Zuwendung zum Kind hat von Anfang an den Charakter der Anerkennung seines »Subjektes«, und nur so und nicht als »Kreatur« seiner Eltern kann es »für sich« werden, was es »an sich« ist: Subjekt.

Die Differenz ist alles andere als akademisch. Wenn der Staat gesellschaftliche Bedeutungsträger schützt, so ist das eigentliche Subjekt des Lebensrechts überhaupt nicht das Individuum, sondern die Gesellschaft. Dieses entscheidet auch darüber, ob sie einem »biologischen Substrat« Persönlichkeit verleihen will oder nicht. Experimente, wie die Friedrich II. zugeschriebenen: Kinder sofort nach ihrer Geburt zu isolieren und ohne menschliche Zuwendung aufwachsen zu lassen, um zu sehen, was aus ihnen wird, solche Experimente wären nach den Kriterien Rüpkes einwandfrei, falls nur die Mutter das Kind freiwillig hergibt und es gelingt zu verhindern, daß irgend jemand dem Kind andere Bedeutungen verleiht als die eines Experimentierobjekts. Mit Findelkindern z. B. würde man ohne weiteres so experimentieren dürfen. Ich bin weit entfernt, Rüpke zu unterstellen, er billige etwas dieser Art. Ich behaupte nur: Er kann nichts Schlüssiges dagegen vorbringen, wenn er jenen Vorgriff auf Persönlichkeit nicht als Anspruch jedes Wesens gelten läßt, das überhaupt des Eintritts in einen Kommunikationszusammenhang fähig ist. Einen solchen Anspruch aber leugnet Rüpke. Das Kind hat kein Recht auf Zuwendung, die Zuwendung selbst konstituiert erst das Recht. Die bereits stattgefundene »persönliche, medizinische und ökonomische Hilfe« ist eine gesellschaftliche Investition, die nun nicht mehr ohne weiteres abgeschrieben werden darf, sondern weitere Investitionen nach sich zieht.

Und was schließlich will Rüpke aus seiner Sicht gegen jene einwenden, die der Meinung sind, daß am Ende des menschlichen Lebens sich die gesellschaftliche Relevanz des Individuums, seine Teilnahme am Kommunikations- und Interaktionsprozeß der Gesellschaft wiederum gegen Null hin bewegen und daß es deshalb der Gesellschaft zustehe zu befinden, wann diese Relevanz hinreichend gering geworden ist, um einen Schlußpunkt zu setzen?

Veränderung der Gesellschaft ist das Ziel

Die Sicht Rüpkes widerspricht aber nicht nur dem sozialpsychologischen Befund, sondern auch der Intention des Verfassungsgesetzgebers. Rechtsätze sind »gesellschaftliche Schöpfung«, schreibt Rüpke. Das ist insofern trivial, als alle Gesetze gesellschaftliche Schöpfungen sind. Wichtig ist, daß der Verfassungsgesetzgeber im Grundrechtskatalog bestimmte Rechte als außerhalb seines Zugriffs liegend statuierte. Für das Selbstverständnis eines freien Staates ist dies unaufgebbar. »Die verfassungskräftige Auslegung des allgemeinen Gleichheitssatzes durch den dritten Absatz des Artikel 3 des Grundgesetzes bedeutet, daß dem Staat jede Bestimmung darüber entzogen ist, wer Mensch ist, weil nach Artikel 3 des Grundgesetzes jedem Lebendigen, der von Menschen gezeugt und geboren ist, die gleiche Würde zukommt.«[9]

Ganz analog zu der ersten Zuwendung des Menschen zum Menschen haben die Verfassungssätze, in welchen die

Rechte des Menschen formuliert werden, den Charakter der »Anerkennung«, wie immer diese begründet werden mag. Wenn nun Rüpke diese Anerkennung durch das Recht als an der gesellschaftlichen Wirklichkeit vorbeigehend bezeichnet, so verkennt er, daß das Recht selbst eine gesellschaftliche Wirklichkeit ist, die vielerlei, auch sozialpsychologische, Folgen hat. Er spricht davon, die Gesellschaft nehme von dem Nasciturus keine Notiz, und deshalb sei dieser nicht schutzwürdig. Aber die ganze Debatte um den § 218 und dieser Paragraph selbst zeigen ja das genaue Gegenteil, nämlich daß die Gesamtgesellschaft bisher am Nasciturus vom ersten Augenblick seines Daseins an interessiert ist, und zwar in dem präzisen Sinne, daß sie ihm subjektive Rechte zuerkennt. Aus dem Satz des Römischen Rechts: »Der Nasciturus gilt als bereits geboren, soweit es um seine Vorteile geht« folgerte bereits der römische Jurist Martianus, daß das Kind einer Sklavin, die vorübergehend während der Schwangerschaft frei war, als freies Kind geboren wird. Daß Ungeborene vermögensrechtlich, soweit es um ihren Vorteil geht, bereits als Personen gelten, ist römische Rechtstradition, die bis in die modernen Gesetzbücher hineinragt. Strafrechtlich kodifiziert wurde der Schutz der Ungeborenen erst in der Kaiserzeit, als der Schutz der zensorischen Sittenaufsicht nicht mehr genügte[10]. Die Gegner des strafrechtlichen Schutzes wenden ein, daß die rechtliche Normierung ohne Bezug zu dem sei, was sie das »wirkliche Leben« nennen und worunter sie offenbar die spontanen, unvermittelten Primärbeziehungen verstehen. Aber hier zeigt sich nun ein elementarer Widerspruch. Die bloß unmittelbare Natürlichkeit soll einerseits das Kind zum bloß »biologischen Substrat« ohne gesellschaftliche Relevanz machen. Andererseits aber soll die Abstraktion einer gesamtgesellschaftlich ganz unvermittelten Spontanbeziehung als »Wirklichkeit« gelten, an der allein sich Rechtsnormen zu orientieren haben. Bei Rüpke geht der Widerspruch noch weiter. Er gesteht nämlich offen zu, daß der Konflikt zwischen dem Wunsch, sich einer unerwünschten Schwangerschaft wieder zu entziehen, und der Verpflichtung, einmal gezeugtes menschliches Leben zu respektieren, nicht einfach ein Konflikt zwischen Müttern und Juristen ist, sondern daß er im Bewußtsein der Frau selbst stattfindet. Er spricht von »Bewertungsambivalenzen« und einer durch diese verursachten »Scheu« der Frauen als einer psychischen Barriere, die in den strafrechtlichen Sanktionen ihren Ausdruck finde und durch sie verstärkt werde. Nun hat »Scheu« seit jeher als primäre Erscheinungsweise sittlichen Bewußtseins gegolten. Einige Anhänger der Fristenlösung betonen denn auch, die Aufhebung strafrechtlicher Sanktionen gebe das Ungeborene ja nicht einfach frei, sondern nur in die Obhut des Gewissens der Mutter. Demgegenüber läßt Rüpke deutlich erkennen, daß er jene, »Gewissen« genannte, psychische Barriere vor dem Abort selbst und deshalb deren strafrechtliche Verstärkung zu beseitigen wünscht. Es zeigt sich, daß das Argument von der gesellschaftlichen Irrelevanz des Nasciturus nicht ernst zu nehmen ist. In Wirklichkeit geht es darum, die zugegebene, offenkundig auch im Bewußtsein der Mutter vorhandene Relevanz zu beseitigen, und dies unter anderem auch durch Legalisierung der Abtreibung! Gerade Rüpke macht deutlich, daß in dieser Sache der gesellschaftlichen Realität nicht einfach Rechnung getragen, daß diese vielmehr in einer bestimmten Richtung beeinflußt und verändert werden soll.

Emanzipation von den Zwängen der Natur

Die Richtung dieser Veränderung heißt »Emanzipation des Menschen von den Zwängen der Natur«. Diese Formel ist suggestiv. Ein einleuchtendes klares Ziel für menschliches Handeln gibt es indessen nicht. Es ist nicht von ungefähr, daß die Formel immer wieder im Zusammenhang mit

Tötungsabsichten auftaucht. Volle Emanzipation von den Zwängen der Natur ist in der Tat gleichbedeutend mit Tod, genauer gesagt mit Selbstmord. Denn nur durch ihn entziehen wir uns allen nicht nur uns selbst gesetzten Bedingtheiten unserer Existenz. Die Umweltdebatte der letzten Jahre hat gezeigt, daß die von keiner »Scheu« gehemmte Emanzipation von der Natur dem kollektiven Selbstmord der Menschheit rapide entgegenführt. Wo Natur nicht mehr als die durch Erinnerung zu versöhnende Bedingung unseres Daseins erscheint, sondern als Fessel, derer wir uns entledigen müssen, da wird ein Traum mit tödlichem Ausgang geträumt.

Emanzipation von der Natur, Herrschaft über die Natur ist ein ambivalentes Ziel. Es bedeutet immer zugleich: Ausweitung der Macht der Gesellschaft über den Menschen; denn der Mensch ist die Naturbasis der Gesellschaft. Herrschaft über die Natur impliziert Herrschaft von Menschen über Menschen. Denn der Mensch ist selbst auch ein Stück Natur. Ihn erst dort als Subjekt anerkennen, wo er nicht mehr Natur ist, heißt die Dinge von den Füßen auf den Kopf stellen. Erst darin nämlich erweist sich der Mensch als naturüberschreitendes Wesen, als Person, daß er ein anderes natürliches Wesen seiner Art als frei, als eigenen Rechtes anerkennt. Schon die Entstehung des Menschen ist ja nicht ein Werk des Menschen. Wir können zwar die Empfängnis verhüten, aber der Zusammenhang von Beischlaf und Zeugung ist keine menschliche Erfindung, sondern eine »Erfindung« der Natur. Insofern tritt jeder Mensch als geborenes, nicht als kooptiertes Mitglied in die Gesellschaft ein. Er ergreift seine Rechte, ohne sie anderen Menschen verdanken zu müssen. Eben dies, was Rüpke für Biologismus hält, ist in Wirklichkeit die Bedingung der Freiheit.

Aber gegen diese Bedingung richtet sich eine mächtige Tendenz der modernen Gesellschaft; die Tendenz zum Totalitarismus. Jedes Kind, mag es gewollt oder ungewollt sein, bringt ein anarchisches Element in das etablierte System. Jede Geburt ist eine Revolution, Sand im Getriebe der gesellschaftlichen Reproduktion und Bedürfnisbefriedigung. Gerade die Primärgruppe der Familie wird in ihrer Struktur durch die Existenz eines neuen Mitgliedes unvermeidlich revolutioniert[11]. Und auf die Länge schreit das Kind nicht nur, sondern meldet seinen Anspruch an mitzureden. Kein gesellschaftlicher oder politischer Fundamentalkonsens gilt ein für allemal. Die Neuhinzutretenden werden erst zeigen, ob sie dem Konsens beitreten oder nicht. Die Legalisierung der Abtreibung ist ein Versuch, dem vorzubeugen. Sie macht die Gesellschaft zum closed shop. Das Establishment kooptiert Mitglieder oder schließt sie aus. Rüpke spricht davon, daß »auf der Basis des von der Verfassung postulierten Fundamentalkonsenses schmerzliche Abstriche von der Generalisierbarkeit persönlicher Überzeugungen oder (organisierter) Gruppenideale« vorzunehmen seien. Eben dies ist in Wirklichkeit der entscheidende Einwand gegen ihn und die Befürworter der Fristenlösung. Sie sind es, die die persönliche Überzeugung ihrer Gruppe an die Stelle des von der Verfassung postulierten Fundamentalkonsenses setzen, indem sie durch eine gesetzliche Festsetzung des Begriffs Mensch den Kreis der heranwachsenden Subjekte eines solchen Konsenses willkürlich einschränken. Keine Freigabe der Abtreibung kann daher je mit dem Fundamentalkonsens einer freiheitlichen Verfassung in Übereinstimmung sein.

Rüpke versucht, die Verfassungslage umgekehrt zu interpretieren und die »gesetzlich verordnete Persönlichkeitsveränderung der Frau«, den sogenannten Gebärzwang, als verfassungswidrige Einschränkung der Persönlichkeitsrechte darzustellen. Diese Auffassung ignoriert, daß nicht Staat und Gesellschaft die Weise, wie Menschen entstehen, erfunden haben. Sie haben es nur zu tun mit Menschen, die bereits da sind. Der Lebensschutz für ungeborene Kinder ist deshalb mit dem Zwang zu einer Eheschließung ganz unvergleichbar. Spätestens, wenn das Kind sich bei der Frau, wenngleich vielleicht ohne ihre Absicht, so doch mit ihrer Mitwirkung, eingenistet hat, tritt notwendigerweise Artikel 2 Absatz 2 des Grundgesetzes in Kraft. Demgegenüber macht nun Rüpke geltend, das Persönlichkeitsrecht habe »als unmittelbarer Ausfluß der Menschenwürde im Konfliktsfall einen noch höheren Rang (...) als das Recht auf Leben (eines anderen), jedenfalls wenn es sich um das Leben eines werdenden Menschen handelt, dessen Persönlichkeitsentwicklung im Sozialisationsprozeß noch gar nicht begonnen hat«. Die Konsequenzen eines solchen Standpunktes wären sehr weitreichend. Lebendürfen ist ja wohl die erste Form der Persönlichkeitsentfaltung und Bedingung aller anderen. Die These Rüpkes läuft deshalb darauf hinaus, daß die in dieser Entfaltung bereits weiter Fortgeschrittenen zum Zwecke ihrer weiteren Entfaltung anderen, weniger Fortgeschrittenen, bereits die ersten Schritte auf diesem Wege abschneiden dürfen. Warum aber dann nur in den ersten Monaten der Schwangerschaft? Die langwierige Erkrankung, der Unfall eines Kindes oder des Ehepartners können für die Mutter viel einschneidendere persönlichkeitsverändernde Folgen haben als die Geburt eines gesunden Kindes. Würde es jemandem hier in den Sinn kommen, angesichts des Tötungsverbots von einer »gesetzlich verordneten Persönlichkeitsveränderung« zu sprechen? Das ist schon deshalb unsinnig, weil die Frage, in welcher Richtung sich die Persönlichkeit unter der Einwirkung äußerer Anforderung verändert, durchaus offen ist. Eindeutige Voraussagen sind hier fast nie möglich. Die Formel von der gesetzlich verordneten Persönlichkeitsveränderung ist daher ganz unangebracht. Eine solche Verordnung müßte ja einen eindeutigen Inhalt haben. Meint allerdings Rüpke, daß der Staat die Verantwortung für alle Persönlichkeitsveränderungen zu tragen habe, die aus der Konfrontation mit dem Schicksal, aus der Übernahme von Verpflichtungen oder überhaupt aus äußeren Umständen resultieren, dann wird die These vollends absurd. Wir alle verändern ständig unsere Persönlichkeit unter äußeren Einwirkungen. Der Eintritt einer Schwangerschaft als solcher ist bereits ein Eingriff in die Persönlichkeit. Und wer sagt denn, daß die Abtreibung in der Frau weniger oder positivere Spuren hinterläßt als das Austragen eines Kindes? Ist der Abbau der sittlichen »Scheu« im Zusammenhang mit einer Abtreibung denn keine Persönlichkeitsveränderung? In dem Versuch, dem Gesetzgeber alle eventuellen Folgen der Unterlassung einer kriminellen Handlung für die Entwicklung der Persönlichkeit anzulasten, äußert sich eine Hypertrophie des Begriffs der »gesellschaftlichen Verantwortlichkeit«. Indem der Staat den Menschen vor dem Menschen schützt, wird er nicht zum Gott, d. h. zur Beschwerde- oder Dankadresse für alles, was geschieht, und für alles, was ist wie es ist.

Aber sogar, wenn der Gesetzgeber die Persönlichkeitsveränderungen, die aus der Befolgung der Gesetze resultieren, zu verantworten hätte, bliebe die Alternative: Menschenwürde – Lebensrecht eine falsche Konstruktion. Diejenigen Handlungen und Unterlassungen, die einem Menschen abverlangt werden, weil sie zum Leben eines anderen notwendig und durch kein Äquivalent ersetzbar sind, können nicht seine Würde als Mensch beeinträchtigen. Das Umgekehrte ist der Fall. Die Fähigkeit, Zumutungen dieser Art als Verpflichtungen anzuerkennen, gibt vielmehr dem Wort »Menschenwürde« überhaupt erst einen nachvollziehbaren Sinn.

---

[1] Im »Hamburger Abendblatt« schrieb Arndt am 20. 10. 1962: »Ein Staat wie der unsere, der rechtlicher Sozialstaat sein will, würde sich daselbst verleugnen, wenn er bei sozialer Indikation den Schutz des keimenden Lebens verweigerte und ihm als ›soziale‹ Hilfe nur einfiele, einfach die Tötung schuldlosen Lebens untätig geschehen zu lassen.«

[2] Der Film »Traumstadt« von Johannes Schaaf macht diesen Zusammenhang augenfällig: In der Stadt des absoluten Beliebens muß alles eliminiert werden, was »Notwendigkeiten« mit sich bringt und mit dem zu tun hat, woher wir kommen und wohin wir gehen: Kinder und Kranke werden nicht geduldet.

96

3) Auszug: »Ich schwöre bei Apollon, dem Arzt, und Asklepios und Hygieia und Panakeia und allen Göttern und Göttinnen, die ich zu Zeugen anrufe, daß ich diesen Eid und diese Niederschrift nach bestem Wissen und Können erfüllen werde. (...) Ich werde die Grundsätze der Lebensweise nach bestem Wissen und Können zum Heil der Kranken anwenden, dagegen nie zu ihrem Verderben und Schaden. Ich werde auch niemandem eine Arznei geben, die den Tod herbeiführt, auch nicht, wenn ich darum gebeten werde, auch nie einen Rat in dieser Richtung erteilen. Ich werde auch keiner Frau ein Mittel zur Vernichtung keimenden Lebens geben. (Zit. nach: Hippokrates, Fünf auserlesene Schriften, Zürich 1955, S. 211) – Anm. d. Hrsg.

4) Persönlichkeitsrechte und Schwangerschaftsunterbrechung, ZRP 1974, S. 73 ff.

5) Lothar Gruchmann, Euthanasie und Justiz im Dritten Reich, in: Vierteljahreshefte für Zeitgeschichte 20 (1972), S. 235 ff. (S. 239).

6) Zit. nach Gruchmann, aaO (Fn. 5).

7) Zit. nach Gruchmann, aaO (Fn. 5).

8) Vgl. z. B. Adolf Portmann, Zoologie und das neue Bild vom Menschen – Biologische Fragmente zu einer Lehre vom Menschen, Hamburg 1956.

9) Adolf Arndt, Strafrecht in einer offenen Gesellschaft, in: Verhandlungen des 47. Deutschen Juristentages II, Nürnberg – München 1968, S. 7.

10) Mommsen, Römisches Strafrecht, 1899, S. 636 ff. Den Hinweis auf die römische Rechtstradition verdanke ich einem ungedruckten Vortrag von Wolfgang Waldstein, Salzburg.

11) Vgl. in diesem Zusammenhang den Beitrag von M. Liminski (S. 13 ff.), Anm. d. Hrsg.

Wolfgang Kluxen

Anerkennung des Menschen

Ethische Prinzipien und Abtreibung

I. Grundsätzliches

Schwierigkeiten in der Auseinandersetzung um moralische
Normen und Wertungen entstehen nicht dadurch, daß der
eine für den Wert, der andere für den Unwert optiert.
Konflikte entstehen, wenn in der Komplexität menschlicher Verhältnisse gegensätzliche Handlungen möglich
sind, die unter verschiedenen Gesichtspunkten jeweils als
»gut« erscheinen. Es geht also um Vorzugsordnungen im
Bereich konkreter Anwendung. Dabei müssen die Prinzipien gar nicht im Streit liegen: In der Anwendung kann es
dennoch zu verschiedenen »Moralen« kommen, die nicht
miteinander zu vereinbaren sind. Auch innerhalb eines
gegebenen Ethos treten Inkonsistenzen, ja Widersprüche
auf. Wandel der Formen gesellschaftlichen Lebens, Wandel
der Weltsicht, geschichtliche Erfahrungen spielen dabei
eine Rolle.
Völkerkunde und Kulturgeschichte liefern eine Fülle von
Belegen für die Vielfalt von Moralen. Es wäre jedoch ein
schwerer Irrtum, von da aus auf bloße Konventionalität der
moralischen Normen, auf ihre Beliebigkeit und gar Unver-
bindlichkeit zu schließen. Sogar reine Konventionen können Verbindlichkcit besitzen, man denke an das Standard-
beispiel der Verkehrsregeln, deren Übertretung im moralischen Sinne Schuld begründen kann, freilich erst im Hinblick auf die Folgen. Moralische Normen sind aber, auch
wenn ihre konkrete Fassung »konventionell« sein sollte,

niemals »beliebig«. Das menschliche Verhalten, auf das sie sich beziehen, ist ja nur in Grenzen gestaltbar, es läuft in vorstrukturierten Bahnen ab, die durch die menschliche »Natur«, also schon durch die evolutionäre Stammesgeschichte, vorgeprägt sind. Die moralische Norm konkretisiert im geschichtlich kontingenten Umfeld daher allgemeine Prinzipien, ohne welche menschliches Leben nicht sinnvoll gelingen kann, nicht »gut« zu führen ist.

Daher gibt es in allen Moralen Inhalte, in denen solch allgemeine Prinzipien erkennbar sind. So gibt es keine Moral, die es jedem einzelnen freistellt, beliebig den Mitmenschen zu töten. Töten von Menschen überhaupt wird dagegen von keiner Moral strikt verboten, mindestens nicht für den Fall von Notwehr. Aber es wird rechtfertigungspflichtig, wenn es sich um einen Mitmenschen handelt. Doch wer ist »Mitmensch«? Viele Gesellschaften haben als solchen nur den Stammesgenossen angesehen, der in der Gemeinschaft von Abkunft und Sitte mit ihnen lebt. Die Aufnahme in diese Gemeinschaft wurde von einem Akt der Anerkennung abhängig gemacht, auch und gerade beim eigenen Nachwuchs: Sie wurde versagt, wenn er nicht »tauglich« und dem Bestand des Stammes nützlich zu sein versprach. Verkrüppelte, »behinderte« Neugeborene oder auch einfach Überzählige wurden »ausgesetzt«.

Es hat auch nie eine Moral gegeben, welche den Bereich von Sexualität und Fortpflanzung der völligen Willkür des einzelnen preisgegeben hätte. Hier ist ein zentrales Lebensinteresse jeder Gesellschaft angesprochen, sofern sie ja nur durch den Naturprozeß der Fortpflanzung ihre dauerhafte Existenz sichern kann. Stets gelten hier strenge Regeln, deren elementarste das Inzestverbot ist: In dem Sinne, daß die Verbindung mit einigen bestimmten Personen ausgeschlossen, die Gattenwahl also niemals völlig beliebig ist, gilt dies Tabu so universell, daß man mit Recht gesagt hat, dadurch unterscheide sich Kultur von Natur. Aber es kommt nicht auf diese Entgegensetzung an, sondern auf die Vermittlung des naturalen Prozesses mit dem sozialen und, wie man hinzusetzen darf, dem personalen. Das ist der Sinn der Sexualmoral: die Humanisierung dieses Bereiches, und die ausschlaggebende Vermittlungsinstanz ist die Institution der Ehe.

Diese finden wir nun in verschiedenen Kulturen verschieden gestaltet vor, und die Sexualmoral zeigt entsprechende Unterschiede. Dabei mag man unterstellen, daß im Verhältnis zu gegebenen Kulturzuständen eine uns fremde Eheform die moralische Aufgabe löst. Aber das heißt nicht, daß wir sie für gleich gültig und gleichwertig halten müssen. Die Praxis einer patriarchalischen Polygamie, die wir Israels Stammvater Jakob zugestehen, wäre für uns moralisch untragbar, und wir würden sie in unserer Gesellschaft nicht tolerieren, sondern bestrafen. Sie widerspricht der Menschenwürde und dem Menschenrecht der Frau, sie ist ungerecht durch die Ungleichheit, die sie setzt; statt humaner Partnerschaft verlangt sie Unterordnung, sie versklavt. Jakob kann in dieser Institution »menschenwürdig« gelebt haben; im Lichte der allgemeinen Werteinsichten, die unsere Kultur kennzeichnen, zeigt sich jedoch die Institution als mit schweren Mängeln behaftet; sie wird »unmöglich«.

Den Schritt von der eingegrenzten Kultur ins Allgemeine zu tun – was die philosophische Reflexion zu tun beansprucht –, heißt jedoch nicht die Kultur verlassen. Im Gegenteil, auch allgemein menschlich bedeutsame und gültige Einsichten bedürfen der kulturellen Vermittlung, um wirksam die Institutionen und Formen einer Gesellschaft zu bestimmen. Ein Beispiel liefert die Sklaverei, die in vielen Gesellschaften als gesetzliche Einrichtung bestanden hat. Ausgerechnet in den USA, in deren Verfassung die Menschenrechte als moralische Grundlage des Staates erstmalig proklamiert wurden, blieb sie bis zum Bürgerkrieg erhalten; angesichts der Evidenz des Widerspruchs eine kaum glaubliche Tatsache. Es ist hier sicher gerechtfertigt, nicht nur von einer Andersheit unserer heutigen Überzeugung zu reden, sondern von einem Fortschritt des moralischen Bewußtseins, hinter den nicht mehr zurückgegangen werden darf.

Woran mißt sich dieser Fortschritt? Wie gesagt, an der allgemein menschlichen Bedeutung der maßgeblichen Werteinsichten; anders gesagt, an ihrer Rechtfertigungsfähigkeit durch die Vernunft, deren Erkenntnisse Allgemeingültigkeit beanspruchen können. Das wird im Bereich der theoretischen Wissenschaften nicht bezweifelt. Im Moralischen gilt es für jene Prinzipien, die zugleich als Ermöglichung sinnvollen Lebens klar erkennbar sind, nicht jedoch für die konkrete Anwendung in gegebenen kulturellen Umständen; hier spielt geschichtliche Erfahrung eine wichtige Rolle. Aber es können auch verschiedene Prinzipien in Konkurrenz oder gar Konflikt treten; wie jedermann weiß, sind Freiheit als Selbstbestimmung und Gleichheit als Forderung nach sozialer Einordnung nicht notwendig in Einklang. Auch unter Vernunftprinzipien ist ein Streit um Vorzugsordnungen nicht ausgeschlossen. Die Forderung, die unsere Kultur charakterisiert, ist nur die, daß gesellschaftliche Gültigkeit nicht anders als durch vernünftige Argumentation, mittels rationalen Diskurses geprüft und vertreten werden soll.

II. Die eigentliche moralische Frage

Konkrete moralische Fragen wie diejenige der Abtreibung, um die es im folgenden gehen soll, können sinnvoll nur rational geklärt werden, und zwar auf der Basis des moralischen Bewußtseins, das unserer Kultur eigen ist. Es ist nicht schwer, die ethische Grundeinsicht zu bezeichnen, die diese kennzeichnet: Es ist die, daß der Mensch nicht nur Wert, sondern auch Würde besitzt, nämlich als Subjekt sittlichen Handelns. Er ist fähig und berechtigt zur Selbstbestimmung, er ist verantwortlich für sein Tun und Lassen; es gehört zu seiner Würde, daß er Schuld auf sich laden kann. Er besitzt ursprüngliche »Menschenrechte«. Negativ bedeutet das, daß der Mensch niemals nur als Objekt oder als Mittel, sondern immer zugleich als Subjekt, als »Zweck an sich selbst« behandelt werden muß.

Diese Einsicht ist rational rechtfertigungsfähig; die oben gewählten Formulierungen können sich auf den Philosophen Immanuel Kant berufen. Sie ist auch für jeden erkennbar als die Grundlage, durch die unsere Gesellschaft als humane lebt. Dies ist insbesondere deshalb der Fall, weil unsere Rechtsordnung sich auf sie stützt und sie als gültig voraussetzt, und nicht nur die unsere; weltweit ist die Anerkennung der Menschenrechte durchgesetzt, und wenn das auch vielfach nur verbal der Fall ist, ist diese Tatsache für das moralische Bewußtsein von Bedeutung.

Und es ist durchaus nicht nur eine leere Worthülse. Die Grundeinsicht verbietet zum Beispiel die Sklaverei; sie schließt aus, daß ein Mensch an einem anderen Eigentum erwerben kann, als wäre er eine Sache, über die man beliebig verfügen kann. Das Beispiel erinnert aber zugleich daran, daß selbst die Grundeinsicht konkret vermittelt werden muß. Entscheidend ist dabei, wie wir den »Menschen« bestimmen wollen, den wir als Träger der Menschenrechte und damit als Mitmenschen anerkennen.

Hier scheiden sich nun die Geister. Extrem wäre eine Position, wie sie tatsächlich von gewissen Philosophen vertreten worden ist, diese Anerkennung von der Fähigkeit zum tatsächlichen Vollzug sittlicher Akte abhängig zu machen. Danach wären Kleinkinder noch nicht Menschen, entmündigte Alte wären es nicht mehr, Geisteskranke wären überhaupt nicht Menschen; zu schweigen von den Ungeborenen. Dieser Auffassung verwandt ist jene, die den Menschen durch die Zugehörigkeit zu einer Kommunikationsgemeinschaft definiert; sie würde nicht notwendig jene ausschließen, die zur aktiven Teilnahme an der Kommunikation nicht fähig sind, würde aber deren Zugehörigkeit zur Menschengemeinschaft von einer Zuwendung abhängig machen, die auf einen besonderen Akt der Anerkennung hinausliefe. In der Konsequenz führt das zu einer Einstellung, in der Kindesaussetzung und Altentötung legitimierbar würden. Da ist schon der antike Philosoph Aristoteles weiter, der die Abtreibung nur gestatten will, solange die Leibesfrucht nicht Wahrnehmung und eigenes Leben zeigt. Freilich will er die Aussetzung mißgebildeter Neugeborener, die gesellschaftsuntauglich sind, gestatten: Er ist weit davon entfernt, ein grundsätzliches »Menschenrecht« zuzugestehen.

Unsere Rechtsordnung dagegen, die man durchaus als Zeugnis für den Stand des gesellschaftlich maßgeblichen moralischen Bewußtseins lesen kann, zeigt eine andere Einstellung. Danach steht die Anerkennung des Menschen als Menschen, mit Würden und Rechten, jedem Menschen schon auf Grund seiner Existenz zu. Es bedarf dazu keines besonderen Aktes. Es kommt auch nicht auf eine sittliche oder kommunikative Leistung an. Herkunft oder Verhalten, Entwicklungsstufen oder Krankheitszustände spielen keine Rolle. Allein die Zugehörigkeit zur naturalen Spezies »Mensch« ist hinreichend. Daher schützt unsere Rechtsordnung auch menschliches Leben schlechthin. Sie kennt nicht den Begriff des »lebensunwerten« Lebens. Auch die Geisteskranken, die Unheilbaren, die Alten, die Neugeborenen und schließlich die Ungeborenen genießen diesen Schutz.

Das besagt nun nicht, daß dem Leben als solchem ein unbedingter Wert zugesprochen wird. Auch nach unserer Rechtsordnung ist nicht jede Tötung eines Menschen widerrechtlich. Unsere Moral billigt es, wenn jemand um hoher moralischer Ziele willen sein Leben opfert, und in bestimmten Fällen verlangt sie sogar die Bereitschaft zu diesem Opfer. Würde besitzt erst das sittliche Subjekt, die Person. Aber eben das ist der Mensch durch seine »Natur«;

der naturale Prozeß ist die Grundlage der Ausbildung sittlicher Persönlichkeit, und das ist er immer und in allen Zeitpunkten, unabhängig davon, ob und wie diese Ausbildung geschieht. Daher macht schon die bloße Potentialität dazu das individuelle menschliche Leben achtungswürdig. Der gesamte naturale Prozeß, vom Anfang individueller Existenz bis zum Ende, verdient Lebensschutz.

Es kann kein Zweifel sein, daß die »Leibesfrucht« von Anfang an diese Potentialität besitzt. Es hat keinen Sinn, von einem vormenschlichen Stadium des Embryo zu reden. Die aristotelische Auffassung, die auf das Erwachen eines gewissen Eigenlebens abstellt, oder auch eine vergleichbar moderne, die etwa das Menschsein mit der Ausbildung des zentralen Nervensystems beginnen läßt, setzen relativ willkürlich eine Marke in einen Prozeß, der sich doch als einheitlicher vollzieht und nur als solcher zu begreifen ist. Freilich ist in den frühen Stadien der Menschwerdung die »Gestalt« noch nicht anschaulich, eine Selbständigkeit nicht unmittelbar erfahrbar. Hier ist es aber gerade die moderne Wissenschaft, und insbesondere sind es die Methoden der extrakorporalen Befruchtung und des Embryo-Transfers, die auch den Anfang menschlichen Lebens als die Entstehung eines selbständigen Individuums anschaulich machen.

Bei der extrakorporalen Befruchtung vereinigen sich Samen- und Eizelle in der »Retorte« – in Wahrheit einer Schale –, und die daraus entstehende »Zygote« haben wir als selbständige Größe vor uns. Sie hat zwar alles von den Erzeugern empfangen, aber sie besitzt schon eine eigene Prägung, die von der beider Eltern verschieden ist. Diese bleibt ihr, auch wenn sie in eine andere »Mutter« als die »Eispenderin« verpflanzt wird. Sie wird den Menschen, der aus der einen Ursprungszelle entsteht, vollständig prägen; alle Körperzellen tragen dieselbe Erbinformation. Man kann deshalb sagen, daß der vollständige Mensch schon in der Ursprungszelle enthalten ist. Die diese charakterisierende Prägung ist für sein ganzes Leben schicksalhaft, oder umgekehrt, sein Schicksal beginnt mit dem Vorgang, in welchem die Eizelle befruchtet wird. Es wäre möglich, diese Ursprungszelle zu fotografieren, und man könnte ihm dann sagen, daß mit dieser Zelle er selbst angefangen hat.

Auch im frühesten Stadium handelt es sich bei menschlichem Leben nicht einfach um Gewebe, wie manche Biologen in der verkürzten Perspektive abstrakter Spezialisierung anzunehmen geneigt sind. Solche Sicht wäre vergleichbar derjenigen von Kannibalen, welche den Stammesfremden einfach als »Fleisch« ansehen. Als unrichtig hat sich auch die Sehweise älterer Forschung erwiesen, daß der menschliche Embryo tierische Entwicklungsstadien durchläuft, ehe er das eigentlich menschliche Stadium erreicht. Viel eher legt die moderne Forschung, die über weit genauere Beobachtungen der Frühentwicklung verfügt, den Gedanken nahe, daß mit der recht früh einsetzenden Ausbildung menschlicher Gestalt alsbald ein Verhalten einsetzt, in dem dies individuelle Wesen schon als Subjekt erkennbar wird. Die Forschungsrichtung der pränatalen Psychologie führt den Nachweis, daß schon vorgeburtlich Erfahrungen gemacht werden, die im späteren Leben fortdauernd nachwirken. Diese Nachwirkung mag vornehmlich im Unbewußten spielen: In dem Maße, wie die Bedeutung des Unbewußten für die konkrete Konstitution unserer Subjektivität erkannt wird, wird auch die Kontinuität unseres Lebens, die Untrennbarkeit des subjektiven Prozesses vom naturalen Geschehen erkannt.

Dies ist wohl die entscheidende Erkenntnis, welche die moderne Wissenschaft beiträgt: Der Prozeß der Menschwerdung ist nicht ein solcher, an dessen Ende erst der Mensch, mit den Charakteristika des Subjektseins und der Kommunikationsfähigkeit, steht, sondern er beginnt mit der Zeugung eines Individuums, das sich in Identität durchhält. Jeder Eingriff, in welchem Entwicklungsstadium auch immer, betrifft diese individuelle Identität, betrifft ein ganz bestimmtes menschliches Leben und ein Schicksal. Dabei ist durchaus von sekundärer Bedeutung, ob man schon den Einzeller eine »Person« nennen will; wer einen metaphysischen Personbegriff anwendet, kann das vermutlich tun, aber das ist weitgehend eine Frage von Definition und Sprachgebrauch. Unser alltäglicher Begriff von Person ist da schwerlich anwendbar, und wir werden auch zögern, die Zygote einen Menschen zu nennen; erst recht wird es uns schwerfallen, sie als »Subjekt« anzusehen. Wir bezeichnen ja auch nicht die Eichel schon als einen Eichbaum, und die Raupe nicht als einen Schmetterling. Die wissenschaftlich gesicherte Erkenntnis von der Kontinuität individueller menschlicher Existenz, von der Identität des Individuums in allen Stadien, sichert gegen die Schwierigkeiten anschaulicher Vergegenwärtigung den entscheidenden Punkt, von dem sich unser Urteil muß bestimmen lassen.

Wir entfernen uns damit nicht von der Welt der Anschauung. Auch in dieser ist, durchaus vorwissenschaftlich, der Zusammenhang von Zeugung, vorgeburtlicher und nachgeburtlicher Existenz klar erkennbar. Aber daß die Leibesfrucht, die im Mutterleibe zunächst unmerklich heranwächst, schon menschliche Identität besitzt, ist nicht anschaulich gegeben. Gerade deshalb galt Abtreibung, wenigstens im frühen Stadium, nicht als Tötung eines Menschen, und noch heute halten wir an diesem Unterschied fest, weil die moralische Wertung nach der Erkenntnismöglichkeit des Täters, nicht also nach »objektiver« Erkenntnis auszurichten ist. Immerhin ist die Einsicht, daß hier Leben vernichtet wird, das mindestens potentiell menschlich ist, und zwar als selbständiges, schon lebensweltlich von jedermann zu vollziehen. Die Wissenschaft stellt hier nur definitiv klar, was eigentlich geschieht, und das ist bedeutsam genug. Es zeigt sich deutlicher, wo die eigentliche moralische Frage liegt.

Zwei gegensätzliche Positionen

Sie liegt nicht in der Frage, ob der Embryo nun Mensch, Person oder Subjekt und somit von sich aus zur Mitmenschlichkeit fähig sei. Das ist insofern entschieden, als ihm von Anfang an, als individuell geprägtem menschlichen Leben, diese Fähigkeit im Sinne der Potentialität, die sich zu entfalten bestimmt ist, innewohnt. Die Frage ist vielmehr nur, ob wir den Menschen überhaupt auf Grund seines naturalen Menschseins in unsere Mitmenschlichkeit aufnehmen wollen, oder ob wir diese Annahme von besonderen Qualitäten, von zu erbringenden Nachweisen oder irgendwelchen Kriterien abhängig machen, also von einer besonderen Anerkennung. Nur die erste Position vollzieht die allgemeine Werteinsicht, daß die Menschenwürde jedem Menschen zukommt, sofern er Mensch ist; sie gelangt konsequent zu der Folgerung, daß Abtreibung grundsätzlich moralisch unerlaubt ist, und sie wird ein gesetzliches Verbot verlangen, wenn die Gesellschaft ihre Rechtsordnung im Sinne des Gedankens der Menschenwürde fassen will. Es ist diese Position, welche unsere eigene Rechtsordnung bestimmt und auch in einem erheblichen Teil der Gesellschaft maßgeblich ist. Aber ein anderer Teil der Gesellschaft ist nicht bereit, die Abtreibung in diesem Sinne zu verurteilen, ja es gibt das Verlangen nach völliger Freigabe, wobei die Entscheidung womöglich dem einzelnen überlassen bleiben soll. Diese müssen sich sagen lassen, daß sie die Menschenwürde eben nicht als allgemeinen Anspruch des Menschen schlechthin anerkennen wollen; sie behalten sich vor, wen sie als Mitmenschen zulassen, sie »selektionieren« – womöglich willkürlich – und greifen damit eine Grundlage unseres Ethos an, die wesentlich zu dessen humaner Verfassung gehört.

Angesichts der Tatsache, daß gleichwohl, und zwar auch bei den Propagatoren der Abtreibungsfreiheit, der Gedanke der Menschenwürde einen hohen Stellenwert hat, ist erstaunlich, wie wenig seine Bedeutung im Bereich der Achtung vor dem Leben der Ungeborenen erkannt worden ist. Aber man erinnere sich, wie schwierig amerikanischen Südstaatlern die elementare Einsicht in die Menschenunwürdigkeit der Sklaverei war. Im Falle der Abtreibung liegen die Dinge schon deshalb schwieriger, weil wir es nicht mit anfaßbaren, ausgewachsenen Menschen zu tun haben. Hier ist es möglich, Irrtümer und Interessen, die ganz anderen Zwecken als humanen dienen, mit einem Anschein moralischen Rechtes in die Debatte zu bringen, der durch die Berufung auf einseitig verstandene Prinzipien entsteht und Emotionen derart auf sich zu ziehen vermag, daß die Sache selbst ganz aus dem Gesichtsfeld verschwindet. Aber auch die Sache selbst hat ihre Schwierigkeiten; sie zeigen sich, wenn man auf konkrete Fälle eingeht.

III. Einzelne Probleme

Ein schlagendes Beispiel für Einseitigkeit in der Prinzipienwahl bietet die hauptsächlich von Feministinnen vertretene Forderung, der Frau müsse das Recht zustehen, über Abtreibung oder Austragung ihres Kindes zu entscheiden. Das Prinzip, auf das man sich beruft, ist das der Selbstbestimmung, in Anspruch genommen für den eigenen Leib – »mein Bauch gehört mir« – und gegen den »Gebärzwang«, als welcher das gesetzliche Abtreibungsverbot bezeichnet wurde. Das Recht zur Selbstbestimmung, nichts anderes als die positive Seite der Freiheit, ist moralisch von hohem Rang und kann zudem als Grundwert einer Gesellschaft gelten, die sich in humaner Freiheit verwirklichen will. Andererseits bedeutet die Schwangerschaft eine spezifische Belastung der Frau, die auch als solche empfunden werden kann. Schon die physiologische Umstellung des Organismus, nicht minder die nachfolgende Verpflichtung dem Kinde gegenüber, nötigen zu einer Umstellung des

Lebens und der Lebensweise, die dann als Zwang erlebt werden muß, wenn die Schwangerschaft »ungewollt« eintritt. Es muß das Recht der Betroffenen sein, solch ungewollte Umstände, die ihr die Freiheit der Selbstbestimmung nehmen und dazu noch leicht zu beheben sind, auch tatsächlich zu beseitigen. Mindestens soll das legitim sein, solange die Leibesfrucht nicht erkennbar Eigenstand entwickelt; das wird in der Forderung nach der »Fristenlösung«, welche die Abtreibung nur für die ersten Schwangerschaftswochen erlaubt, berücksichtigt.

Die Fristsetzung kann nicht darüber hinwegtäuschen, daß in dieser Einstellung dem Ungeborenen nicht ein eigenes genuines Lebensrecht zuerkannt wird. Die Mutter kann ihm das zugestehen oder auch nicht, und Abtreibungsfreiheit besagt, daß sie dafür keiner rechtfertigenden Gründe bedarf. Die Anerkennung des Menschenrechts für dies individuelle menschliche Leben wird Sache privater Willkür. Die »Leibesfrucht« wird als Eigentum angesehen, über das man beliebig verfügen kann, sozusagen als Teil eines subjektiven Zustandes, nicht als eigene Existenz. Daß man diese Existenz, immerhin eine menschliche, zu vernichten bereit ist, wird sprachlich damit verschleiert, daß man von »Schwangerschaftsunterbrechung« redet statt von »Abtreibung«, als stehe nur der subjektive Zustand und dessen Änderung in Frage.

Der Sache nach ist es nicht schwer, die Immoralität dieser Einstellung, ja ihre Brutalität in der Verachtung des Lebensrechts des werdenden Menschen zu erkennen; schließlich auch die Verblendung gegenüber der Evidenz, daß »Eigentum« am Menschen nicht ohne Verletzung der Menschenwürde behauptet werden kann. Die erstaunliche und beunruhigende Tatsache, daß sie trotzdem erhebliche Anhängerschaft besaß und besitzt, belegt wieder aufs neue die Erfahrung, daß selbst moralische Evidenzen nicht ohne weiteres in der Gesellschaft Geltung bekommen, sondern dieser eigens vermittelt werden müssen. Ein wichtiges Mittel dazu ist die Rechtsordnung, und es ist moralisch wichtig, daß sie mit der Fristenlösung die private Willkür der Tötung menschlichen Lebens ausschließt. Wo sie die Abtreibung straffrei läßt, verlangt sie rechtfertigende Gründe, so wie bei der Tötung von Menschen überhaupt; sie verweist, moralisch gesehen, auf das Prinzip der Verantwortung.

Freilich ist auch dieses Prinzip einer Auslegung und Anwendung fähig, die moralisch nicht tragbar ist. Der schon zitierte Aristoteles ließ die Abtreibung (im frühen Stadium) für den Fall zu, daß »zu viele« Kinder schon vorhanden waren, daß die gegebene, schon vollzählige Gesellschaft sie nicht mehr tragen kann. Abtreibung also als Mittel einer »verantwortlichen« Geburtenregelung? Das ist für uns keine moralische Möglichkeit, wenn wir die Anerkennung individuellen menschlichen Lebens nicht unter Selektionsvorbehalt stellen wollen. Das heißt natürlich nicht, daß die Geburtenregelung kein möglicher Gegenstand unserer Verantwortung sei. Im Gegenteil, das Problem der Bevölkerungszahl kann unter Umständen so bedeutungsvoll für menschliches Leben werden, daß wir unser »generatives Verhalten«, wie man das heute nennt, von der Rücksicht darauf mitbestimmen lassen sollten. Das betrifft aber nur jenen Bereich, über den wir zu verfügen berechtigt sind; über existierende Menschen haben wir kein Recht zu verfügen, auch nicht vorgeburtlich.

Dieser ausschlaggebende Punkt wird leider zuweilen dadurch verdunkelt, daß die Abtreibung in einem Atemzug mit der Empfängnisverhütung genannt wird, einfach deshalb, weil in beiden Fällen in den Prozeß der Fortpflanzung eingegriffen wird. Das reicht aber für eine moralische Gleichstellung nicht hin. Bei der Empfängnisverhütung wird nicht in schon existierendes individuelles Leben eingegriffen, es wird nicht ein bestimmtes Menschenwesen vernichtet: das ist ein fundamentaler Unterschied zur Abtreibung.

Wer diesen verwischt, verstärkt nicht eine moralische Ablehnung der Empfängnisverhütung, sondern verharmlost die Abtreibung. Das in manchen Beiträgen zur Sexualethik vorfindliche Argument der »Natürlichkeit«, das auf den naturalen Vorgang abstellt, reicht nicht aus: Die Verwerflichkeit der Abtreibung hängt an ihrer personalen Bedeutung.

Selbstverständlich hängt das Personale mit dem Naturalen unlöslich zusammen. Aber die Natur ist schon deshalb nicht ein ausreichender Verhaltensmaßstab, weil sie faktisch nicht immer »in Ordnung« ist. Sie ist anfällig für Störungen, für Krankheiten, es treten Defekte und Schäden auf, und der Prozeß führt nicht immer zum Ziele. Das klare Prinzip, von dem aus jede Abtreibung als verwerflich zu gelten hat, bezieht sich auf ein individuelles menschliches Leben, das auf Grund seiner naturalen Prägung die reale Potentialität zur personalen Existenz hat, damit also schon in die Biographie eines Mitmenschen gehört. Wie nun, wenn diese reale Potentialität auf Grund naturaler Defekte nicht besteht? Oder wenn sie im Verlauf des Prozesses verlorengeht? Oder wenn erkennbar ist, daß sie nicht zur vollen Mitmenschlichkeit entfaltbar ist? In derartigen Fällen kann man zweifeln, ob das moralische Prinzip anwendbar ist oder ob es nicht rechtfertigende Gründe für einen Eingriff geben kann. Das ist die Frage nach den »Indikationen«.

Ein klarer Fall läge vor, wenn bei einer Schwangerschaft Komplikationen auftreten, die das Leben von Mutter und Kind gefährden, wenn nicht das Kind getötet wird. Hier hat das Kind keine Lebenschance, und der Schwangerschaftsabbruch – in diesem Falle wäre der Ausdruck angemessen – wäre gerechtfertigt.

Auch können am Embryo solche Defekte auftreten, daß von einer Lebenschance nicht die Rede sein kann. Der klassische Fall sind die Anencephalen, denen ein Gehirn fehlt. Hier fragt sich, ob man überhaupt von einem »Menschen« reden soll (obwohl es sich natural um menschliches Leben handelt) – die ältere Medizin tat es nicht.

Eugenische Indikation gerechtfertigt?
Aber nicht alle Mißbildungen oder Schäden, auch Gehirnschäden, schließen eine mitmenschliche Existenz aus. Wir halten das Leben der Geisteskranken und der Schwerbehinderten nicht für »lebensunwert« und fühlen uns nicht berechtigt, sie zu töten. Wir haben auch nicht das Recht, ihre Existenz als »sinnlos« zu bezeichnen; das wäre ein Urteil von außen, das sich über ihre Subjektivität hinwegsetzen, ja diese ihnen abstreiten würde, da diese allein die zuständige Instanz für Sinnbestätigung ist. Wir können nicht ohne Verletzung der Menschenwürde über sie durch unser Urteil verfügen. Wenn das aber gilt, muß es auch für die Ungeborenen gelten.
Der verbreitete Slogan, man könne es nicht verantworten, ein behindertes Kind in die Welt zu setzen, oder gar, es sei unverantwortlich, es nicht abzutreiben, stellt die moralische Sachlage auf den Kopf. Wir können es vielmehr nicht verantworten, ein Menschenwesen auf Grund eines Urteils über Wert und Sinn seines Lebens zu töten, zu dem wir nicht berechtigt und nicht befähigt sind.
Die gängige Abtreibungspraxis weist hier, besonders bei der »eugenischen Indikation«, erhebliche moralische Mängel auf. Wenn Ärzte die Abtreibung schon dann für gerechtfertigt halten, wenn ein Erbschaden mit einer Wahrscheinlichkeit von, nach Mendelschen Regeln, exakt fünfundzwanzig Prozent auftreten wird, so ist das moralisch nicht mehr zu rechtfertigen. Man kann der Meinung sein, daß Weitergabe von Erbschäden vermieden werden muß, aber das rechtfertigt nicht die Tötung des Erbgeschädigten und schon gar nicht die dessen, von dem man nicht einmal weiß, ob er den Erbschaden hat. Der moralisch richtige Weg führt über eine Änderung im »generativen Verhalten«.

Der Vorbehalt der sozialen Indikation

Erst recht muß moralisch gegen die »soziale Indikation« Einspruch erhoben werden. Falls soziale Verhältnisse unerträglich sind, müssen wir diese ändern und nicht denjenigen töten, dem wir sie ersparen wollen oder dessen Existenz wir als Last empfinden. Hier ist die Solidarität der Gesellschaft aufgerufen. Wenn sie, statt Hilfe zu bieten, nur das Angebot der Tötung macht, kann sie sich nicht auch noch auf Menschenwürde berufen. Menschenwürdig ist sie nur, wenn sie den Menschen vorbehaltlos anerkennt; die soziale Indikation ist ein Vorbehalt.

Hier ist jedoch eine Anmerkung zu machen. Prinzipielle Überlegungen, wie sie hier angestellt werden, beanspruchen zwar Geltung auch für den Einzelfall, aber sie beurteilen ihn nicht. Wenn eine schwangere Frau unter schwierigen sozialen Verhältnissen, denen sie nicht gewachsen ist, sich nicht in der Lage sieht, für ihr Kind künftig zu sorgen und ihr keine andere Hilfe angeboten wird als die Abtreibung, wer kann sie dann verurteilen, wenn sie einwilligt? Vielleicht wird man nicht einmal den Arzt verurteilen müssen. Aber man kann nicht sagen, daß die im Einzelfall entschuldbare Handlung auch moralisch gerechtfertigt sei.

Der Zustand einer Gesellschaft, in der solches als »normal« gilt, kann nicht als moralisch »gesund« betrachtet werden. Schlimme Symptome moralischer Perversion zeigen sich, wenn etwa ein Arzt, der seinem Gewissen, seinem Berufsethos und der moralischen Grundlage unserer Rechtsordnung folgend die Abtreibung verweigert, sich Schadensersatzansprüchen ausgesetzt sieht; ganz schlimm ist es, wenn gar das Kind selbst als Schaden gilt. Die Existenz eines unschuldigen Menschen als Schaden betrachten, das ist der Gipfel der Immoralität.

Auch hier zeigt sich, die Kernfrage in Sachen Abtreibung ist die Anerkennung der Menschenwürde in der konkreten menschlichen Existenz, von Anfang an; es gilt, sie auch in der Praxis dieser Gesellschaft zur Geltung zu bringen.

Martin Kriele

Die Wucht des Emanzipations-Denkens*⁾

Zum Abtreibungsurteil des Bundesverfassungsgerichts von 1975

1. Die präjudizielle Bedeutung des Bundesverfassungsge-
richts-Urteils zur Fristenlösung liegt in erster Linie in
der Weiterentwicklung dieses Rechtsgedankens: Grundrechte sind über ihre subjektive Abwehrfunktion gegen
Eingriffe des Staates hinaus auch objektive Grundsatz-
normen, die den Staat nicht nur zum Unterlassen von
Eingriffen verpflichten, sondern unter Umständen auch
zum Schutz gegen Eingriffe Privater. Dies gilt nicht
unbegrenzt und nicht für alle Grundrechte im gleichen
Maße, aber: »Die Schutzverpflichtung des Staates muß
um so ernster genommen werden, je höher der Rang
des in Frage stehenden Rechtsgutes ... ist« (S. 42). Steht
das Leben auf dem Spiel, kann der Staat sogar zu Strafgesetzen verpflichtet sein, »wenn anders ein effektiver
Lebensschutz nicht zu erreichen ist« (S. 47). Diese Entscheidung hat Präzedenzwirkung auch im Hinblick z. B.
auf Kindstötung, auf Tötung behinderter, geisteskran-
ker und alter Menschen, auf Grenzen des Notwehr- und
Notstandsrechts, auf Duelle, auf nach islamischen und
anderen Ehrencodices erlaubten Tötungen und derglei-

---

*⁾ Der Beitrag ist mit freundlicher Genehmigung des C. H. Beck-Verlages dem von
Prof. Kriele herausgegebenen Band »Grundrechte« der »Entscheidungssamm-
lung für junge Juristen« (München 1985) entnommen.

chen. Es ist die Idee des Rechtsstaats schlechthin, daß er dem Schwächeren und Wehrlosen zu Hilfe kommt und dem Rücksichtslosen, der das »Recht des Stärkeren« geltend machen will, in den Arm fällt. Aus dieser Pflicht des Staates, sich »schützend und fördernd vor das Leben zu stellen«, hat das Bundesverfassungsgericht später auch eine Pflicht zu Verfahrensregeln abgeleitet, die die von Atomkraftwerken möglicherweise ausgehenden Gefährdungen eingrenzen (Entscheidungen des Bundesverfassungsgerichts Band 49, S. 89 (BVerfGE 49, 89) – Kalkar; BVerfGE 53, 30 – Mülheim-Kärlich).
Zu den Grenzen dieser Schutzpflicht vgl. BVerfGE 46, 160 – Schleyer – und BVerfG, in: Neue Juristische Wochenschrift (NJW) 1985, S. 603 ff. – Nachrüstung.

2. Die Schutzpflicht besteht auch gegenüber dem noch Ungeborenen und hat »nach dem Grundsatz des schonendsten Ausgleichs konkurrierender grundgesetzlicher Positionen« Vorrang vor dem Selbstbestimmungsrecht der Schwangeren. Denn, so lautet der Kernsatz, »diese kann durch Schwangerschaft, Geburt und Kindeserziehung in manchen persönlichen Entfaltungsmöglichkeiten beeinträchtigt sein. Das ungeborene Leben hingegen wird durch den Schwangerschaftsabbruch vernichtet« (S. 43). Doch gilt diese Vorrangregel nur im Rahmen der »Zumutbarkeit« für die Schwangere (»Indikationen« – S. 48–50).

3. Zwar geht »Prävention vor Repression« (S. 44); in erster Linie sind also sozialpolitische Maßnahmen einzusetzen, das Strafrecht ist nur »ultima ratio« (S. 47). Doch darf in Fällen ohne rechtfertigende Indikation eine Fristen- und Beratungslösung nicht so gestaltet sein, daß sie den Schwangerschaftsabbruch als grundsätzlich rechtlich gebilligt, als »normalen sozialen Vorgang« anerkennt, wie in § 218a damaliger Fassung geschehen.

Pragmatischen Gründen, die dafür vorgebracht wurden, insbesondere dem Argument, auf diesem Wege sei die »Abtreibungsseuche« leichter einzudämmen, hält das Bundesverfassungsgericht entgegen, daß der Schutz des Lebens auch von den herrschenden Wertvorstellungen über Recht und Unrecht abhängt, die ihrerseits durch die strafgesetzlich zum Ausdruck gebrachte Rechtswidrigkeit geprägt werden (S. 53–59). Die Beratung als Bedingung der Straffreiheit erklärt das Bundesverfassungsgericht überdies als »nicht geeignet«, dem Schutz des Lebens zu dienen, wenn sie nicht umfassend und gezielt auch alle Gesichtspunkte, die gegen die Abtreibung sprechen, zur Geltung bringt und von dafür vorgebildeten Personen vorgenommen wird (S. 61–64).

Richtige Prognose der Verfassungsrichter

1. Das Bundesverfassungsgericht hält die für nichtig erklärte Regelung für ungeeignet, dem vom Gesetzgeber angegebenen Zweck, den Schutz des Lebens zu verbessern, zu erreichen: »Daß von der Fristenlösung auch nur eine quantitative Verstärkung des Lebensschutzes ausgehen könnte, ist jedenfalls nicht ersichtlich« (S. 60), und: »Die in § 218c Abs. 1 StGB vorgesehene Beratung und Unterrichtung der Schwangeren kann – auch für sich betrachtet – nicht als geeignet angesehen werden, auf eine Fortsetzung der Schwangerschaft hinzuwirken« (S. 61). Die »Geeignetheit« des Gesetzes zur Erreichung des angegebenen Zweckes war allerdings im Gesetzgebungsverfahren umstritten. Wie weit in solchen Fällen der dem Gesetzgeber zugebilligte Prognosespielraum reicht, ist je nach dem Gewicht des grundrechtlich geschützten Rechtsguts abgestuft und reicht von der »Evidenzkontrolle« über die »Vertretbarkeitskontrolle« bis zur »Gefährdungskontrolle« (BVerfGE 50,

290 – Mitbestimmung). Er ist am engsten, wenn das Leben auf dem Spiel steht, das durch mögliche Falschprognosen nicht gefährdet werden darf. Die Entscheidung ist deshalb wegen zu geringer Zurückhaltung gegenüber den prognostischen Einschätzungen des Gesetzgebers kritisiert worden (so vom Sondervotum, aber auch vom Verfasser: Legitimitätsprobleme der Bundesrepublik, München 1977, S. 162 ff.). Doch muß man rückblickend zugeben: Das Bundesverfassungsgericht hat die gesellschaftspolitische Wucht des sogenannten Emanzipations-Denkens richtiger eingeschätzt, das dem Recht der Frau auf Selbstverwirklichung auch aus sozialen Gleichheitsgesichtspunkten absoluten Vorrang vor dem Schutz des ungeborenen Lebens einräumt und das zu einer Beratungspraxis geführt hat, in der die Problematik der Abtreibung der Leibesfrucht und ihrer Folgen vielfach überhaupt nicht mehr zur Geltung kommt. Wenn die Befürworter der Neuregelung des § 218 die Fristenlösung mit dem Argument verteidigten, sie werde einen »besseren Schutz des werdenden Lebens« herbeiführen, so scheint dies in gewissem Umfang weniger auf seriösen kriminologischen Erwägungen zu beruhen, als vielmehr dem Zweck gedient zu haben, verfassungsrechtliche und ethische Bedenken zu überwinden.

2. Obwohl das Bundesverfassungsgericht formal ein Gesetz für nichtig erklärt, ist der Kern der Entscheidung, daß es eine Verpflichtung zu strafgesetzlichen Regelungen ausspricht und ein »Unterlassen« des Gesetzgebers für verfassungswidrig erklärt. Hierbei ist im Hinblick auf die Gewaltenteilung grundsätzlich Zurückhaltung geboten. Ursprünglich hieß es, bei der Feststellung von verfassungswidrigem Unterlassen »kann es sich regelmäßig nur um die Unterlassung von Handlungen der verwaltenden und der rechtsprechen-

den Instanzen handeln, nicht um ein Unterlassen des Gesetzgebers« (BVerfGE 1, 100). Eine Ausnahme galt bei ausdrücklichen Verfassungsaufträgen an den Gesetzgeber, jedoch konnte in solchen Fällen nur die Feststellung der Grundrechtsverletzung getroffen, aber nicht die Anweisung, wie sie zu beheben sei, erteilt werden (BVerfGE 6, 265). Dasselbe galt nach ständiger Rechtsprechung, wenn der Gleichheitssatz dadurch verletzt wurde, daß ein Gesetz eine Gruppe von einer Begünstigung ausschloß. Im Spiegel-Urteil ging das Gericht weiter und erwog, es ließe sich »an eine Pflicht des Staates denken, Gefahren abzuwehren, die einem freien Pressewesen aus der Bildung von Meinungsmonopolen erwachsen könnten« (BVerfGE 20, 176); doch handelte es sich dort noch um ein folgenlos gebliebenes obiter dictum. Erst im Jahre 1972 hat sich, allerdings noch zurückhaltend, ein Wandel angebahnt. Der Strafvollzugsbeschluß stellte »den Gesetzgeber vor die Aufgabe, den Strafvollzug in angemessener Frist zu regeln« und setzte ihm dafür eine Frist (BVerfGE 33, 12). Im Facharzt-Beschluß hat das Bundesverfassungsgericht festgestellt, daß der Gesetzgeber die Regelung des fachärztlichen Status nicht der autonomen Satzungsgewalt der Ärztekammer überlassen dürfe (»Wesentlichkeitstheorie«); doch beschränkte es sich auf die grundsätzliche Feststellung, »daß der Gesetzgeber . . . seinen Einfluß auf den Inhalt der von den körperschaftlichen Organen zu erlassenden Normen nicht grundsätzlich preisgeben darf« (BVerfGE 33, 158).

Im Numerus-clausus-Urteil schließlich hat das Bundesverfassungsgericht die Frage aufgeworfen, ob aus Art. 12 ein »objektiver sozialstaatlicher Verfassungsauftrag zur Bereitstellung ausreichender Ausbildungskapazitäten« folgt. Doch hat es die Frage dahingestellt sein lassen und darüber hinaus hinzugefügt, verfassungsrechtliche Konsequenzen kämen »erst bei evidenter

Verletzung jenes Verfassungsauftrags in Betracht« (BVerfGE 33, 332). Im Hochschul-Urteil heißt es, »die Wissenschaftsfreiheit bedeutet nicht nur eine Absage an staatliche Eingriffe«, sondern verpflichtet den Staat, »sein Handeln positiv danach einzurichten, d. h. schützend und fördernd einer Aushöhlung dieser Freiheitsgarantie vorzubeugen« (BVerfGE 35, 114). Was im Numerus-clausus-Urteil noch Frage war, ist jetzt Feststellung: »Der Staat hat die Pflege der freien Wissenschaft ... durch Bereitstellung von personellen, finanziellen und organisatorischen Mitteln zu fördern«. Das Bundesverfassungsgericht ließ es nicht bei dieser grundsätzlichen Feststellung, sondern stellte detaillierte Bedingungen auf, denen die Hochschulorganisation genügen müsse. Mit dem Abtreibungsurteil wird darüber hinaus auch eine Pflicht zum Schutz des Lebens gegen Eingriffe Privater ausgesprochen.

Nach diesen grundlegenden Präjudizien hat das Bundesverfassungsgericht die Rechtsprechung zur »Wesentlichkeitstheorie« und zum Parlamentsvorbehalt weiterentwickelt und in diesem Zusammenhang vor allem vom Gesetzgeber verfahrensrechtliche und organisatorische Regelungen zum effizienten Schutz der Grundrechte gefordert (vgl. vor allem die Entscheidungen zum Atomrecht, BVerfGE 49, 89 – Kalkar, und 53, 30 – Mülheim-Kärlich; ferner BVerfGE 52, 380 – Juristische Staatsprüfung; 57, 295 – Saarländischer Rundfunk; NJW 1984, S. 419 ff. – Volkszählung), sich im übrigen aber bei der Ableitung von Verfassungsaufträgen aus Grundrechten Zurückhaltung auferlegt, um nicht mehr als verfassungsrechtlich nötig in die Kompetenz des parlamentarischen Gesetzgebers einzugreifen.

3. Auch das Sondervotum räumt ein, daß die Grundrechte den Gesetzgeber auch zu »fördernden Maßnahmen für

die Effektuierung der Grundrechte« verpflichten können – wenngleich das Verfassungsgericht dabei mit sehr
viel Behutsamkeit und Zurückhaltung vorgehen muß.
Hat das Sondervotum dies aber zugestanden, und hat
es ferner die verfassungsrechtliche Pflicht zum Schutz
des ungeborenen Lebens schon in den einleitenden Sät-
zen mit Nachdruck betont, so ist eine Pflicht, ein so
fundamentales grundrechtliches Rechtsgut wie das
Leben notfalls auch durch ein Strafgesetz zu schützen,
nicht so undenkbar, wie es das Sondervotum darstellt.
Der richtige Kern dieser Darlegung ist die Zurückwei-
sung einer Pflicht zu Strafgesetzen, die möglicherweise
nicht wirklich Schutz bringen, ja die unter Umständen
wirksamere Schutzmaßnahmen behindern. Aber das
Sondervotum zielt das Problem auf einer zu grundsätzlichen Ebene an, wenn es jede Verfassungspflicht zum
Grundrechtsschutz mit den Mitteln des Strafrechts ausnahmslos von der Hand weisen will. Wie, wenn krimi-
nologisch erwiesen wäre, daß ein bestimmtes Strafgesetz ein geeignetes und vielleicht sogar das einzig geeig-
nete Mittel zum Schutz des Lebens wäre? Soll es dem
Gesetzgeber auch dann gestattet sein, die Abtreibung –
auch nach dem dritten Monat – straffrei zu lassen? Darf
er auch die Strafe für Kindstötung nach der Geburt
aufheben? Darf er die Tötung Behinderter erlauben?
Darf er den Gnadentod für Leidende zulassen?
Die Warnung, Grundrechte dürften nicht »zur Grundlage einer Fülle von freiheitsbeschränkenden Reglementierungen« werden, ist ernst zu nehmen. Aber die Freiheit des einen kann mit der Freiheit des anderen unter
Umständen nur auf der Grundlage von Reglementierungen zusammen bestehen – und wenn die ganz fundamentalen Rechtsgüter, deren Bestand die Voraussetzung für alle weitere Rechtsverwirklichung ist, nicht
anders zu bewahren sind als durch freiheitsbeschrän-
kende Reglementierungen, so bedeutet der Verzicht auf

die Reglementierung das Inkaufnehmen der Vernichtung dieser fundamentalen Rechtsgüter. Wenn das Bundesverfassungsgericht die Funktion hat, das Leben zu schützen, so kann es sich der Konsequenz nicht entziehen, die Verpflichtung zu Strafgesetzen auszusprechen, vorausgesetzt, es steht fest, daß diese ein geeignetes und erforderliches Mittel zum Schutz des Lebens sind.

Willi Geiger

Ist ein strafloser Schwangerschafts-abbruch auch rechtmäßig?*⁾

Eine notwendige Unterscheidung

Das Bundesverfassungsgericht hat Gelegenheit erhalten, seine sogenannte Abtreibungs-Entscheidung vom 25. Februar 1975 (BVerfGE 39, 1) im Lichte der Abtreibungspraxis, die sich inzwischen entwickelt hat, zu präzisieren[1]. In einer Vorlage des Sozialgerichts Dortmund an das Bundesverfassungsgericht geht es nämlich um die Auslegung der Vorschriften der Reichsversicherungsordnung, nach denen für »nicht rechtswidrige« Schwangerschaftsabbrüche die Krankenkassen die üblichen gesetzlichen Leistungen für ärztliche Untersuchung und Begutachtung, für ärztliche Behandlung, für Versorgung mit Arznei-, Verbands- und Heilmitteln sowie für Krankenhauspflege zu gewähren haben. Eine versicherungspflichtige Angestellte hält es mit ihrem Gewissen für unvereinbar, daß sie mit ihrem Beitrag zur Krankenkasse jene Leistungen mitfinanziert.

Das Bundesverfassungsgericht konnte in dem Verfahren zur Abtreibungsnovelle im Strafrechtsreformgesetz vom 18. Juni 1974 mit der von ihm gewählten Argumentation zum zitierten Urteil kommen, ohne die Frage, ob die

---

*⁾ Der Beitrag ist unter der Überschrift »Gesetzeszwang contra Gewissensgebot« am 5. März 1982 in der Wochenzeitung »Rheinischer Merkur / Christ und Welt« erschienen und hier mit einigen Anmerkungen versehen, um ihn auf den neuesten Stand zu bringen.

Schwangerschaftsabbrüche, die nach dem Gesetz straflos bleiben, als rechtmäßig oder rechtswidrig zu qualifizieren sind, ausdrücklich zu beantworten.

Gewissenskonflikt durch Abtreibungsfinanzierung

Auch diesmal ist denkbar, daß es diese Frage ausspart. Sie könnte nämlich im dunkeln bleiben, wenn das Gericht die genannten sozialversicherungsrechtlichen Vorschriften aus Gründen für verfassungswidrig hielte, bei denen es auf die Qualifizierung des ärztlichen Eingriffs als rechtmäßig oder rechtswidrig nicht ankommt. Es könnte beispielsweise die Vorschriften für unvereinbar mit dem Grundrecht der Gewissensfreiheit halten. Ein pflichtversichertes Mitglied der Krankenkasse kann nicht verhindern, daß mit seinem Beitrag auch die Krankenkassenleistungen für straflos bleibende Schwangerschaftsabbrüche mitfinanziert werden. Die Ausgaben für diese Zwecke im Jahre 1981 schätzt man auf über 200 Millionen DM[2]. Aufwendungen in solcher Höhe lassen sich nicht mehr als Bagatelle abtun, die man bei einer Beurteilung der Aufgabe der Krankenkasse und der Beurteilung des Zwanges, dafür als Pflichtversicherte Beiträge leisten zu müssen, vernachlässigen darf. Jedenfalls wird in solcher Lage jeder, für den Abtreibung die vorsätzliche und direkte Tötung des ungeborenen Kindes ist, in einen Gewissenskonflikt gebracht.

Der eine mag ihn lösen, indem er trennt zwischen dem Eingriff und den durch ihn ausgelösten Kosten, und in der Überbürdung der letzteren auf die Krankenkasse eine soziale Notwendigkeit sieht. Der andere läßt diese feine Unterscheidung nicht gelten; ihm verbietet sein Gewissen, mit einem eigenen finanziellen Beitrag teilzuhaben an der Ausführung einer Abtreibung[3]. Das ist für den, dessen Gewissen so spricht und fordert, eine ernste Sache, auch wenn andere darin ein unaufgeklärtes oder ein überempfindliches Gewissen erkennen mögen. Der sich in sittlich kontroversen Fragen auf sein Gewissen Berufende genießt den Schutz des Art. 4 GG, ohne daß irgend jemand, auch ohne daß ein Gerichtshof ihm sein Gewissensverbot korrigieren könnte, indem er auf Unterscheidungen abhebt, die das konkrete Gewissen des Betroffenen ablehnt und verbietet.

Gewissensfreiheit auch für Pflichtversicherte

Dann aber steht die Forderung des Gesetzes, mit Pflichtbeiträgen teilweise auch die Kosten von Schwangerschaftsabbrüchen mitfinanzieren zu müssen, in einem unvereinbaren Widerspruch zu dem für den Versicherten strikt verbindlichen Verbot seines Gewissens. Das Gesetz vergewaltigt das Gewissen; es verstößt damit gegen Art. 4 GG. Das läßt sich nicht einfach dadurch ausräumen, daß man schnell zu dem so beliebten Güterabwägungsprinzip greift und sagt, das individuelle Grundrecht aus Art. 4 GG müsse in diesem Fall gegenüber dem sozialstaatlich Erforderlichen zurücktreten. Denn die Anwendung des Güterabwägungsprinzips setzt voraus, daß der Konflikt zwischen Gesetzesgebot und Gewissensverbot unausweichlich ist, also nicht auf einem anderen Weg vermieden werden kann. Es gibt aber praktikable Regelungen, durch die das Recht auf Gewissensfreiheit des Zwangsversicherten nicht verletzt wird. Es müssen nämlich keineswegs die öffentlichen Krankenkassen mit Zwangsmitgliedschaft sein, die die Kosten für straflose Schwangerschaftsabbrüche abdecken. Und an diesem Punkt trifft sich die verfassungsrechtliche Argumentation mit einer zweiten: Im freiheitlichen Rechtsstaat darf der Gesetzgeber keineswegs beliebig öffentlichrechtliche Verbände oder Träger mit Zwangsmitgliedschaften schaffen. Er darf das nur aus zureichendem Grund. Dazu genügt, soweit Grundrechte berührt werden, die mit einem limitierten Gesetzesvorbehalt versehen sind, ein plausibler, vernünftiger Grund. Wo dagegen ein im Grundgesetz vorbehaltlos garantiertes Grundrecht tangiert wird, ist zureichend nur ein zwingender Grund. Den gibt es aber, wie vorher dargelegt, für die zwangsweise Heranziehung eines Versicherungspflichtigen zur Mitfinanzierung einer Abtreibung nicht.

Schwangerschaft ist keine Krankheit

Abgesehen davon: Krankenkassen haben die Aufgabe, die Kosten der Behandlung und Heilung einer Krankheit abzudecken[4]. Schwangerschaft ist keine Krankheit. Und das ist verfassungsrechtlich von Bedeutung, weil der Gesetzgeber die Grenze nicht überschreiten darf, die ihm für die Errichtung einer Krankenkasse mit Zwangsmitgliedschaft und mit der darin liegenden Begrenzung ihrer Aufgabe gezogen ist. Mit anderen Worten, er kann nicht einfach einen Zustand, der nicht Krankheit ist, zu einer Krankheit im Sinne des Gesetzes machen. Und da hilft auch nicht weiter, wenn man argumentiert, unbestreitbar mache jedenfalls der Eingriff des Arztes die Schwangere krank. Solche gewillkürten vorsätzlich und freiwillig herbeigeführten Krankheiten sind keine Krankheiten, zu deren bestimmungsmäßiger Finanzierung die Krankenkassen geschaffen sind.

Auf dem skizzierten Weg kommt man also zu dem Ergebnis, daß die dem Bundesverfassungsgericht zur Prüfung ihrer Verfassungsmäßigkeit vorgelegten Vorschriften der Reichsversicherungsordnung verfassungswidrig sind, ohne daß ein Wort zu dem Problem nötig wäre, ob die nach § 218a StGB straffrei bleibenden Schwangerschaftsabbrüche rechtmäßig oder rechtswidrig sind.

Eine ganz andere Frage ist es, ob es richtig wäre, wenn das Bundesverfassungsgericht diesen Weg beschritte, oder ob die Entwicklung der Abtreibungspraxis und die von der Bundesregierung für richtig gehaltene und beispielsweise in der Einleitung zu einem Kommissionsbericht vom 31. Januar 1980 amtlich verbreitete Charakterisierung der straffreien Schwangerschaftsabbrüche als nicht rechtswidrig und der gesetzlichen Indikationen als den Schwangerschaftsabbruch rechtfertigende Notlagen es nicht nötig machen, die bisher kontroverse grundsätzliche Frage der Rechtswidrigkeit oder Rechtmäßigkeit eines Schwangerschaftsabbruchs – anschließend an den Wortlaut der Vorschrift (»nicht rechtswidriger« Schwangerschaftsabbruch) – zu entscheiden. Denn darüber kann es keinen Zweifel geben, daß die allgemeine Einstellung zu dem Vorgang der Abtreibung, seine ethische und gesellschaftliche Bewertung und die allgemeine Mentalität der Bevölkerung in diesem Punkt entscheidend mitbestimmt wird, je nachdem, ob sich die Vorstellung, »es handelt sich um etwas Rechtswidriges«, oder die Vorstellung, »es handelt sich um etwas Rechtmäßiges«, im Sprachgebrauch, vor allem im amtlichen Sprachgebrauch, durchsetzt.

Maßstab ist die Verfassung, nicht das Strafrecht

Das Bundesverfassungsgericht hatte sich zwar in der zitierten Entscheidung mit einem Gegenstand des Strafrechts, eben mit den den Schwangerschaftsabbruch regelnden §§ 218 ff. StGB befaßt, aber den Maßstab für deren Beurteilung dem Grundgesetz (der Verfassung) entnommen. Es hat also bei dieser Entscheidung nicht strafrechtsimmanent, sondern von der Verfassung her argumentiert. Seine Formulierungen heben demnach nicht auf strafrechtssystematische Kategorien (wie persönlicher Schuldausschließungsgrund, Rechtfertigungsgrund, rechtfertigender Notstand) und auf die damit verbundenen Konsequenzen für die strafrechtlich Beteiligten ab. Die Begründung behandelt vielmehr ein dem positiven Strafrecht vorausliegendes juristisches Problem der Begrenzung des Strafrechts und der gesetzgeberischen Gestaltungsfreiheit innerhalb des Strafrechts. Nur wer diese Argumentationsebene des Bundesverfassungsgerichts erkennt und im Auge behält, vermag die Ausführungen in der Begründung jener Entscheidung zutreffend zu interpretieren. Seit Binding ist dem Juristen geläufig, daß in jeder Strafnorm zwei Rechtssätze stecken, ein Verbot und eine Strafandrohung. Wenn das im Verbotssatz enthaltene Verdikt der Rechtswidrigkeit nicht erst durch die Strafvorschrift begründet wird, sondern unabhängig davon an anderer (allgemeinerer oder ranghöherer) Stelle des Rechts ausgesprochen ist, wird daran durch die Aufhebung oder Einschränkung der Strafnorm nichts geändert. Das ist genau der Punkt, der unseren Fall betrifft. Rücknahme der Strafdrohung oder Rücknahme des staatlichen Strafanspruchs für bestimmte Modifikationen eines Schwangerschaftsabbruchs kann nicht beseitigen, was sich aus der Verfassung an Verbot und Rechtswidrigkeit des Tuns ergibt. Insoweit ist es auch nicht möglich, mit Formulierungen wie »gesetzmäßiges Handeln«, »legitimierter« oder »legalisierter Schwangerschaftsabbruch«, »rechtfertigende Indikationen« die Rechtswidrigkeit des Tuns aus der Welt zu schaffen. Der einfache Gesetzgeber kann nicht Rechtfertigungsgründe schaffen, die die Verfassung verbietet.

In Parallelfällen, die weniger tief in den Bereich des Weltanschaulichen und des Sittlichen reichen, und in denen weniger empfindliche und sich weniger elementar aufdrängende Interessen im Spiele sind, begnügt man sich mit der Einsicht, daß es Unrecht gibt, das mit Strafe bedroht ist, und Unrecht, das nicht mit Strafe bedroht ist. Auch der nicht mit Strafe bedrohte Schwangerschaftsabbruch bleibt Unrecht, bleibt rechtswidrig, wenn das Verfassungsrecht das so in Art. 2 Abs. 2 Satz 1 GG bestimmt.

Zuerst bedarf es jetzt des Hinweises, daß wir uns nun

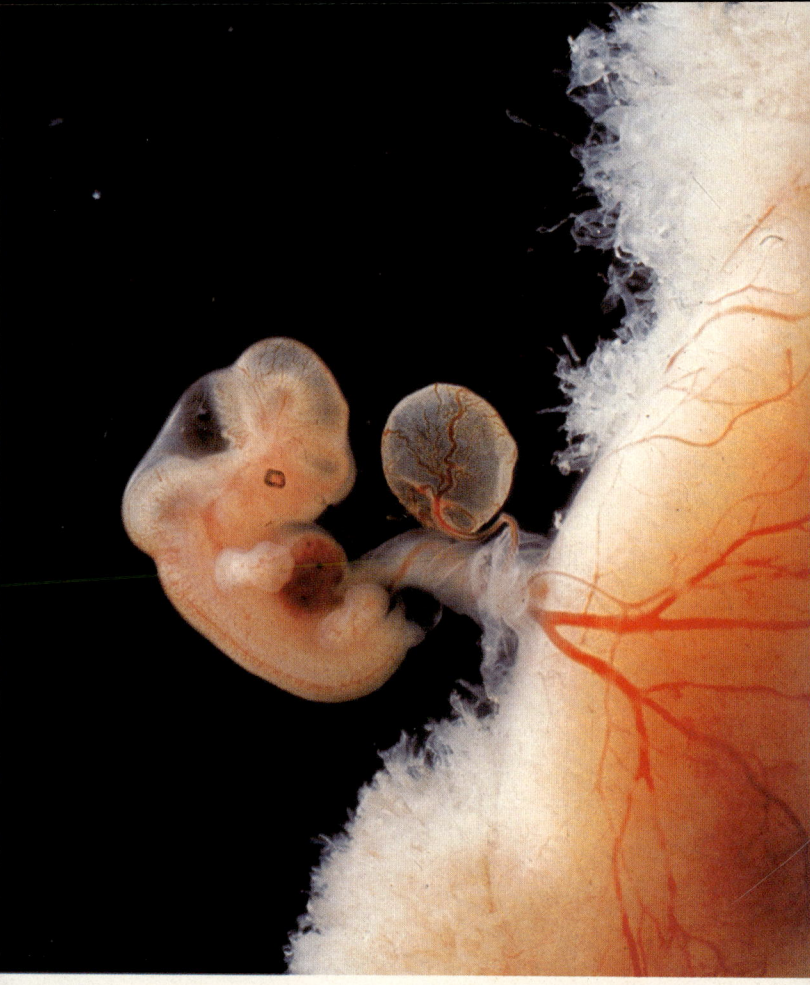

Menschlicher Embryo, etwa 42. Tag
Erst 6 Wochen sind seit dem Beginn des Lebens vergangen. Eineinhalb
Zentimeter groß ist dieser Embryo. Er schwimmt im Amnionsack, an der
Nabelschnur fest verankert. Die dunklen Stellen im Bild zeigen das Blut,
das durch Herz und Leber strömt. Das Herz schlägt schon seit dem Ende
der dritten Lebenswoche. Der kleine Ballon an der dünnen Leine ist der
Dottersack. Er dient der frühen Blutbildung des Embryo. In der Placenta
(weiß, außerhalb des kindlichen Körpers) wird das Blut mit Sauerstoff und
Nährstoffen versorgt.

Embryo, etwa 42. Tag, eingebettet in die Placenta (Mutterkuchen).
Kopf und linke Hand des Embryo sind deutlich zu erkennen.

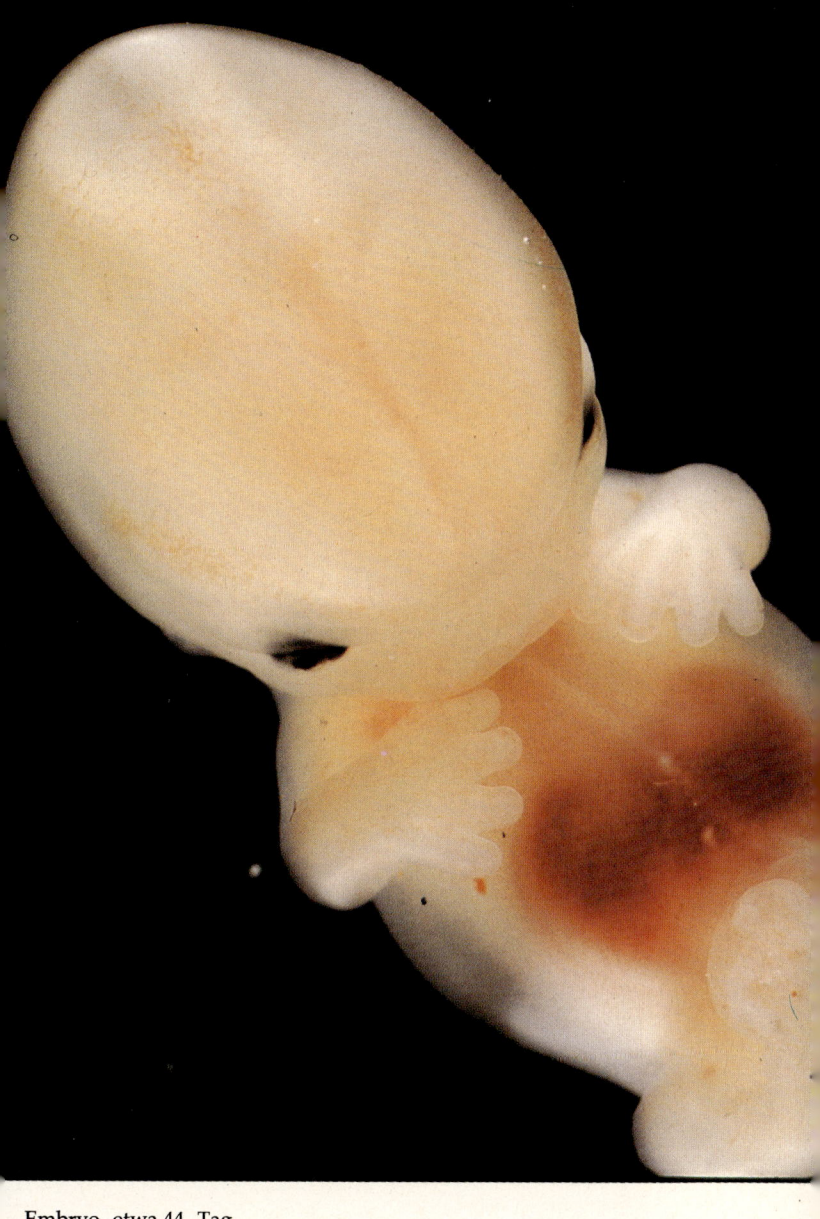

Embryo, etwa 44. Tag

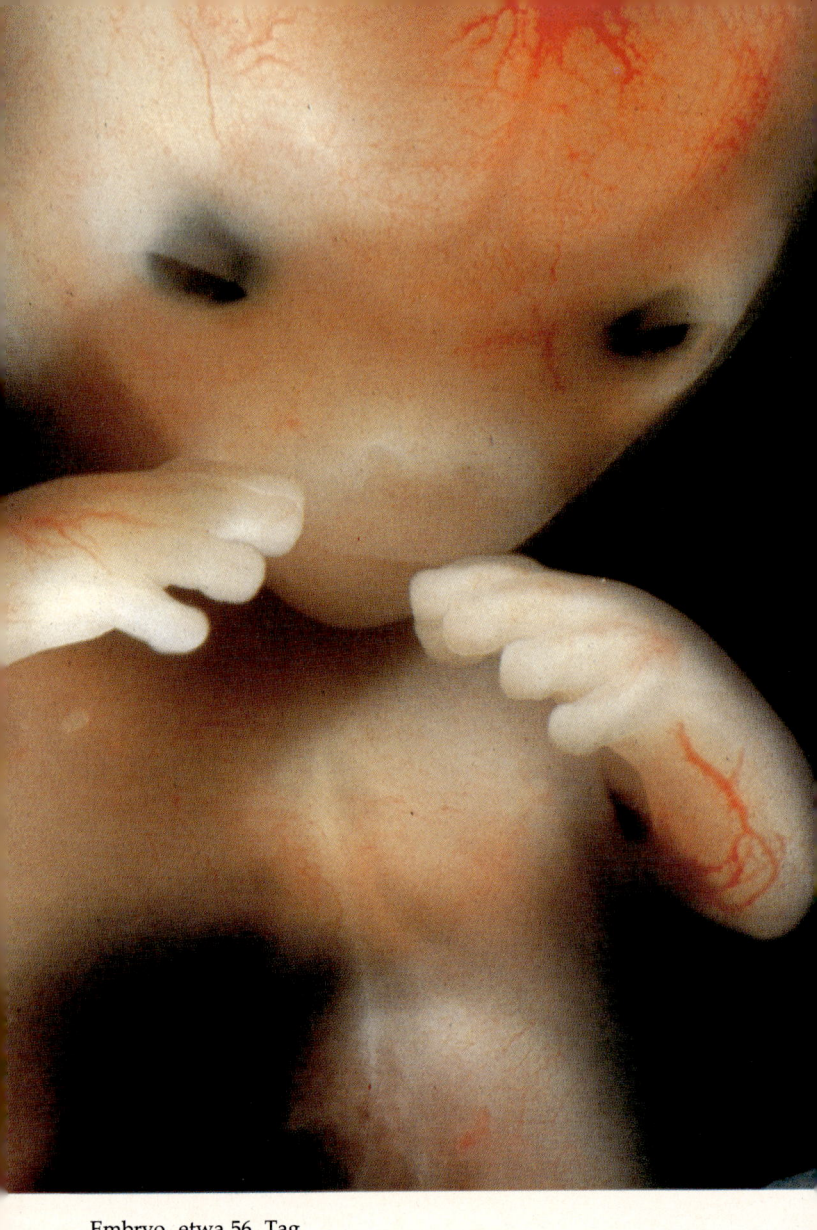

Embryo, etwa 56. Tag

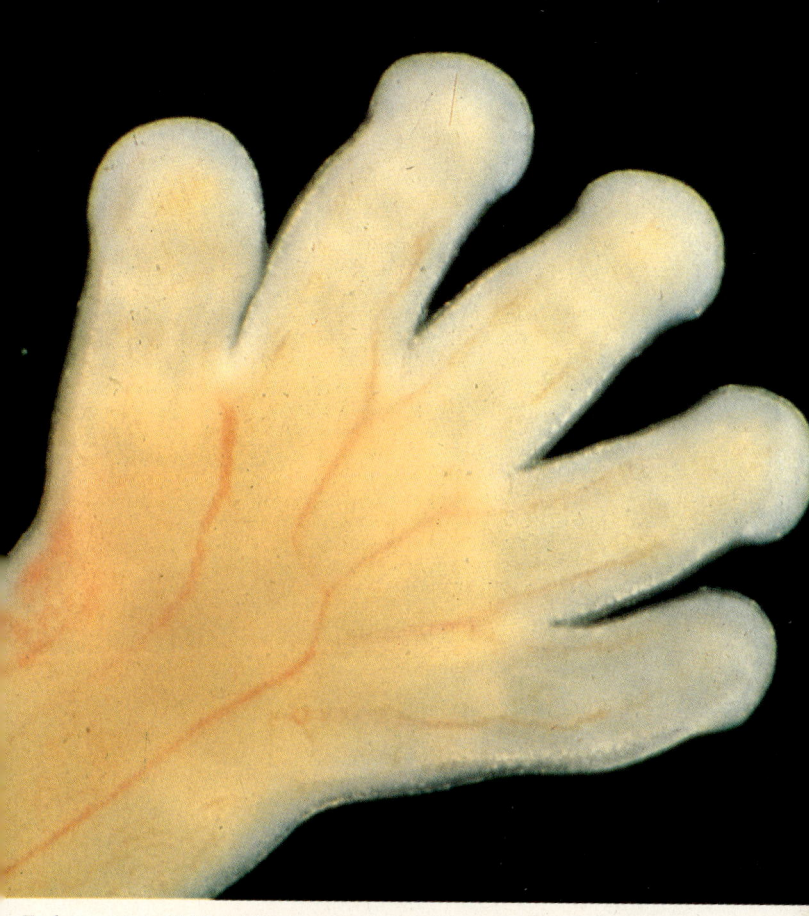

Embryo, etwa 44. Tag, Hand

Das Wachstum verläuft, betrachtet man es im Zeitraffer, in einer Bewegung. Diese „Wachstumsbewegung" ist eine Vorstufe zum Greifen. Bis zum 41. Tag sind „Fingerstrahlen" entstanden; die knorpeligen Anlagen von Elle, Speiche und Oberarmknochen sind vollständig da. Die Hände und Arme können bald erste Bewegungen ausführen. Später kommt es vor, daß das Kind die Nabelschnur umfaßt (s. nächste Seite). Die ganze Entwicklung unseres so komplizierten Greifsystems, das – wie wir heute wissen – in enger Verbindung mit dem Be-greifen, also mit dem Verstand und der Sprache steht, hat (vom 28. Tag an) ganze 14 Tage gedauert.

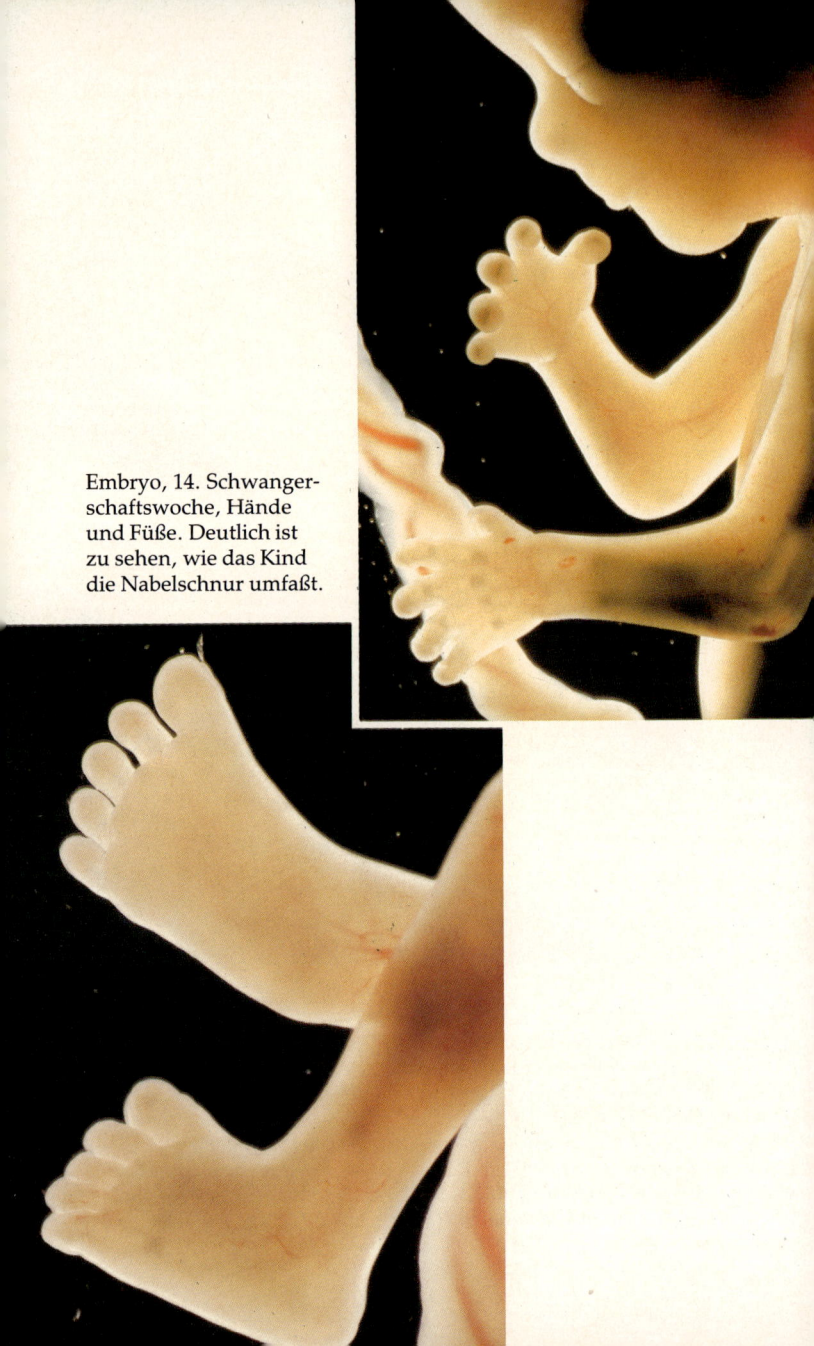

Embryo, 14. Schwanger-
schaftswoche, Hände
und Füße. Deutlich ist
zu sehen, wie das Kind
die Nabelschnur umfaßt.

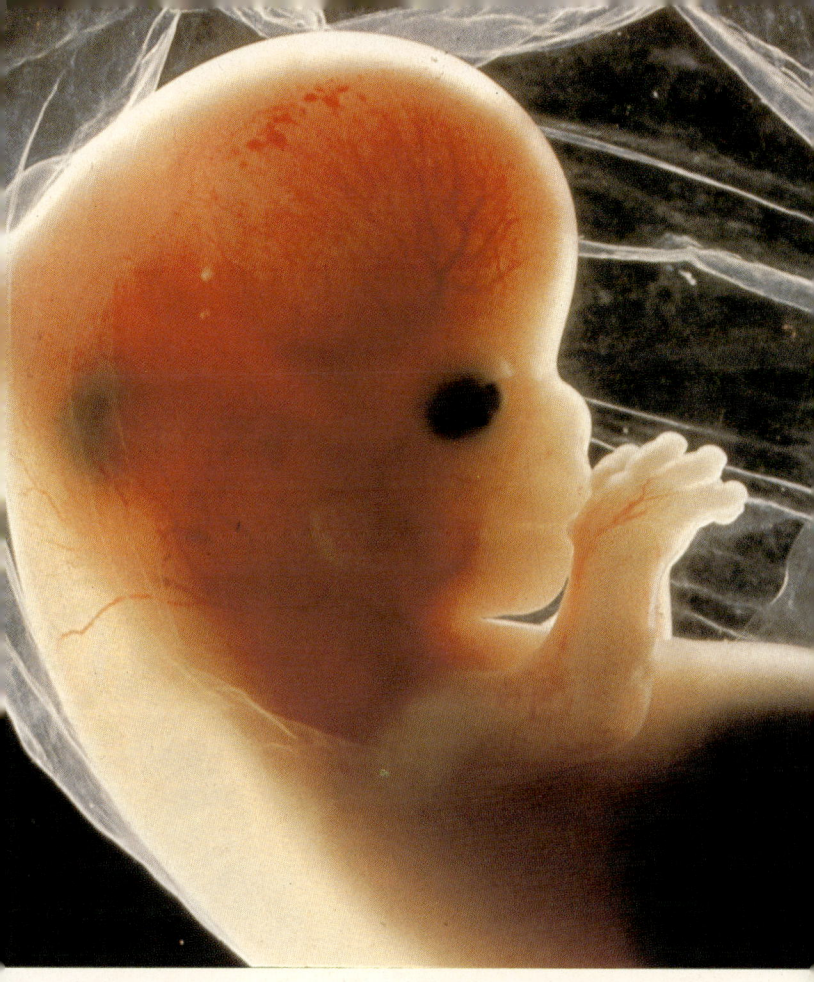

Embryo, etwa 56. bis 60. Tag

Seit etwa 8 Wochen lebt dieses Kind. Es ist nur drei Zentimeter groß und hätte Platz in einer Nußschale. Alles, was zu einem voll ausgebildeten Menschen gehört, ist jetzt schon da. Von diesem Zeitpunkt an bilden sich keine neuen Anlagen mehr aus, der kleine Mensch muß von jetzt an nur noch wachsen. Dabei werden sich die Feinheiten und die Einzelheiten seiner Glieder und Organe noch weiter ausprägen. Die ersten Funktionen werden schon eingeübt: die Händchen versuchen zu greifen, die Füßchen probieren erste Bewegungen. – Wer dieses Kind anschaut, begegnet einem menschlichen Gesicht.

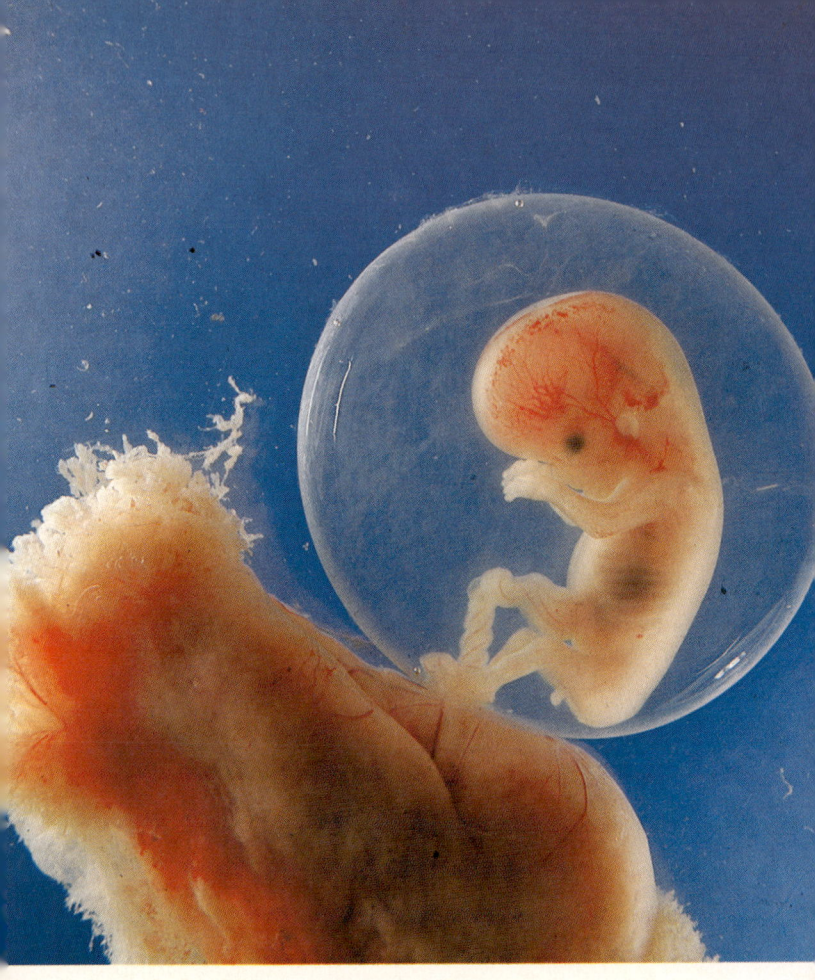

Männlicher Embryo, Ende des 3. Monats
12 Wochen ist dieses winzige Menschenkind alt, 20 Zentimeter groß. Ein kleiner „Däumling" zwar, aber ein Mensch, dessen Körper und Gliedmaßen, dessen Knochengerüst und Organe bis in alle Einzelheiten ausgebildet sind. Er reagiert nachweislich auf Reize von außen, macht so heftige Schwimmbewegungen und Purzelbäume in der Schwerelosigkeit seiner schützenden „Weltraumkapsel", daß nun auch die Mutter seine Bewegungen spüren kann.

nicht mehr auf dem Spezialgebiet des Strafrechts bewegen, sondern auf dem Feld der Grundordnung, die die Verfassung fixiert. Das heißt beispielsweise konkret, daß nicht mehr nur die strafrechtliche Verantwortlichkeit der an der Abtreibung Beteiligten zur Debatte steht, sondern auch die Verantwortlichkeit des Staates, der Regierung und des Gesetzgebers für das vieltausendfache Töten von ungeborenen Kindern. Die Rolle des Staates wird klar, wenn man die Dichte seines reglementierenden Netzes in den Blick nimmt, das er über alle gesellschaftsrelevanten Vorgänge wirft, beispielsweise mit dem Mittel des allgegenwärtigen Instruments des Verbots mit Erlaubnisvorbehalt. Das heißt, er läßt nur zu, was er nach konkreter Prüfung des Einzelfalles für sozial ungefährlich hält. Er verbietet den Abschuß gefährdeter Tierarten, er verbietet das Pflücken bestimmter Blumen, er entwickelt Berufsbilder mit Ausbildungsgängen, die der Aspirant absolviert haben muß, wenn er zum Beruf zugelassen werden will. Niemand kann eine Waffe erwerben, niemand kann Angeln ohne vorhergehende behördliche Kontrolle und Erlaubnis; er reglementiert sogar den Ladenschluß und den Winter- und Sommerschlußverkauf usw. usw. Wenn er im Jagdgesetz für das Wild Schonfristen festsetzt, gibt er die Jagd auf die Tiere in der übrigen Zeit frei.

Es ist also zuerst einmal der Staat, der das Abtreiben unter bestimmten Voraussetzungen freigibt. Das muß gebührend festgehalten werden, damit nicht ein gesellschaftsrelevanter Vorgang von gewiß größerem Gewicht als das Abschießen von Wild oder die Zulassung zu einem Beruf auf die Ebene einer rein privaten Verantwortung und Entscheidung der betroffenen Frau herabgedrückt wird. Noch einmal: Am Anfang und im Vordergrund steht die Freigabe von Schwangerschaftsabbrüchen durch den Staat, sofern sie unter den Bedingungen des § 218a StGB durchgeführt werden. Er läßt in diesem Umfang abtreiben.

Das Urteil des Bundesverfassungsgerichts vom 25. 02. 1975

Ob dies rechtens ist, ob dies mit der Verfassung, insbesondere mit dem Grundrecht auf Leben, vereinbar ist, darüber enthält die Entscheidung des Bundesverfassungsgerichts vom 25. Februar 1975, die eine unmittelbar vorausgegangene erheblich weitergehende Novellierung des § 218a StGB betraf, eine Reihe grundsätzlicher Klarstellungen, von denen auch bei der Prüfung, ob die nach geltendem Recht straflosen Schwangerschaftsabbrüche rechtswidrig oder nicht rechtswidrig sind, auszugehen ist. Seit der genannten Entscheidung steht mit Bindung für alle Verfassungsorgane, Gerichte und Behörden des Bundes und der Länder fest: Art. 2 Abs. 2 Satz 1 GG, der das Recht auf Leben und körperliche Unversehrtheit garantiert, schützt auch das sich im Mutterleib entwickelnde Leben des Kindes als selbständiges Rechtsgut, ohne daß zwischen einzelnen Abschnitten des sich entwickelnden Lebens vor der Geburt ein Unterschied gemacht werden kann (S. 36/37); die Schutzpflicht des Staates ist umfassend, sie gebietet vor allem, daß er das ungeborene Kind vor rechtswidrigen Eingriffen von seiten anderer bewahrt (S. 42); das gilt auch im Verhältnis des Kindes zu seiner Mutter (S. 42); dem Lebensschutz für die Leibesfrucht gebührt der Vorrang vor dem Selbstbestimmungsrecht der Schwangeren (S. 43); der Staat muß grundsätzlich den Abbruch einer Schwangerschaft als Unrecht ansehen (S. 44); in der Rechtsordnung muß die Mißbilligung des Schwangerschaftsabbruchs klar zum Ausdruck kommen (S. 44); Strafe ist niemals Selbstzweck; die grundsätzlich gebotene rechtliche Mißbilligung des Schwangerschaftsabbruchs kann auch auf andere Weise zum Ausdruck gebracht werden als mit dem Mittel der Strafandrohung (S. 46); die von der Verfassung geforderte rechtliche Mißbilligung des Schwangerschaftsabbruchs muß auch in der Rechtsordnung unterhalb der Verfassung deutlich in Erscheinung treten (S. 53); die pauschale Abwägung von Leben gegen Leben, die zur Freigabe der Vernichtung der vermeintlich geringeren Zahl im Interesse der Erhaltung der angeblich größeren Zahl führt, ist nicht vereinbar mit der Verpflichtung zum Schutz jedes einzelnen konkreten Lebens (S. 58); die Grundentscheidung der Verfassung bestimmt Gestaltung und Auslegung der gesamten Rechtsordnung; auch der Gesetzgeber ist ihr gegenüber nicht frei (S. 67).

Man muß sich schon wundern, daß die Bundesregierung in der schon genannten Einleitung zum Kommissionsbericht angesichts der zitierten Stellen aus der Begründung der verfassungsgerichtlichen Entscheidung zu ihrem amtlichen Sprachgebrauch von den »nicht rechtswidrigen« Schwangerschaftsabbrüchen in den Fällen des § 218 a StGB und von den »rechtfertigenden« Indikationen dieser Vorschrift findet. Sie tut damit genau das (und Schlimmeres), wovor das Bundesverfassungsgericht gewarnt hat: »Die rein theoretische Verlautbarung, der Schwangerschaftsabbruch werde ›toleriert‹, aber nicht ›gebilligt‹, muß wirkungslos bleiben, solange keine rechtliche Sanktion erkennbar ist, die die gerechtfertigten Fälle des Schwangerschaftsabbruchs von den verwerflichen klar scheidet... Der gefährliche Schluß von der rechtlichen Sanktionslosigkeit auf das moralische Erlaubtsein (Engisch, Auf der Suche nach Gerechtigkeit, 1971, S. 104) liegt zu nah, als daß er nicht von einer großen Anzahl Rechtsunterworfener gezogen würde« (S. 58).

Das letzte Zitat ist die einzige Stelle, an der das Gericht von den gerechtfertigten Fällen des Schwangerschaftsabbruchs spricht, notabene ohne sie zu benennen; sie werden an dieser Stelle nur allgemein den verwerflichen Fällen des Schwangerschaftsabbruchs gegenübergestellt. Daraus den Schluß zu ziehen, daß alle durch § 218 a StGB straffrei gestellten Schwangerschaftsabbrüche gerechtfertigte und damit nicht rechtswidrige Schwangerschaftsabbrüche seien, ist keine rationale, mit der juristischen Logik verträgliche Interpretation mehr. Zu schließen ist aus dem zitierten Satz nur, daß auch das Bundesverfassungsgericht Fälle eines gerechtfertigten Schwangerschaftsabbruchs anerkennt. Das steht für Juristen seit der reichsgerichtlichen Rechtsprechung zum rechtfertigenden (übergesetzlichen) Notstand außer Streit. Er liegt vor, wenn Leben gegen Leben steht und das Leben der Mutter nur durch Tötung der Leibesfrucht gerettet werden kann. Ob dieser Tatbestand ausgeweitet werden kann – beispielsweise auf die Fälle, in denen eine naheliegende Gefahr für das Leben der Mutter besteht, wenn das Ungeborene nicht getötet wird –, soll hier nicht weiter erörtert werden. Das Gericht hatte es nicht nötig, sich dazu präzise zu äußern, so wenig es nötig hatte, die genaue Grenze zwischen den verwerflichen und den nicht verwerflichen Schwangerschaftsabbrüchen zu ziehen.

Für das Gericht war vielmehr wichtig, daß es zwischen den gerechtfertigten und den verwerflichen offenbar Fälle gibt, die es nicht ausdrücklich qualifiziert, bei denen aber aus hinreichenden Gründen von einer Strafandrohung abgesehen werden darf. Hier arbeitet das Gericht mit dem Gedanken der Nichtzumutbarkeit, die Schwangerschaft auszutragen (S. 48 f.). Damit wird der Raum sichtbar gemacht, innerhalb dessen der Strafgesetzgeber kriminalpolitische Erwägungen anstellen kann, die ihn dazu führen, mit dem Mittel des Strafrechts nur einen Teil des Unrechts, des Verbotenen, des rechtswidrigen Verhaltens, das in einem Schwangerschaftsabbruch liegt, zu bekämpfen. Diese Überlegungen berühren also nicht die Frage der Rechtswidrigkeit oder Nichtrechtswidrigkeit des Schwangerschaftsabbruchs.

Das Gericht macht an der angegebenen Stelle ganz deutlich, daß die Zumutbarkeitsgrenze, die im Gesetz als Notlage bezeichnet wird, weit oberhalb dessen gezogen werden muß, was an Beschwerlichkeiten, Nachteilen und Einschränkungen mit einer Schwangerschaft und mit der Geburt eines Kindes regelmäßig verbunden ist, daß es sich um außerordentliche Belastungen handeln muß, die zu tragen billigerweise von der Schwangeren nicht erwartet werden kann. »Wenn er (der Staat) in diesen Fällen das Verhalten der Schwangeren nicht als strafwürdig ansieht und auf das Mittel der Kriminalstrafe verzichtet, so ist das jedenfalls als Ergebnis einer dem Gesetzgeber obliegenden Abwägung auch verfassungsrechtlich hinzunehmen« (S. 48).

Und im geltenden Gesetz wird durch die textliche Verknüpfung der sozialen Indikation (§ 218a Abs. 2 Nr. 3 StGB) mit der medizinischen Indikation (§ 218a Abs. 1 StGB), der eugenischen Indikation (§ 218a Abs. 2 Nr. 1 StGB) und der kriminologischen Indikation (§ 218a Abs. 2 Nr. 2 StGB) klargemacht, daß die soziale Indikation nur dann zu bejahen ist, wenn die sozialen Umstände einen Notstand begründen, der für die Schwangere eindeutig nicht weniger belastend ist als die konkrete Gefahr für Leib und Leben oder als eine dauernde schwere Gesundheitsschädigung des Kindes oder als die Bedrückung, daß das Kind die Frucht einer Vergewaltigung ist. Daß in der Abtreibungspraxis zahlreiche Abtreibungen, die unter Berufung auf die soziale Indikation zugelassen und durchgeführt worden sind, dem gesetzlichen Maßstab nicht entsprechen, läßt sich an der Zahl dieser Abtreibungen ablesen. Über 63000 von insgesamt mehr als 87000 statistisch erfaßten Abtreibungen im Jahr 1980 wurden unter Berufung auf eine soziale Notlage durchgeführt (30000 an verheirateten Frauen und ebenso viele an ledigen und geschiedenen Frauen)[5]; das ist nur möglich, wenn man, wie das von einer öffentlichen Einrichtung selbst bestätigt wird, davon ausgeht, daß jede Schwangere, die das Kind nicht austragen will, schon deshalb, weil sie es nicht will, in eine Notlage gerät, die den beratenden und ausführenden Arzt »berechtigen«, sich für den Schwangerschaftsabbruch zu entscheiden. Es gibt also unter den unter Heranziehung des Gesetzes durchgeführten Schwangerschaftsabbrüchen mit Sicherheit strafbare Abtreibungen.

Krankenkassen dürfen nur für medizinisch indizierte Abtreibungen zahlen

Diese Komplikation der Lage miteingeschlossen, bleibt es dabei, der Gesetzgeber hat nicht mehr getan, als unter den Voraussetzungen des § 218a StGB seinen Strafanspruch zurückzunehmen, so wie es das Bundesverfassungsgericht in seiner Entscheidung dargelegt hat. Der Gesetzgeber konnte nicht mehr tun, er konnte insbesondere für die Fälle des § 218a StGB keinen Rechtfertigungsgrund erfinden oder begründen. Die zur Straflosigkeit führende Unzumutbarkeitsüberlegung könnte allenfalls ausnahmsweise einmal unter besonderen, die Freiheit der Schwangeren ausschließenden, gravierenden Umständen zu einem persönlichen Schuldausschließungsgrund führen, aber niemals zu einem Rechtfertigungsgrund. Dem steht unüberwindbar das im Schutzgebot des Art. 2 Abs. 2 Satz 1 GG enthaltene allgemeine Tötungsverbot – den Fall des rechtfertigenden Notstandes beiseite gelassen – im Wege. Wer diesem Tötungsverbot entgegenhandelt, handelt mit Notwendigkeit rechtswidrig.

Damit ist klar, daß in der Reichsversicherungsordnung unter »nicht rechtswidriger« Abtreibung bei der gebotenen verfassungskonformen Auslegung[6] nicht alle straffrei bleibenden Abtreibungen, sondern allein der im Falle der Gefahr für Leib und Leben der Schwangeren ärztlich indizierte Schwangerschaftsabbruch nicht rechtswidrig ist. Die Ärzte, die eine Schwangerschaft unter den Voraussetzungen des § 218a StGB abbrechen, handeln – wiederum den Fall des rechtfertigenden Notstandes ausgenommen – stets rechtswidrig; sie bleiben nur straffrei aufgrund derselben

Überlegungen, die die Zulässigkeit der Straflosigkeit der Schwangeren erklären. Und die Krankenkassen sind nach der genannten Vorschrift, weil sie ausdrücklich nur für nicht rechtswidrige Schwangerschaftsabbrüche ihre Leistungen erbringen dürfen, nur berechtigt und verpflichtet, mit ihren Leistungen einzutreten, wenn es sich um einen im strikten Sinn medizinisch indizierten Schwangerschaftsabbruch handelt.

[1] Das Bundesverfassungsgericht hat sich dieser Aufgabe entzogen; vgl. Entscheidung vom 18. April 1984 (Europäische Grundrechtszeitung (EuGRZ) 1984, S. 433 und die Kritik dazu aaO, S. 409–420).

[2] Inzwischen rechnet man für 1984 mit Ausgaben bei 300 Millionen DM. Der aus dem verfassungsrechtlichen Schutz des Gewissens erwachsende Unterlassungsanspruch (hier: eine das Gewissen verletzende Finanzierung von Schwangerschaftsabbrüchen aus Beiträgen der in der Krankenversicherung Zwangsversicherten zu unterlassen) ist etwas anderes als der möglicherweise ebenfalls aus dem verfassungsrechtlichen Schutz des Gewissens entspringende Anspruch auf Einbehaltung des auf jene Finanzierung entfallenden Teils des Versicherungsbeitrags durch den Versicherten. Einmal unterstellt, er wäre im Rahmen eines Zwangsversicherungsverhältnisses anzuerkennen, so ließe sich dadurch keine allgemeine Rechtfertigung des »Steuerstreiks aus Gewissensgründen« herleiten. Denn Steuern sind regelmäßig nicht zweckgebunden; auf ihre Verwendung kann der Bürger nur politisch Einfluß nehmen, indem er protestiert, in geeigneten Fällen den Steuertatbestand meidet und bei den anstehenden Wahlen entsprechend reagiert.

[3] Dazu vgl. ausführlicher Geiger, Rechtsgutachten zur Frage der Verfassungsmäßigkeit des § 200 f RVO, 1983, das demnächst veröffentlicht wird.

[4] Wie eine Faust aufs Auge paßt die Plazierung der Finanzierung des Schwangerschaftsabbruchs durch die Krankenkassenversicherung zwischen den Abschnitt »Mutterschaftsgeld« (§§ 195 ff. RVO) und »Sterbegeld« (§§ 201 ff. RVO). Geburt und Tod sind zwar keine Krankheiten, aber zum Leben gehörige Tatbestände, die mit erheblichen Aufwendungen verbunden sind; sie im Sozialstaat in die Sozialversicherung zu übernehmen und ihre Übernahme im Recht der Krankenversicherung näher zu regeln, stellt also keinen Systembruch dar. Ganz anders liegt es bei der Finanzierung von in aller Regel rechtswidrigen Tötungsakten, die als Schwangerschaftsabbrüche bezeichnet werden

[5] Im Jahre 1981 wurden insgesamt 87 535 Schwangerschaftsabbrüche, darunter 65 466 aufgrund einer sozialen Indikation (31 600 an verheirateten und über 32 000 an ledigen und geschiedenen Frauen), im Jahre 1982 insgesamt 91 064, darunter 70 000 aufgrund einer sozialen Indikation (rund 33 000 an verheirateten Frauen und über 35 000 an ledigen und geschiedenen Frauen), im Jahre 1983

insgesamt 86 529, darunter 69 436 aufgrund einer sozialen Indikation (32 569 an verheirateten Frauen und 35 500 an ledigen und geschiedenen Frauen) statistisch erfaßt (Statistisches Jahrbuch 1982, 1983, 1984). Das ist nur ein Bruchteil der tatsächlich durchgeführten Schwangerschaftsabbrüche. Zahlen der Krankenversicherungen sprechen für jährlich 200 000 Schwangerschaftsabbrüche. Dazu kommen noch Schwangerschaftsabbrüche, die ohne Inanspruchnahme der Krankenkassen durchgeführt wurden, sowie die im Ausland vorgenommenen Schwangerschaftsabbrüche. Pro familia spricht von jährlich insgesamt 300 000 Schwangerschaftsabbrüchen.

[6] Die Problematik einer verfassungskonformen Auslegung des § 200 f RVO kann hier nicht näher dargelegt werden. Sie entsteht insbesondere infolge des Zusammenhangs der Vorschrift mit § 218a StGB (»flankierende Maßnahme«, die ursprünglich auf eine andere strafgesetzliche Regelung bezogen war), infolge einer Desinformierung der Öffentlichkeit durch amtliche Äußerungen von Regierungsstellen, die von der gegenwärtigen Bundesregierung durch Untätigkeit und beharrliches Schweigen fortgesetzt wird, sowie infolge einer sogenannten »herrschenden Meinung« in der sozialversicherungsrechtlichen und strafrechtlichen Literatur, in der sich allerdings neuestens ein Wandel anbahnt.

Wolfgang Philipp

Die Finanzierung von Abtreibungen durch die Krankenkassen

Eine rechtliche Bestandsaufnahme

Seit dem 1. Dezember 1975 haben Versicherte nach § 200 f der Reichsversicherungsordnung (RVO) u. a. Anspruch auf Leistungen bei einem »nicht rechtswidrigen Abbruch der Schwangerschaft durch einen Arzt«. Dabei werden alle Kosten, die mit dem Schwangerschaftsabbruch zusammenhängen, gedeckt, auch Krankengeld wird gewährt.

Bei Einfügung dieser Regelung stand der Gesetzgeber vor einer pikanten Frage: Nach § 192 RVO kann die Satzung einer Krankenkasse Mitgliedern das Krankengeld für die Dauer einer Krankheit versagen, die sie sich vorsätzlich zugezogen haben. In § 200 g RVO ist nun festgelegt, daß diese Bestimmung bei einem nicht rechtswidrigen Abbruch der Schwangerschaft durch einen Arzt nicht gilt. Damit räumt der Gesetzgeber ein, daß hier Versicherungsfälle gedeckt werden, welche die Versicherten selbst vorsätzlich herbeiführen: Versicherungsrechtlich ist dieses ein Unikum, in Wirklichkeit kann von einer Versicherung nicht gesprochen werden; versichern kann man sich nur gegen ungewisse Ereignisse, deren Ablauf man nicht selbst in der Hand hat. Normalerweise ist die vorsätzliche Herbeiführung eines Versicherungsfalles ein Versicherungsbetrug.

Eine weitere Besonderheit dieser »Versicherung« liegt darin, daß die weitaus meisten Mitglieder der Krankenversicherung hier gegen ein Risiko pflichtversichert sind, welches sie nicht treffen kann, etwa im Hinblick auf ihr Geschlecht, ihr Alter oder ihre innere Einstellung zum

Schwangerschaftsabbruch. Weiterhin ist festzuhalten, daß nach ständiger Rechtsprechung des Bundessozialgerichts und anderer Gerichte Schwangerschaft keine Krankheit ist[1].

Faßt man alle diese Erkenntnisse zusammen, so ergibt sich, daß es sich hier in Wirklichkeit um eine Versicherung eigener Art handelt, welche ich früher einmal in einem Leitartikel in der FAZ[2] als den »fünften Zweig der Sozialversicherung« bezeichnet habe. Wir stehen der Sache nach vor einer eigenständigen Versicherung, welche nur aus taktischen Gründen zwangsweise den Krankenkassen angehängt worden ist. Der Gesetzgeber hatte nicht den Mut, ein eigenes Abtreibungsversicherungsgesetz zu erlassen, selbständige Abtreibungskassen zu errichten und allen abhängig Beschäftigten dafür offen ausgewiesene Pflichtbeiträge aufzuerlegen. Hätte er dies getan, so wäre peinliche Klarheit darüber entstanden, um was es hier wirklich geht, die Sache wäre politisch niemals gelaufen. Die Zuordnung der Abtreibungsversicherung zu den gesetzlichen Krankenkassen hat weite Bevölkerungskreise irregeführt. Bis vor wenigen Jahren war die Kenntnis darüber, daß über die Krankenversicherungsbeiträge auch Abtreibungen nicht medizinischer Art finanziert werden, wenig verbreitet. Erst in den letzten Jahren hat sich durch die wieder aufgeflammte Diskussion daran etwas geändert.

Zusammenfassend ist zu diesem Punkt also zu sagen, daß durch die §§ 200 f, 200 g RVO der Sache nach eine eigenständige Abtreibungsversicherung geschaffen worden ist, welche als Pflichtversicherung alle diejenigen belastet, welche zufällig Mitglieder der gesetzlichen Krankenkassen sind. Ein einschlägiges »Versicherungsrisiko« besteht von vornherein allenfalls bei einer kleinen Minderheit; diese Minderheit führt den Versicherungsfall regelmäßig vorsätzlich herbei. »Versicherungsfall« ist hier nicht die Schwangerschaft, sondern die Abtreibung als solche.

Beteiligung an Tötung Ausdruck von Solidarität?

Außer Frage steht nach den Forschungen des bekannten Embryologen Professor Blechschmidt, daß es sich bei der Leibesfrucht von der Empfängnis an um menschliches Leben handelt[3]. Wie sich ein Schwangerschaftsabbruch vollzieht, wurde kürzlich in einer Wissenschaftsserie von Katharina Zimmer[4] im »Zeitmagazin« wie folgt formuliert:

> »Zwei Methoden stehen zur Verfügung: 1. Die Vakuumextraktion. Dabei wird das Kind ›wie mit einem Staubsauger‹ herausgesaugt. Es wird dabei zerrissen. Bei der zweiten Methode, der sogenannten Curettage, wird das Kind im Uterus zerschnitten und so zerkleinert herausgeholt.«

Dieser grauenhafte Vorgang vollzieht sich an einem lebenden und von einer bestimmten Stufe an mit einem reizempfindlichen Nervensystem ausgestatteten und in der Masse der Fälle gesunden Kind, einem kleinen Menschen mit Kopf, Armen, Beinen, Füßen.
Diese an gewisse Horrorfilme erinnernde Tat auch dann zu finanzieren, wenn sie nicht durch zwingende, in der Person der Mutter gegebene, medizinische Gründe geboten erscheint, ist seit 1975 allen Pflichtmitgliedern der gesetzlichen Krankenkassen aufgegeben; der freiheitlich demokratische Rechtsstaat versteht seit dieser Zeit unter sozialer Solidarität auch die zwangsweise finanzielle Beteiligung an etwas, was auch das Bundesverfassungsgericht (BVerfGE 39, S. 1ff.) klar und deutlich eine Tötungshandlung nennt.

Welches soziale Problem wird durch die Kassenfinanzierung gelöst?

Die Finanzierung nicht medizinisch gerechtfertigter Schwangerschaftsabbrüche durch die Krankenkassen ist der äußeren Form nach eine »Sozialleistung«. Sie wird von der Versichertengemeinschaft der Krankenkassen als Regelleistung erbracht, das heißt, sie ist von der wirtschaftlichen Lage der Schwangeren unabhängig. Die Einführung gesetzlicher Sozialleistungen, insbesondere solcher, welche durch Pflichtmitgliedschaft und Zwangsabgabe finanziert werden, setzt politisch und rechtlich ein soziales Bedürfnis auf der Empfängerseite voraus. Ich habe oben schon dargelegt, daß dieses hier für die weit überwiegende Mehrheit der in den Solidargemeinschaften der gesetzlichen Krankenkassen zusammengeschlossenen Mitglieder nicht zutrifft.

Inzwischen hat sich darüber hinaus herausgestellt, daß auch bei derjenigen Minderheit, welche sogenannte legale Schwangerschaftsabbrüche außerhalb der medizinischen Indikation durchführen läßt, ein solches Bedürfnis nicht gegeben ist. Dieses gilt auch und gerade in Fällen der »sozialen Indikation«: Mein bester und unverdächtigster Kronzeuge hierfür ist die Regierung Schmidt, welche auch für die Einführung der Abtreibungsfinanzierung verantwortlich ist. In einer Stellungnahme vom 31. Januar 1980 (BT-Drucksache 8/3630) führte die damalige Bundesregierung folgendes aus:

> »Die Erfahrungen mit dem Modell-Programm ›Beratungsstellen‹ zeigen, daß in den wenigsten Fällen ausschließlich wirtschaftliche Gründe für den Entschluß zum Schwangerschaftsabbruch maßgebend sind.«

Außerdem gibt es Hinweise, daß bei den Abtreibungen die Ober- und Mittelschicht überrepräsentiert ist (vgl. BT-

Drucksache 8/4160 Anlage 1 Seite 5). Noch deutlicher äußerte sich die Gesellschaft für Sexualberatung und Familienplanung »Pro Familia«. Sie stellte kürzlich fest, daß »eine reine wirtschaftliche Notlage nur für den geringsten Teil der Abtreibungen den Ausschlag gebe«[5].

Aufgrund dieser eindeutigen Aussagen steht fest, daß der Begriff »soziale Indikation« keinesfalls mit »finanzieller oder wirtschaftlicher Indikation« gleichzusetzen ist. Deshalb befinden sich auch alle diejenigen – auch innerhalb der CDU/CSU-Fraktion des Bundestages – im Irrtum, welche meinen, eine Streichung der Abtreibungsversicherung durch den Gesetzgeber zwinge typischerweise abtreibungswillige Frauen, nunmehr wieder zum »Kurpfuscher« zu gehen. Dieses Argument ist undurchdacht und demagogisch; es findet gerade in den Aussagen derjenigen, welche eine weitgehende Legalisierung von Schwangerschaftsabbrüchen befürworten, keine Stütze.

Dies gilt um so mehr, als die Kosten für eine Abtreibung bescheiden sind: Wird die Abtreibung ambulant ausgeführt, so kostet sie zwischen 100 und 200 Mark; im Krankenhaus ist im Schnitt mit etwa 4–5 Belegungstagen zu rechnen, d. h. etwa mit Kosten in der Größenordnung von 1000 bis 1500 Mark je nach Pflegesatz. Diese Beträge kann – von Ausnahmefällen abgesehen – praktisch jeder aufbringen, zumal in der Regel mehrere Personen zur Finanzierung zur Verfügung stehen, zumindest nicht nur die Mutter, sondern auch der Vater des Kindes, oft auch weitere unterhaltspflichtige Familienangehörige. Selbst wenn indessen die wirtschaftliche Notlage bei Abtreibungen eine Rolle spielen sollte, dann doch nicht im Hinblick auf die Kosten der Abtreibung, sondern auf die Kosten, welche durch das Aufziehen des Kindes entstünden. Diese in der Tat hohen Kosten aber werden durch die Abtreibung erst eingespart.

Deshalb ist es auch unsinnig und lebensfremd zu meinen, die gesetzliche Abtreibungsversicherung dürfe erst dann fallen, wenn die Regierung mit Geld und Stiftungen rein wirtschaftliche Notlagen beseitigt habe. Die Abbruchkosten spielen bei so gut wie keinem Schwangerschaftsabbruch eine Rolle; wenn das Aufziehen von Kindern in diesem Land vielen zu schwer wird, so geht dieses Problem nicht zuletzt auf das Konto der in den letzten 15 Jahren von allen Parteien auf Bundesebene betriebenen Familienpolitik.

Führt man sich diese Gesichtspunkte klar vor Augen, so ist offensichtlich, daß es einen sozialen Rechtfertigungsgrund dafür, Schwangerschaftsabbrüche außerhalb medizinischer Indikation von der Solidargemeinschaft der Krankenkassen bezahlen zu lassen, nicht gibt. Der Wegfall dieser Vorschrift hätte lediglich zur Folge, daß abtreibungswillige Frauen bei den Ärzten bzw. Krankenhäusern Privatpatienten wären. Durch gesetzliche Vorschriften könnte sichergestellt werden, daß die dort erhobenen Honorare in Grenzen bleiben und die Frauen vor Ausnutzung ihrer Situation geschützt sind.

Daß in Ausnahmefällen auch einmal die Abtreibungskosten nicht oder nur schwer aufgebracht werden können, rechtfertigt es nicht, die Finanzierung solcher Abtreibungen schlechtweg zur Regelleistung der gesetzlichen Krankenkassen zu machen.

Dieses widerspricht der in solchen Fällen stets gebotenen sogenannten »typisierenden Betrachtungsweise«. Gesetzliche Regelleistungen können nicht vom Ausnahmefall, sondern nur vom typischen Normalfall ausgehen. Ausnahmefälle könnten gegebenenfalls nach Prüfung des Einzelfalles durch die Sozialhilfe aufgefangen werden, wie es auch sonst geschieht.

Es wäre natürlich interessant, darüber nachzudenken, warum denn diese Regelung überhaupt eingeführt worden ist, wenn ihre Anhänger selbst einräumen, daß wirtschaftliche Gründe eine solche Gesetzgebung nicht rechtfertigen. In meiner jahrelangen Beschäftigung mit der Materie hat sich der Eindruck verfestigt, daß die Einführung öffentli-

cher Abtreibungsfinanzierung weniger handfeste sozialpolitische Hintergründe als vielmehr ideologische Ursachen hat. Die Urheber der Gesamtreform des Abtreibungs-
rechts wollten eine weitgehende »Legalisierung« von
Abtreibungen erreichen, d. h. ausdrücklich deren »Rechtmäßigkeit« festschreiben. Den Mut dazu, dieses etwa im
Strafgesetz klar zum Ausdruck zu bringen, hatten sie aber
nicht; sie gestalteten die Indikationen des § 218a StGB
jedenfalls dem Wortlaut nach nur als sogenannte Strafausschließungsgründe, nicht aber als Rechtfertigungsgründe
aus. Dieses wiederum hat seinen Grund in Leitsatz 5 des
vom Bundesverfassungsgericht erlassenen Urteils zur Fristenlösung vom 25. Februar 1975. Danach steht es dem
Gesetzgeber nur frei, außergewöhnliche Belastungen für
die Schwangere, die ähnlich schwerwiegen wie die Gefahr
für ihr Leben oder eine schwerwiegende Beeinträchtigung
ihres Gesundheitszustandes, straffrei zu lassen. Daß Straffreiheit zugleich Rechtfertigung, also Billigung, bedeutet,
steht dort nicht.
Um aber letztlich doch durch die Hintertür aus den Straf-
ausschließungsgründen auch Rechtfertigungsgründe zu
machen, betrieben die Reformer eine Abtreibungsfinanzierung als sogenannte »flankierende Maßnahme«: Was der
Staat finanziert, kann in den Augen des Volkes nicht
rechtswidrig sein. Der Plan gelang: In der im Anschluß an
die Reform erscheinenden strafrechtlichen Literatur wird
vielfach ohne Betrachtung der verfassungsrechtlichen Basis
brav argumentiert, § 218a StGB enthalte entgegen seinem
Wortlaut nicht nur Strafausschließungsgründe, sondern
Rechtfertigungsgründe, weil ja diese Abtreibungen vom
Staat finanziert würden. In neuerer Zeit werden allerdings
im strafrechtlichen Schrifttum durchgreifende Zweifel
daran laut, ob diese Einschätzung noch haltbar ist[6].
Daß es bei der Abtreibungsfinanzierung sachwidrig überhaupt nicht um die Finanzierung der Abtreibungskosten
geht, zeigen auch parallele Beihilferegelungen im Beamten-

recht. Mit rühmlicher Ausnahme des Landes Baden-Württemberg[7] finanzieren der Bund und alle Länder Abtreibungen, welche von Beamtinnen und Beamtenfrauen vorgenommen werden, in gleichem Umfang wie die Krankenkassen. Wer wollte aber ernsthaft behaupten, Beamte würden typischerweise vom Staat so schlecht bezahlt, daß sie nicht einmal die Abtreibung ihrer Kinder, geschweige denn ihr Aufwachsen finanzieren können? Hier wird der ideologische und sachfremde Hintergrund dieser Sache vollends deutlich.

Im übrigen gibt es in der Entstehungsgeschichte der Gesamtregelung noch mehr begriffliche Falschmünzereien: Die Finanzierung von Abtreibungen durch die Krankenkassen ist keineswegs eine »flankierende Maßnahme«, sondern ein sehr viel weitergehender Schritt als die Zurücknahme des Strafanspruchs durch die §§ 218 ff. StGB. Mit der Zurücknahme des Strafanspruches vollzog der Staat jedenfalls aus Sicht der Schwangeren einen Liberalisierungsschritt, zog sich gewissermaßen im Rahmen der Indikationen in eine neutrale Position zurück.

Indem er darüber hinaus aber die Finanzierung von Schwangerschaftsabbrüchen anbot, gab er diese Neutralität wieder auf und subventionierte etwas, was er bislang selbst unter Strafe gestellt hatte. Subventionierung bedeutet stets Förderung und Billigung einer Sache. Richtig wäre es von der Sache her, die Finanzierung von Abtreibungen als die Hauptsache und die Rücknahme des Strafanspruches als flankierende Maßnahme zu bezeichnen. Die damals bewußt angerichtete begriffliche Verwirrung hat wesentlich dazu beigetragen, daß die Gesamtreform überhaupt durchgesetzt werden konnte. Gedankliche Unklarheit gab es selbst bei der Katholischen Kirche, welche sich viele Jahre lang mit Vehemenz viel stärker gegen die strafrechtliche als gegen die versicherungsrechtliche Neuregelung gewendet hat. Erst in den letzten zwei, drei Jahren ist das mit Recht anders geworden.

Aus dieser richtigen Ordnung der Dinge ergibt sich aber auch, daß eine Streichung der Abtreibungsfinanzierung durch den Gesetzgeber oder das Bundesverfassungsgericht die Straflosigkeit solcher Abtreibungen, welche unter die Indikationen des §218a StGB fallen, gänzlich unberührt ließe. Dieses festzustellen ist mir besonders wichtig, weil eine realistische Gesamtdiskussion nur geführt werden kann, wenn die Beteiligten diese beiden Gesichtspunkte deutlich auseinanderzuhalten verstehen. Je klarer hier gedacht wird, desto leichter wird es sein, für die Gesamtmaterie letztendlich eine Lösung zu finden, welche von einem gewissermaßen beide Lager einschließenden Konsens in der Bevölkerung getragen werden kann. Ein solcher Konsens ist früher bei strafrechtlichen Regelungen immer angestrebt worden, die sozial-liberale Koalition hielt das aber gerade im Falle der Abtreibung nicht für erforderlich. Es ist deshalb auch kein Wunder, daß diese Sache nicht zur Ruhe kommen kann.

Ist die Krankenkassenfinanzierung Ausdruck liberalen Gedankenguts?

In der gegenwärtigen Regierungskoalition wird die Finanzierung auch nicht medizinisch indizierter Abtreibungen durch die Krankenkassen vor allem von der FDP verteidigt. Stereotyp und ohne jeden Versuch einer geistigen Auseinandersetzung wird von dieser Seite die Zwangsfinanzierung als besondere Ausprägung liberalen Gedankenguts hingestellt. Die FDP betreibt hier geradezu eine Art »Selbsteinmauerung«, wahrscheinlich zu dem Zweck, den linken und den rechten Flügel zusammenzuhalten.
Geistige Auseinandersetzung ist aber gerade für diejenigen, die liberales Gedankengut schätzen, dringend erforderlich:
Mit der Rücknahme der Strafdrohung haben Liberale

erreicht, daß Schwangeren ein hohes Maß von Selbstverantwortung überlassen, aber auch auferlegt wird: Sie können jetzt in weitem Rahmen unabhängig darüber entscheiden, ob sie einen Schwangerschaftsabbruch durchführen lassen wollen oder nicht. Es ist klar, daß es sich hier jedenfalls nach der jetzigen Rechtslage um eine höchstpersönliche Entscheidung des privaten Bereiches handelt. Sowohl die Ursache der Schwangerschaft als auch die Entscheidung über ihren Abbruch gehören – wenn überhaupt irgend etwas – in dem durch die §§ 218 ff. gezogenen Rahmen zur engsten Intimsphäre.

Es ist daher gerade vom liberalen Standpunkt aus unverständlich, die Kosten der so liberalisierten persönlichen Gewissensentscheidungen durchweg der privaten Verantwortung zu entziehen und kollektiv als Regelleistung von den Solidargemeinschaften der gesetzlichen Krankenkassen tragen zu lassen. Wenn der Begriff »Selbstverantwortung« für Liberale einen Stellenwert hat, dürften sie einen solchen Kollektivierungsprozeß gerade nicht mitmachen. Sie müßten berücksichtigen, daß nunmehr in die Grundrechte der Beitragszahler eingegriffen wird, als deren Anwälte Liberale ja eigentlich ebenfalls auftreten müßten. Wer mehr Selbstverantwortung für den einzelnen Bürger fordert, muß das auch hier gelten lassen. Ich möchte sogar noch einen Schritt weitergehen: Nach dem geltenden Recht ist die Entscheidung für oder gegen eine Abtreibung jeweils eine Gewissensentscheidung. Wenn jemand glaubt, sich im Rahmen der §§ 218 ff. StGB für eine Abtreibung entscheiden zu müssen, so sollte es gerade auch mit seiner eigenen Menschenwürde unvereinbar sein, in einer solch intimen Sache die entstehenden Kosten einer Solidargemeinschaft zuzuschieben, so als ob die Verantwortung für Zeugung und Abtreibung keine persönliche sei, sondern in undefinierbarer Weise bei der Gesellschaft liege. Ich kann keine Logik darin finden, die von der Wählerklientel als positiv empfundene Seite einer Sache zu liberalisieren, die negative Kehrseite der Medaille aber zu sozialisieren. Dieses zu fordern, ist alles andere als liberal.

Die Übernahme der Kosten für nicht medizinisch indizierte Schwangerschaftsabbrüche durch die Krankenkassen ist im übrigen im Gesetzgebungsverfahren von den Krankenkassen selbst massiv abgelehnt worden. Anläßlich eines Hearings am 16. Januar 1974 erklärte Direktor Töns vom Bundesverband der Ortskrankenkassen als Sprecher aller Träger der gesetzlichen Krankenkassen, Schwangerschaft sei keine Krankheit. Er lehnte das Vorhaben namens aller Kassen uneingeschränkt und entschieden ab. Dabei argumentierte er auch verfassungsrechtlich und stellte die Frage, ob die ins Auge gefaßte Finanzierung nicht eine grundrechtswidrige Einschränkung der eigenen Lebensgestaltung der Pflichtbeitragszahler darstellt.

Auch die Abgeordnete Roswitha Verhülsdonk stellte in ihren Ausführungen vor dem Deutschen Bundestag am 21. März 1974 namens der CDU/CSU-Fraktion die Frage, wie es die Bundesregierung mit der Gewissenslage jener hält, die nicht bereit sind, für die Vernichtung menschlichen Lebens ohne triftigen Grund finanzielle Beihilfe zu leisten. Frau Verhülsdonk führte zusammenfassend wörtlich folgendes aus:

> »Es versteht sich von selbst, daß die Fraktion der CDU/CSU eine solch fragwürdige gesetzliche Regelung ablehnt. Unser Änderungsantrag, den Sie abgelehnt haben, wollte sicherstellen, daß in den Fällen einer anerkannten medizinischen Indikation Versicherte Anspruch auf Leistungen bei Abbruch der Schwangerschaft durch einen Arzt haben, d. h. im Sinne des Gesetzentwurfs der CDU/CSU-Fraktion, bei Vorliegen einer medizinischen Indikation, nicht aber bei der sozialen Indikation.«

Das waren deutliche Worte. Die Frage muß erlaubt sein,

wo solche Klarheit heute noch – von einer tapferen Minderheit abgesehen – in der CDU/CSU-Fraktion zu finden ist.

Seit Beginn der Diskussion über die Finanzierung nicht medizinisch indizierter Abtreibungen durch die Krankenkassen hat sich eine ganze Reihe prominenter Juristen, insbesondere von Professoren des Staatsrechts, zur Verfassungsmäßigkeit dieser Regelung geäußert[8]. Alle mir bekannten Aussagen sind zu dem Ergebnis gekommen, die geltende Regelung, soweit sie über medizinische Indikationen hinausgreift, sei verfassungswidrig. Ich kenne keine einzige wissenschaftliche Gegenstimme, so daß man von einer absolut herrschenden Meinung sprechen kann.

Der Vorlagebeschluß des Sozialgerichts Dortmund vom 29. 09. 1981

In diesem Verfahren war sinngemäß beantragt worden, die beklagte Krankenkasse zu verurteilen, die Finanzierung nicht medizinisch indizierter Abtreibungen zu unterlassen, solange die Klägerin ihr Mitglied ist. Entgegen einem verbreiteten Mißverständnis in der Öffentlichkeit hat die Klägerin also nicht etwa Beiträge zu ihrer Krankenkasse ganz oder teilweise zurückgehalten; sie hat vielmehr unter Bejahung ihrer Beitragspflicht lediglich eine Unterlassungsklage erhoben mit dem Ziel, die rechtswidrige Verwendung dieser Beiträge zu unterbinden. Prozesse dieser Art hat es im Rahmen anderer Zwangskörperschaften des öffentlichen Rechts schon häufig gegeben.

Dabei wurde stets anerkannt, daß Mitglieder einer Zwangskörperschaft einen individuellen und sogar durch einstweilige Anordnung durchsetzbaren Rechtsanspruch darauf haben, daß die Zwangskörperschaft erhobene Zwangsbeiträge nur im Rahmen von Gesetz und Satzung verwenden, nicht aber für andere Zwecke.

Das Sozialgericht Dortmund wollte dieser Unterlassungsklage stattgeben; es war der Auffassung, die §§ 200f, 200g
der Reichsversicherungsordnung verstießen gegen drei
verschiedene Grundrechte der Klägerin, nämlich das Recht
auf freie Entfaltung der Persönlichkeit, den Gleichheitssatz
und das Recht auf Glaubens- und Gewissensfreiheit. In
einem solchen Fall kann das angerufene Gericht nicht
selbst entscheiden, sondern muß die auftretenden Verfas-
sungsfragen unter Begründung seiner Rechtsauffassung
dem Bundesverfassungsgericht zur Entscheidung vor-
legen.
Dies geschah mit Vorlagebeschluß vom 29. September 1981
(S 8 Kr 172/81). Auf die ausführliche, über 70 Seiten lange
Begründung des Sozialgerichts Dortmund kann ich hier
nicht näher eingehen[9]. Zum weiteren Verständnis möchte
ich jedoch folgendes anmerken:
Die von dem Sozialgericht gerügten Grundrechtsverletzun-
gen betreffen ausschließlich solche Grundrechte, welche
der Klägerin des Ausgangsverfahrens zustehen. Im Vordergrund steht dabei das Grundrecht auf Glaubens- und
Gewissensfreiheit sowie der Anspruch, nicht durch eine
Pflichtversicherung in Anspruch genommen zu werden,
für die kein Versicherungsbedürfnis besteht. Ein ganz
wichtiger Teil der gesamten Abtreibungsproblematik kann
daher allenfalls nur mittelbar Gegenstand des anhängigen
Prozesses sein: Ich meine die Grundrechte der ungeborenen Menschen selbst. Diese haben zwar, wie das Bundesverfassungsgericht in seinem Urteil zur Fristenlösung ausgeführt hat, das Recht auf Leben; sie finden aber keinen
Anwalt, der ihnen bei der Durchsetzung dieses Rechtes
behilflich ist. Wie sollte man das ungeborene Kind gegen
die eigene Mutter vertreten? Im Individualprozeß ist das
Grundrecht des Ungeborenen auf Leben kaum praktisch
durchsetzbar, so daß dieses Grundrecht nur auf dem
Papier steht. Die Gewährleistung dieses Grundrechts der
Ungeborenen auf Leben könnte paradoxerweise aus-

schließlich vom Staat selbst bzw. denjenigen Gruppen und Körperschaften ausgehen, welche nach dem Grundgesetz ein besonderes Klagerecht vor dem Bundesverfassungsgericht besitzen. Dazu gehört ⅓ der Mitglieder des Deutschen Bundestages oder auch jedes Bundesland. Paradox ist die Lage deshalb, weil Grundrechte sich nach Entstehungsgeschichte und klassischem Verständnis in erster Linie gegen den Staat richten. Der Staat ist es vor allem, der die Rechte des Bürgers potentiell bedroht oder bedrohen könnte. Bei dem Grundrecht der Ungeborenen auf Leben ist es umgekehrt. Hier geht die Bedrohung typischerweise von Privaten, nämlich den Eltern des Kindes, aus. Hier muß der Staat das Grundrecht schützen, oder es besteht praktisch nicht.

Da mithin die Klägerin des Ausgangsverfahrens schon rein verfahrensrechtlich nur die Verletzung eigener Grundrechte durch die öffentliche Gewalt zu rügen in der Lage ist, kann das Dortmunder Verfahren von vornherein nur eine beschränkte Wirkung entfalten:

Es geht in keiner Weise um die strafrechtlichen Regelungen der §§ 218 ff. StGB. Einen Schutz ungeborener Kinder vor Abtreibung gibt es in der Bundesrepublik Deutschland nicht mehr. In der Praxis werden die Indikationen des § 218a StGB so uferlos gefahren, daß man trotz des verfassungsgerichtlichen Verbots vom Jahre 1975 von einer Fristenlösung sprechen kann. Aber selbst diese ist nicht gewährleistet, weil niemand überwacht, ob die Ärzte wenigstens die Fristen einhalten, auch die Krankenkassen prüfen das nicht. Es ist schon so weit, daß in der Rechtsprechung – sogar des Bundesgerichtshofs – Ansätze zu einem Recht der Schwangeren auf Abtreibung sichtbar werden. Diese Uferlosigkeit der Praxis rührt – auch ein rechtliches Unikum – daher, daß die beispiellos unbestimmten Rechtsbegriffe des § 218a StGB von jedermann nach Belieben ausgelegt werden: Irgendeine Kontrolle oder Auslegung dieser Begriffe durch den Staat, sei es durch die

Verwaltung, sei es durch die Gerichte, findet nicht statt. Auch dieses ist angesichts des Rechtsgutes, welches hier auf dem Spiel steht, mit seriösem Rechtsdenken schlechthin unvereinbar. Dieses alles kann aber durch den Dortmunder Prozeß nicht geändert werden. Hier geht es vielmehr nur noch um eine eher bescheidene, für gewissenhafte Menschen aber sehr existentielle Frage: Darf der Staat Bürger außerhalb des allgemeinen Steuerrechts zu speziellen Zwangsgemeinschaften zusammenfassen, in denen sie gezwungen werden, sich finanziell mittelbar an Tötungshandlungen zu beteiligen? Gibt es wenigstens in diesem Rahmen ein individuelles Recht auf persönliche Nichtbeteiligung an Tötungshandlungen, wenn denn schon getötet wird? Genügt es nicht, daß Millionen von Bürgern, vielleicht ist es sogar eine Mehrheit, die Abtreibungsgesetzgebung, so wie sie nun einmal ist, hinnehmen müssen? Kann der Staat verlangen, daß sie auch noch durch ihre Zwangsbeiträge in diese Tötungshandlungen persönlich verwickelt werden? Sehr hart steht hier letztlich zur Debatte, ob vor allem Christen, welche aus Gewissensgründen die Abtreibung ablehnen, in einer Frage von solchem Gewicht vom freiheitlich-demokratischen Rechtsstaat respektiert oder aber zu einer zu vernachlässigenden Randgruppe gemacht werden. Natürlich kann in einem solchen Verfahren nur die persönliche Situation der Klägerin entscheidend sein, ich gehe aber wohl nicht zu Unrecht davon aus, daß die Position der Klägerin von Millionen Menschen in diesem Land geteilt wird.

Inzwischen hat das Bundesverfassungsgericht mit Beschluß vom 18. April 1984 (1 BvL 43/81) den Vorlagebeschluß des Sozialgerichts Dortmund aus formellen Gründen zurückgewiesen, weil der Klägerin kein Klagerecht zustehe. Das Sozialgericht hat sodann in anderer Besetzung als früher auch die Klage abgewiesen (Urteil vom 30. November 1984; S 12(8) Kr 172/81). Dagegen hat nun die Klägerin Revision beim Bundessozialgericht eingelegt.

Die §§ 200f und 200g der Reichsversicherungsordnung nehmen in der deutschen Rechtsgeschichte eine einzigartige Stellung ein. Noch niemals hat es eine vergleichbare Gesetzgebung gegeben. Ich sehe in diesen Bestimmungen einen absoluten Tiefpunkt der Rechtsentwicklung. Wenn es nicht einmal hier eine »Wende« gibt, dann wird es im geistigen Bereich auch sonst keine geben.

Aufgabe des Juristen ist es, durch Kampf ums Recht letztlich zum Frieden beizutragen. Unser Land ist in der Abtreibungsfrage tief gespalten. Ein großer Teil dieser Spaltung beruht auf mangelnder Information: Über medizinische und rechtliche Fragen, aber auch über soziale Tatbestände.

[1]   Z.B. Verwaltungsgerichtshof Baden-Württemberg, Urteil vom 22.07.1983 (Az: 4 S 1035/83). In diesem (rechtskräftigen) Urteil wurde die Klage einer Lehrerin abgewiesen, welche sich die Kosten einer Abtreibung über Beihilfen aus der Staatskasse erstatten lassen wollte.

[2]   Frankfurter Allgemeine Zeitung vom 13.04.1981.

[3]   Vgl. den Beitrag »Daten der menschlichen Frühentwicklung – Menschliches Leben beginnt im Augenblick der Befruchtung« in diesem Band (Anm. d. Hrsg.).

[4]   Vgl. auch »Das Leben vor der Geburt« von Katharina Zimmer, das 1984 als Buch und – über das Bundesministerium für Jugend, Familie und Gesundheit – in Broschürenform erschienen ist (Anm. d. Hrsg.).

[5]   Entnommen aus Gisela Friedrichsen, »Hilfe oder Rückfall?«, F.A.Z. vom 16.03.1984. In einem Gutachten der »pro familia« Bremen vom 19.01.1984, S. 21, wird sogar die Deutung der Notlagenindikation als »wirtschaftliche Not« ein »Redefinitionsversuch« genannt.

[6]   Statt aller: Dreher/Tröndle, Strafgesetzbuch, 42. Auflage München 1985, Vorbemerkung zu §§ 218–219b, Anm. 8ff., 9c mit zahlreichen Nachweisen.

[7]   Inzwischen hat auch die Bayerische Staatsregierung einen entsprechenden Beschluß gefaßt (Anm. d. Hrsg.).

[8]   Fritz Ossenbühl in Arndt/Erhard/Funcke, Der § 218 StGB vor dem Bundesverfassungsgericht, Heidelberg-Karlsruhe 1979, S. 252.
Josef Isensee, Das Grundrecht auf Sicherheit, Berlin 1983, S. 41.
Willi Geiger, Ist ein strafloser Schwangerschaftsabbruch auch rechtmäßig? – Eine notwendige Unterscheidung, in diesem Band S. 123ff.
Dietrich Simon, Stimme der Familie 1982, S. 77.

Ermin Briessmann, Vortrag vor der Europäischen Ärzteaktion am 18.02.1978 in Neu-Ulm.
Günther Willms, F.A.Z. vom 18.04.1974, bekräftigt in einem Leserbrief in der F.A.Z. vom 25.02.1983.
Peter Krause, »Fremdlasten der Sozialversicherung«, in: Vierteljahresschrift für Sozialrecht 1980, S. 115ff., in Verbindung mit Äußerungen in der am 14.11.1983 vom ZDF ausgestrahlten Fernsehsendung »Wie würden Sie entscheiden?«.

[9] Vgl. aber die im Anschluß an diesen Beitrag abgedruckten wichtigsten Aussagen des Vorlagebeschlusses, die dort in Form von Leitsätzen zusammengefaßt sind.

ANHANG

Vorlagebeschluß des Sozialgerichts Dortmund vom 29. 09.1981 (Az: S 8 Kr 172/81) zur Frage der Finanzierung nichtmedizinisch indizierter Abtreibungen durch die Krankenkasse – Zusammenfassung wichtiger Aussagen aus den Entscheidungsgründen in nichtamtlichen Leitsätzen:

1. Es ist eine offensichtlich gesetzwidrige Verwaltungspraxis der Krankenkassen, daß sie aufgrund einer Vereinbarung ihrer Spitzenverbände vom 12. November 1975 bei Schwangerschaftsabbrüchen die Tatbestandsvoraussetzungen des Leistungsanspruchs nicht prüfen und dadurch die Finanzierung auch strafbarer Schwangerschaftsabbrüche nicht ausschließen können.

2. Aus Artikel 2 Absatz 1 des Grundgesetzes erwächst nach der Rechtsprechung des Bundesverfassungsgerichts jedem einzelnen das Recht, nicht durch Zwangsmitgliedschaft von unnötigen Körperschaften in Anspruch genommen zu werden. Die Errichtung eines öffentlich-rechtlichen Verbandes mit Zwangsmitgliedschaft setzt dementsprechend voraus, daß ein gesteigertes Gemeinwohlinteresse besteht.

3. Allein im Falle der echten medizinischen Indikation stellt sich die Finanzierung der Abtreibung aus öffentlichen Mitteln als verfassungsrechtlich mögliche Aufgabe einer Zwangskörperschaft dar.

4. Das Leben jedes ungeborenen Kindes steht als selbständiges Rechtsgut unter dem Schutz der Artikel 1 Absatz 1 und 2 Absatz 2 des Grundgesetzes. Die Schutzpflicht des Staates gegenüber diesem Leben läßt es als ausgeschlossen erscheinen, daß die Finanzierung der Tötung eben dieses Lebens für sich ein legitimer Zweck ist.

5. Die Tötung eines Lebewesens, welches durch Artikel 1 Absatz 1, 2 Absatz 2 des Grundgesetzes geschützt wird, ist kein mögliches Mittel verfassungsmäßiger Sozialpolitik und Gesundheitsvorsorge.

6. Der medizinisch nicht indizierte Schwangerschaftsabbruch ist aus verfassungsrechtlicher Sicht Unrecht. Es stellt sich deshalb als Verdrehung der verfassungsrechtlichen Wertentscheidungen dar, finanzielle Chancengleichheit bei der Verwirklichung von Unrecht zu fordern.

7. Eine (selbständige) öffentlich-rechtliche Zwangskörperschaft mit dem Zweck der Finanzierung medizinisch nicht indizierter Abtreibungen wäre eine unnötige Körperschaft im Sinne der Rechtsprechung des Bundesverfassungsgerichts. Dann aber kann diese unnötige Körperschaft nicht dadurch errichtet werden, daß sie einer bereits zu einem anderen Zweck gegründeten Körperschaft (Krankenkasse) gewissermaßen im nachhinein eingepflanzt wird.

8. In der vom Gesetzgeber eingerichteten Abtreibungskasse werden ohne Vorliegen eines gesteigerten Gemeinschaftsinteresses die einen zu Lasten der anderen privilegiert, indem ihre Abtreibungskosten auf viele verteilt werden, die anderen werden diskriminiert, weil sie – gegen ihr Gewissen – gezwungen werden, fremde Tötungshandlungen mitzufinanzieren.

9. Schwangerschaftsabbruch ist keine Krankheit, sondern führt allenfalls eine Krankheit herbei.

10. Es ist kein Grund ersichtlich, aus dem heraus gerade die krankenversicherungspflichtigen Arbeitnehmer zu einer Finanzierungsgemeinschaft für die Abtreibungsfinanzierung zwangsverbunden werden müßten.

11. Die gesetzliche Verpflichtung Krankenversicherter, auch Beiträge zur Abtreibungsfinanzierung zu entrichten, geht über das durch die Idee der Einrichtung der Träger der gesetzlichen Krankenversicherung selbst Geforderte hinaus und ist deshalb nicht sachgerecht, d. h. nicht systemgerecht im Sinne des in Artikel 3 Absatz 1 des Grundgesetzes verankerten Gleichheitssatzes. Dadurch wird die durch die Errichtung einer Krankenversicherung vom Gesetz selbst statuierte Sachgesetzlichkeit in willkürlicher Weise durchbrochen.

12. Die Frage, ob jemand zur Mitwirkung an der Tötung ungeborener Kinder bereit ist oder dies ablehnt, ist eine Glaubens- und Gewissensentscheidung im Sinne der Schutzgüter des Artikels 4 Absatz 1 des Grundgesetzes. Auch die Finanzierung einer Abtreibung ist Mitwirkung an der Tötung des ungeborenen Kindes.

13. Die Geringfügigkeit des rechnerischen Anteils der einzelnen Krankenversicherten an der Abtreibungsfinanzierung spielt keine Rolle bei solchen Beeinträchtigungen, die in unmittelbarer Nähe des Wesenskerns der Persönlichkeit liegen und die Menschenwürde des Bürgers im Kern zu treffen geeignet sind.

14. Es besteht eine wertungsmäßige Parallele zwischen der Abtreibung, insbesondere aus sogenannter sozialer Indikation, und dem Staat, der die Geisteskranken und Krüppel vergast, weil sie ihm eine Last sind.

15. Es widerspricht keiner Wertvorstellung der Verfassung, Abtreibung als bewußte und gewollte Tötung eines Menschen zu qualifizieren.

16. Unabhängig von strafrechtlichen Begriffsdefinitionen widerspricht es nicht den Wertvorstellungen des Grundgesetzes, den Schwangerschaftsabbruch im Anwendungsbereich der sogenannten sozialen Indikation als tatbestandlich dem Mord gleichkommende Tötung wehrloser und unschuldiger Menschen zu bewerten. Das gleiche gilt für eine Glaubens- und Gewissensposition, welche die jährliche Abtreibungsziffer von weit über 100 000 Schwangerschaftsabbrüchen als »Massenmord« kennzeichnet.

17. Durch die Abtreibungsfinanzierung wird der Grenzpunkt erreicht, mit dem sich unter Infragestellung des Grundkonsenses die Frage nach der Legitimität der Staatsgewalt der Bundesrepublik Deutschland stellt. Damit wird auch die Problematik eines möglichen Widerstandsrechts angesprochen.

18. Die vom Bundesgesetzgeber in § 218a Absatz 2 StGB in Verbindung mit §§ 200f, 200g RVO gewählte Lösung gibt der Abtreibungswilligen die freie Entscheidungsmöglichkeit über das Leben des Kindes und stellt es damit objektiv rechtlos.

19. Die gesetzliche Pflicht zur Beitragsentrichtung zu Zwecken der Abtreibungsfinanzierung beinhaltet eine Stellungnahme des Staates zu elementaren und grundlegenden weltanschaulichen Positionen, welche seiner Neutralitätspflicht nicht genügt.

Benno Erhard

Verdunklung, wo Klarheit erforderlich ist

Jedes dritte Kind vor der Geburt getötet

Noch geistern Vorstellungen und Aufrufe zum zivilen Ungehorsam durchs Land. Jede bewußte Verletzung staatlicher Vorschriften wird als erlaubtes Kampfmittel zur Durchsetzung eigener Auffassungen oder auch als Kavaliersdelikt verstanden. Oft ist bei solchem Tun kein Unrechtsbewußtsein vorhanden. Die Autorität des Rechts nimmt offenbar ab. Das kann dem Rechtsstaat nicht gut bekommen.

Dem Staate die geschuldeten Steuern möglichst zu verkürzen, durch Schwarzarbeit Beiträge für die Sozialversicherung zu »sparen«, den Hausmüll irgendwo im Gelände fortzuwerfen, alles dies und vieles mehr erschwert das gemeinschaftliche Leben und macht oft den Staat – unseren Staat – zum Büttel.

Wie aber soll die Gesundheit der Millionen Bürger einigermaßen vor Seuchen oder ansteckenden Krankheiten geschützt werden, wenn es beispielsweise unseren Ärzten einfallen sollte, die strengen Meldepflichten beim Auftauchen solcher Krankheiten zu verletzen? Nach dem Motto: Was geht das schon die Gesundheitsbehörden an?! Oder: Wo bleibt der Datenschutz?!

Unsere Ärzte halten sich strikt an diese Pflichten. Unser Volk ist auch deshalb so frei von gefährlichen Krankheiten. Meldepflichten haben in aller Regel einen vernünftigen Sinn.

Abtreibung grundsätzlich strafbar

Der Abbruch einer Schwangerschaft ist auch nach geltendem Recht grundsätzlich strafbar. Aber der Deutsche Bundestag hat 1976, in der 7. Legislaturperiode, Gesetzesänderungen beschlossen, die den Bereich des Strafbaren stark zurückgedrängt haben. So ist ein Schwangerschaftsabbruch nach § 218a Abs. 1 Nr. 1 und 2 StGB dann »gerechtfertigt«, wenn die Schwangere einwilligt und wenn der Eingriff nach ärztlicher Erkenntnis zur Abwehr einer schweren Gesundheitsgefahr angezeigt ist. Diese sogenannte medizinische Indikation gilt auch als erfüllt, wenn nach ärztlicher Erkenntnis die Voraussetzungen der »eugenischen«, der »ethischen« oder der »Notlagenindikation« vorliegen (§ 218a Abs. 2 Nr. 1, 2 und 3 StGB) und wenn die in § 218a Abs. 3 StGB genannten Fristen eingehalten werden. Liegen diese Voraussetzungen vor, so ist der Abbruch nach herrschender Meinung »gerechtfertigt« mit allen, auch zivil- und sozialversicherungsrechtlichen, Folgen.[1]

Kernstück des neuen Rechts ist die Beratung der Schwangeren vor dem beabsichtigten Schwangerschaftsabbruch, die ihr eine dem Wert der betroffenen Rechtsgüter entsprechende Abwägung aller Interessen ermöglichen und Wege aufzeigen soll, ihre Notlage zu überwinden. Die Schwangere muß mindestens drei Tage vor dem Eingriff durch eine anerkannte Beratungsstelle oder durch einen sachkundigen Arzt, der den Eingriff aber nicht selbst vornehmen darf, über die zur Verfügung stehenden Hilfen beraten worden sein. Außerdem muß die Schwangere von einem Arzt über die ärztlich bedeutsamen Gesichtspunkte unterrichtet werden.

Der Gesetzgeber ging davon aus, daß harte und unnachgiebige Strafvorschriften nicht geeignet sind, das ungeborene Leben zu schützen. Der Schutz des ungeborenen Lebens sollte dadurch gewährleistet werden, daß es der

Schwangeren ermöglicht wurde, Not- und Konfliktsituationen zu bewältigen und eine eigenverantwortliche Entscheidung zu treffen.

Meldepflicht des Arztes unentbehrlich

Damit die Gesundheitsbehörden, die politisch verantwortlichen Stellen, der Bundestag und die Bundesregierung eventuell notwendige Maßnahmen zum Schutz von Mutter und Kind gezielt und richtig vornehmen können, hielten die Regierung Brandt/Scheel und der Bundestag es für erforderlich, jedem Arzt, der eine Schwangerschaft abbricht, aufzuerlegen, dem Statistischen Bundesamt dies ¼jährlich zu melden. In der Begründung des Regierungsentwurfs (Bundestags-Drucksache VI/3434, S. 43) heißt es, die Meldepflicht des Arztes sei unentbehrlich.

Der Bundestag und der Bundesrat folgten der Bundesregierung und bestimmten in Artikel 4 des Fünften Gesetzes zur Reform des Strafrechts vom 18. Juni 1974 (BGBl. I S. 1297), geändert durch Artikel 3 Nr. 2 des Fünfzehnten Strafrechtsänderungsgesetzes vom 18. Mai 1976 (BGBl. I S. 1213):

»Über die unter den Voraussetzungen des § 218a des Strafgesetzbuches vorgenommenen Schwangerschaftsabbrüche wird beim Statistischen Bundesamt eine Bundesstatistik geführt. Wer als Arzt einen solchen Schwangerschaftsabbruch ausgeführt hat, hat dies bis zum Ende des laufenden Kalendervierteljahres mit Angaben über

1. den Grund des Schwangerschaftsabbruchs,
2. den Familienstand und das Alter der Schwangeren sowie die Zahl der von ihr versorgten Kinder,
3. die Zahl der vorangegangenen Schwangerschaften und deren Beendigung,
4. die Dauer der abgebrochenen Schwangerschaft,

5. die Art des Eingriffs und beobachtete Komplikationen,
6. den Ort der Vornahme des Eingriffs und im Fall eines Krankenhausaufenthaltes dessen Dauer sowie
7. gegebenenfalls den fremden Staat, in dem die Schwangere ihren Wohnsitz oder gewöhnlichen Aufenthalt hat,

dem Statistischen Bundesamt anzuzeigen; der Name der Schwangeren darf dabei nicht angegeben werden.«

Nach § 10 des Bundesstatistikgesetzes besteht eine Pflicht zur Beantwortung ordnungsgemäß angeordneter Fragen. Die Auskunft ist wahrheitsgemäß, vollständig und fristgerecht zu erteilen. Die Auskunftspflicht ist durch § 14 des Bundesstatistikgesetzes bußgeldbewehrt. Die Bußgeldvorschrift erfaßt sowohl vorsätzliche als auch fahrlässige Zuwiderhandlungen. Der Bußgeldrahmen ist Geldbuße bis zu zehntausend Deutsche Mark. Bußgeldbehörde im Bereich der Statistik für Bundeszwecke ist das Statistische Bundesamt. Dienstaufsichtsbehörde ist der Bundesminister des Innern, Fachaufsichtsbehörde der Bundesminister für Jugend, Familie und Gesundheit. Dessen Zuständigkeit ergibt sich daraus, daß die Statistik nicht aus kriminalpolitischen Gründen angeordnet wurde, sondern um die gesundheitspolitischen Auswirkungen der Reform beobachten zu können.

Für 1982 sind beim Statistischen Bundesamt 91 064 Schwangerschaftsabbrüche gemeldet. Waren das alle Schwangerschaftsabbrüche oder gab es eine erheblich größere Zahl? Gibt es darüber Erkenntnismöglichkeiten?

Mehr Abtreibungen abgerechnet als gemeldet

Für die ärztlichen Leistungen müssen Gebühren oder Honorare gezahlt werden. Die gesetzliche Krankenversicherung zahlt pflichtgemäß nach einem komplizierten Bewertungsverfahren die ärztlichen Honorare für jeden Schwangerschaftsabbruch. Bei näherem Hinsehen klafft eine beträchtliche Lücke zwischen den statistisch gemeldeten und den bei der Krankenkasse abgerechneten Abbruchszahlen. Es kommen offenbar viele Ärzte ihrer Meldepflicht nicht nach, obwohl sie die nach dem Gesetz »gerechtfertigten« Fälle bei der Krankenkasse angegeben und dafür liquidiert haben. Da die Anzahl der beim Statistischen Bundesamt gemeldeten Schwangerschaftsabbrüche geringer ist als die Anzahl der bei den Krankenkassen abgerechneten, gibt es ein *Meldedefizit,* nicht etwa eine Dunkelziffer, wie diese Erscheinung vielfach genannt wird. Wie hoch ist dieses Meldedefizit? Es gibt Anhaltspunkte, z. B. diese: Fachleute des Statistischen Bundesamtes schätzen die Meldeehrlichkeit auf 50%. Die Stadtstaaten Berlin, Hamburg und Bremen stellen eigene Erhebungen über die tatsächlich durchgeführten Schwangerschaftsabbrüche an. Deshalb kann man feststellen, daß in Berlin nur rund 25% und in Hamburg nur rund 60% der Abbrüche in der Bundesstatistik erfaßt werden. Weiterhin sind Einzelfälle bekannt geworden. So weist beispielsweise die Bundesstatistik für die Stadt Frankfurt a. M. für das Jahr 1980 2780 Schwangerschaftsabbrüche aus; es wurden aber 3881 Fälle, also 1100 mehr als gemeldet, abgerechnet. Bekannt ist auch, daß in Wiesbaden 1982 lediglich 582 Abbrüche gemeldet wurden; allein zwei Wiesbadener Ärzte rechneten im selben Jahr aber 4021 Fälle ab.
Forscht man bei den Ortskrankenkassen und den Kassenärztlichen Vereinigungen nach, so ergeben sich signifikante Ergebnisse. Etwa 90% der Ortskrankenkassen haben im Rahmen ihrer sogenannten Krankheitsartenstatistik, die

sie freiwillig erstellen, für das Jahr 1981 – neuere Daten liegen noch nicht vor – 25552 Abtreibungen in Krankenhäusern festgestellt. Für die Gesamtheit aller Ortskrankenkassen läßt sich daraus eine Zahl von insgesamt ca. 28500 abgerechneten, stationär vorgenommenen Schwangerschaftsabbrüchen im Jahr 1981 errechnen. Da die Ortskrankenkassen im Jahre 1981 einen Anteil von 35% an der Gesamtzahl aller in der gesetzlichen Krankenversicherung versicherten Frauen im Alter von 15 bis 45 Jahren hatten, läßt sich entsprechend die Gesamtzahl aller im Jahre 1981 stationär vorgenommenen Schwangerschaftsabbrüche auf ca. 81000 hochrechnen. Zu diesen bei den gesetzlichen Krankenkassen abgerechneten Fällen treten diejenigen hinzu, die an nicht gesetzlich versicherten Personen vorgenommen wurden. Es handelt sich um etwa 10%. Daraus läßt sich ermitteln: In Krankenhäusern sind 1981 ca. 90000 Schwangerschaften abgebrochen worden.

Hinzu kommt die große Zahl der ambulant auf Krankenschein abgebrochenen Schwangerschaften. Hierzu liegen Abrechnungsergebnisse aus den Bezirken von sechs Kassenärztlichen Vereinigungen für die Jahre 1981 und 1982 vor. Diese sechs Bezirke umfassen 38,5% des gesamten Mitgliederbestandes der gesetzlich krankenversicherten Personen in der Bundesrepublik Deutschland. Die sechs Kassenärztlichen Vereinigungen haben im Jahre 1981 47100 und im Jahre 1982 50300 Fälle »nicht rechtswidriger« Schwangerschaftsabbrüche mit Kassenärzten abgerechnet. Für das Bundesgebiet bedeutet das für das Jahr 1981 rund 122300 und für das Jahr 1982 rund 130700 abgerechnete – ambulante – Schwangerschaftsabbrüche. Um das Meldedefizit in der Größenordnung richtig zu erfassen, muß man noch etwa 10% hinzurechnen für Fälle, bei denen es sich um Personen handelte, die nicht in der gesetzlichen Krankenversicherung versichert sind, d. h., es ist für 1981 von 136000 und für 1982 von 145000 ambulant durchgeführten Abbrüchen auszugehen.

Zählt man nun die ca. 90 000 im Jahre 1981 stationär und die ca. 136 000 im selben Jahr ambulant durchgeführten »nicht rechtswidrigen« Schwangerschaftsabbrüche zusammen, so ergibt sich für das Jahr 1981 eine Gesamtzahl von etwa 226 000. Um die in dieser Zahl aufgrund nicht ausschließbarer Doppelzählungen möglicherweise enthaltenen Fehler zu vermeiden, kann man hiervon 14 000 (das sind rund 15% der gesamten 90 000 stationären Abbrüche) abziehen. Dann würden also für das Jahr 1981 212 000 »rechtmäßig« von Ärzten durchgeführte Abbrüche einer statistisch gemeldeten Zahl von 87 535 gegenüberstehen. Das Meldedefizit für das Jahr 1981 läßt sich also auf etwa 124 500 Fälle oder 58,7% beziffern. Für das Jahr 1982 ergibt sich ein noch um weitere etwa 5000 Fälle höheres Defizit[2].

Zwei Geburten – eine Abtreibung?

Mit diesem vorsichtig ermittelten Meldedefizit kommt man aber zunächst noch nicht in die Nähe der von der Frankfurter Rundschau (Ausgabe vom 7./8. Februar 1984) wiedergegebenen Ermittlungen, wonach in der Bundesrepublik Deutschland auf je zwei Geburten knapp ein Schwangerschaftsabbruch entfällt. Das wären bei fast 600 000 Geburten annähernd 300 000 Schwangerschaftsabbrüche. Immerhin sagt auch der »Erfahrungsbericht über den Vollzug des § 218 StGB im Lande Bremen in den Jahren 1981 und 1982«, es sei eine Stabilisierung des Verhältnisses von Schwangerschaftsabbrüchen zu Geburten in der Größenordnung von 1 : 2 zu beobachten.
Inzwischen stabilisieren sich die Erkenntnisse über das Abtreibungsgeschehen bei uns sowie über das Unterlassen der statistischen Meldungen.
Seit 1. Januar 1984 ist in die Vertragsgebührenordnung der Ärzte im Bereich der RVO-Kassen und der Ersatzkassen eine besondere Leistungsziffer über den Abbruch der

Schwangerschaft eingefügt worden. Es handelt sich um die Ziffern 1055 (Abbruch bis zur 12. Woche) und 1056 (Abbruch einer Schwangerschaft ab der 13. Woche). Nach diesen Ziffern rechnen die Ärzte ihre Leistungen ab. Die Krankenkassen und die Kassenärztlichen Vereinigungen können die Zahlen für bestimmte Zeitabschnitte abrufen. Ende des 2. Quartals 1985 wird wahrscheinlich das Gesamtergebnis der abgebrochenen und so abgerechneten Schwangerschaften im Jahre 1984 vorliegen[3].

Im Dezember 1984 lag eine vorläufige Statistik der Kassenärztlichen Bundesvereinigung vor für das 1. Halbjahr 1984. Daraus wurde die voraussichtliche Zahl der im ganzen Jahr 1984 durchgeführten und bei den genannten Kassen abgerechneten – ambulanten – Abbrüche auf rund 96 800 hochgerechnet.

1984: 60 Prozent der Abtreibungen nicht gemeldet

In Verbindung mit Veröffentlichungen in ärztlichen Fachzeitschriften ist den festgestellten – weil gebührenrechtlich abgerechneten – Fällen hochgerechnet zu entnehmen, daß die Gesamtzahl der in der Bundesrepublik Deutschland abgerechneten Schwangerschaftsabbrüche (ambulante und stationäre) im Jahre 1984 bei rund 200 000 liegt. Hinzu treten die Fälle, die privat abgerechnet werden. Das sind mindestens 20 000 Fälle. Diese rund 220 000, nach Meinung anderer 230 000 Schwangerschaftsabbrüche hätten beim Statistischen Bundesamt gemeldet werden müssen. Tatsächlich liegt die Zahl der Meldungen aber unter 90 000. Das Meldedefizit beträgt demnach auch im Jahre 1984 etwa 60%. Zu den genannten 220 000 bzw. 230 000 Fällen treten noch die im Ausland durchgeführten hinzu. Das sind schätzungsweise weitere 20 000 Fälle.

Durch Herrn Dr. Popović von der Bundesärztekammer (vgl. Medical Tribune vom 18. Januar 1985) und die der

Bundesregierung vorliegende Studie »Schwangerschaftsabbruch – Gesetz und Praxis« wird die Beobachtung der bremischen Gesundheitsbehörde fast bestätigt: Von drei Schwangerschaften wird eine abgebrochen. Dabei wird die vorläufig mit rund 520 000 angegebene Zahl der 1984 geborenen deutschen Kinder zugrundegelegt[4].

Wo liegen die Gründe für das dargestellte erhebliche Meldedefizit? Warum kommen die Ärzte ihrer gesetzlichen Pflicht zur Meldung der Schwangerschaftsabbrüche beim Statistischen Bundesamt nicht bzw. nur in höchst unzureichendem Maße nach? Nach Auffassung des Statistischen Bundesamtes könnten die Gründe für das Meldedefizit in folgendem liegen: Es fehle vielen Ärzten an Einsicht in die Bedeutung dieser Statistik für rechts- und sozialpolitische Entscheidungen sowie für sozialmedizinische und gesundheitspolitische Zwecke. Der mit der Meldung verbundene geringe Arbeitsaufwand werde wesentlich überschätzt. Viele Ärzte befürchteten, daß bei der Abgabe einer Meldung ihre Anonymität nicht gewahrt bleibe.

Bisher keine Ahndung des Rechtsbruchs

Wie kann die gesetzliche Meldepflicht durchgesetzt werden? Zunächst ist verwunderlich, daß von einer Ahndung dieser ordnungswidrigen Pflichtverletzung nichts bekannt geworden ist. Man hat den Eindruck, als breite sich allenthalben ein Nebel des Nichts-Wissen-Wollens über das Geschehen. Verletzte Pflichten – aber niemand kümmert sich darum. Die bußgeldrechtliche Verfolgung der hier beschriebenen Ordnungswidrigkeiten durch das dazu berufene Statistische Bundesamt ist allerdings auch nicht eben leicht. Die Anonymität der Meldung führt auch dazu, daß das Statistische Bundesamt nicht in der Lage ist, bei dem Meldenden zurückzufragen.

Unter den Ärzten, die Meldungen nicht abgegeben haben,

können solche sein, die gegen die Meldepflicht verstoßen, und solche, die Schwangerschaftsabbrüche im fraglichen Zeitraum nicht vorgenommen haben. Das Statistische Bundesamt hat darüber keine Informationen. Es gibt auch keine Behörden, die Ermittlungen wegen des Meldedefizits anstellen. Offenbar wissen die Krankenkassen und die Kassenärztlichen Vereinigungen über die tatsächlichen Vorgänge mehr als die Statistiker. Müssen Behörden oder halböffentliche Stellen untereinander fremd sein? Ist so etwas wie Amtshilfe in diesen Bereichen ausgeschlossen?

Was ist zu tun?

Wie kann dem Meldedefizit und der gegenseitigen Behördenabschottung abgeholfen werden? Denkbar ist nach meiner Ansicht:

1. Jeder meldepflichtige Arzt muß bei der Meldung seinen Namen mit Anschrift angeben.
2. Das Statistische Bundesamt führt ein Verzeichnis über alle zum Schwangerschaftsabbruch befugten (zugelassenen) Ärzte und Einrichtungen. Die obersten Gesundheitsbehörden der Länder teilen die von ihnen erteilten Erlaubnisse dem Statistischen Bundesamt mit.
3. Die gesetzlichen Krankenkassen teilen gleichzeitig mit der Krankheitsartenmeldung dem Statistischen Bundesamt die Ärzte und die von ihnen abgerechneten Schwangerschaftsabbrüche mit.

Gegen die Einführung einer Verpflichtung der Ärzte, bei der Meldung ihren Namen und ihre Anschrift anzugeben, werden Bedenken geltend gemacht. Es wird u. a. sogar die Auffassung vertreten, es handele sich um einen unzulässigen Eingriff in das im Volkszählungsurteil vom Bundesverfassungsgericht kreierte »Recht auf informationelle Selbstbestimmung«. Diese Bedenken greifen meines Erachtens aber nicht durch. Die Nichtangabe von Namen und Anschrift des meldenden Arztes macht die ordnungsgemäße Erstellung der Statistik unmöglich. Schutzwürdige Personendaten sind hier nicht diejenigen des meldepflichtigen Arztes oder Krankenhauses, sondern allein die Personaldaten der Schwangeren. Deren Namensangabe ist deswegen gesetzlich verboten. Die betroffene Frau muß selbstverständlich anonym bleiben.

Die Errichtung einer Statistik auf der Grundlage der bei den Krankenkassen und Kassenärztlichen Vereinigungen vorhandenen Abrechnungen kann wohl nur im Wege einer Gesetzesänderung erreicht werden. Bisher besteht keine Verpflichtung dieser Institutionen zur Sammlung und Weitergabe von Daten über Schwangerschaftsabbrüche. Die Daten sind aber vorhanden, wie ich vorstehend erläutert habe.

Abrechnung nur nach erfolgter Meldung

Vielleicht steht aber noch ein besserer Weg als die Bußgelddrohung offen. Zu denken ist daran, die Abrechnung der ärztlichen Leistung vom Nachweis der erfolgten Meldung abhängig zu machen. Es gibt in unserem Staat viele Vorgänge, die »Unbedenklichkeits-Bescheinigungen« für das Handeln einer Behörde voraussetzen.

Ob die Möglichkeit besteht, durch eine solche Verknüpfung von Meldung und Abrechnung die Meldeehrlichkeit zu verbessern, hängt von den organisatorischen Möglichkeiten bei den Abrechnungsstellen und ihrer Bereitschaft zur Mitwirkung ab. Jedenfalls sind alle beteiligten Stellen aufgerufen, die Gangbarmachung dieses Weges zu versuchen oder wenigstens zu prüfen.

Die Meldungen bleiben unverzichtbar. Wenn der Gesetzgeber und die Regierung nicht hinreichend über das

Geschehen unterrichtet sind, dann können keine wirksamen Hilfen für Schwangere, für Mütter und Kinder, organisiert und gewährt werden.

In dem Meldedefizit steckt ein bedauerlicher Grad an zivilem Ungehorsam. Die Gründe mögen sehr verschieden sein, nur hingenommen werden darf dieser Zustand nicht.

[1] Vgl. zu dieser »herrschenden Meinung« aber den Beitrag von W. Geiger, S. 123 ff. (Anm. d. Hrsg.).

[2] Die Gesamtzahl der Schwangerschaftsabbrüche war in Wirklichkeit noch höher, was aber mit dem Thema des Meldedefizits unmittelbar nichts zu tun hat. Berücksichtigen muß man beispielsweise auch die Schwangerschaftsabbrüche, die im Ausland an deutschen Frauen vorgenommen werden. Das waren allein in den Niederlanden 18000 im Jahre 1982. Diese Zahl hat das Statistische Bundesamt in den Niederlanden abgefragt.

[3],[4] Der Beitrag wurde im April 1985 abgeschlossen.

Paul Hoffacker

Mehr Lebensschutz für den ungeborenen Menschen

Eine vorrangige politische Aufgabe

Millionen Menschen in unserem Land engagieren sich für Frieden und Umweltschutz. Sie fordern Lärmschutz, Abgasreinigung, saubere Luft, weniger Tierversuche, bessere Lebensbedingungen für Käfighennen und mehr Sicherheit im Verkehr. Das ist sicher gut so. Während aber die Aufregung über Tierversuche in der Bundesrepublik Deutschland zunimmt, werden alarmierende Meldungen über den Handel mit menschlichen Embryonen und Föten sowie deren Verarbeitung zu Kosmetika kaum zur Kenntnis genommen. Wir sprechen davon, daß das Tier als lebendes und fühlendes Wesen die Achtung und Wertschätzung des Menschen beanspruchen kann. Aber auch ungeborene Kinder fühlen Schmerz: Bereits nach vier Wochen bilden sich entscheidende Nervenstränge. Wir überhören den stummen Schrei der ungeborenen Kinder bei der Abtreibung, sind aber hoch sensibilisiert für eigenen Schmerz. Liegt dies nur daran, daß der ungeborene Mensch zunächst äußerlich nicht sichtbar ist? Oder sehen wir nichts, weil wir nichts sehen wollen? Das Empörungspotential über die hohe Zahl der Abtreibungen jedenfalls steht in umgekehrtem Verhältnis zum Abwehrpotential angesichts von Tierversuchen und Smog.

Wenn man der holländischen Studie über die deutsche Abtreibungspraxis »Stimezo« und deren Prognosen glauben darf, so wird die Beeinträchtigung des Schutzes für das ungeborene Leben noch größer[1].

Nach Meinung der Verfasser Ketting und van Praag werden die bestehenden gesetzlichen Regelungen von vielen Betroffenen unabhängig vom politischen Standort als unbefriedigend empfunden. Der Schwangerschaftsabbruch sei durch das unbefriedigende Funktionieren der geltenden Indikationenregelung in der Bundesrepublik Deutschland als politisches und juristisches Problem vorläufig noch nicht gelöst. Die Verfasser sehen drei denkbare Entwicklungen (S. 29/30):

> »Die erste beinhaltet, daß das Gesetz so bleibt, wie es ist und sich in Richtung Fristenlösung entwickelt. Die Bedingung hierfür ist, daß man von politischer Seite kein Interesse damit verbindet, die Problematik klar und deutlich darzulegen. Eine andere Bedingung besteht darin, daß das Problem auch in den Medien mehr oder minder totgeschwiegen wird. Wahrscheinlich ist, daß in diesem Fall in einigen Jahren jede Frau in der Bundesrepublik Deutschland eine Möglichkeit zum Schwangerschaftsabbruch findet.
> Eine zweite Entwicklung könnte sein, daß sich neue Initiativen für eine strengere Einhaltung des Gesetzes durchsetzen. Dies würde, wie man in den letzten zwei Jahren bemerken kann, unvermeidbar zu politischen Unruhen (auch in Anbetracht der Meinungsunterschiede in der Bundesrepublik Deutschland) und zu einer erneuten Abbruchsmigration ins Ausland führen.
> Eine dritte Möglichkeit könnte schließlich darin bestehen, das Gesetz der Praxis anzugleichen, so wie es 1970 und 1973 in Dänemark geschah. Die einzig denkbare Lösung wäre in diesem Fall die Fristenlösung.«

Diese letzte Möglichkeit anzustreben, ist in der Bundesrepublik Deutschland durch das *Fristenlösungsurteil* des Bundesverfassungsgerichts vom 25. Februar 1975 unterbunden, wiewohl immer deutlicher wird, daß die sogenannte Notlagenindikation in der Praxis zu einer Art Fristenlösung geführt hat. Die Hoffnung vieler Menschen, daß nach der Gesetzesänderung des Jahres 1976 das Thema abgeschlossen sein würde, hat sich nicht erfüllt. Vielmehr erleben wir seit etwa zwei Jahren eine bisweilen stürmische Wiederaufnahme der Diskussion um die Praxis und die rechtlichen Grundlagen der Abtreibung in der Bundesrepublik. Wenn man von einigen als unsachlich zu bezeichnenden Beiträgen absieht, muß festgestellt werden, daß sich die Qualität der Diskussion durch die Tatsache verändert hat, daß nun beweisbares Zahlenmaterial darüber vorliegt, wie hoch die wirkliche Zahl der in der Bundesrepublik Deutschland durchgeführten Abtreibungen ist[2].

Reformziel nicht erreicht

Abgesehen von der durchaus nicht unproblematischen Gesetzeslage kann auch die derzeitige Praxis des § 218 des Strafgesetzbuches (StGB) nicht zufriedenstellen. Es läßt sich seit einiger Zeit übersehen, daß infolge der Anwendung des Gesetzes die Ziele, die mit der Reform des § 218 angestrebt waren, nicht erreicht worden sind. Teilweise läuft die gegenwärtige Entwicklung sogar in völligem Gegensatz zu den ursprünglich geäußerten Absichten.

Durch die mit der Gesetzesänderung verbundene Pflicht des Arztes, vorgenommene Abtreibungen gegenüber dem Statistischen Bundesamt anzuzeigen, wollte man einen statistischen Überblick über das tatsächliche Ausmaß der Schwangerschaftsabbrüche erhalten[3]. Aber: Die Meldestatistik gibt das tatsächliche Ausmaß der Schwangerschaftsabbrüche nicht wieder. Ebenso wie die »Kommission zur Auswertung der Erfahrungen mit dem reformierten § 218 StGB« (Bundestags-Drucksache 8/3630) geht das

Statistische Bundesamt von einer statistischen Untererfassung der Schwangerschaftsabbrüche aus. Im einzelnen darf ich hier auf den Beitrag von Staatssekretär Benno Erhard verweisen[4].

Durch die mit der sogenannten Entkriminalisierung und Liberalisierung gekoppelte Beratung sollten Frauen vor einer Abtreibung auf die Problematik dieser scheinbar einfachen »Lösung« und auf mögliche Hilfen hingewiesen werden – so wollte man zu einem wirkungsvolleren Schutz des ungeborenen Lebens kommen. Der damalige Bundeskanzler Brandt etwa betonte am 26. April 1974 vor dem Deutschen Bundestag »das uneingeschränkte Ja zum Leben«, das hinter der Reform des § 218 stehe[5]. »Dieses Ja«, so Brandt weiter, »erfordert ein entschiedenes Nein dazu, Abtreibung als quasi normales Mittel der Geburtenkontrolle zu sehen«. Die damaligen Regierungsparteien SPD und FDP spendeten dem Bundeskanzler für seine Rede, in der er auch auf die neu eingeführte Beratung der Schwangeren vor einem Abbruch eingegangen war, anhaltenden lebhaften Beifall. »Schwangerenberatung darf nicht von vornherein Abbruchberatung sein«, hatte er erklärt und dafür die Zustimmung seiner Partei, der SPD, erhalten, und: »Beratungsstellen, die Nährboden von Abtreibungsmentalität sind, disqualifizieren sich selbst«. Denn in der »nicht zufällige(n), sondern obligatorische(n) und (...) auf das Ja zum Leben hin angelegte(n), nicht einseitige(n), sondern umfassende(n) Beratung« solle »der zum Schwangerschaftsabbruch entschlossenen Frau durch die Rechtsgemeinschaft mit einer Einstellung begegnet werden, die vom Ja zum Leben bestimmt ist.«

Die seither stark gestiegene Zahl der Schwangerschaftsabbrüche steht im Gegensatz zu dieser Absicht, die Entscheidung der Mutter zur Austragung der Schwangerschaft zu erleichtern und »auf die Dauer die Zahl der Aborte überhaupt einzudämmen« (Bundestags-Drucksache 7/1981 (neu) vom 24. 04. 1974, S. 1). Auch muß davon ausgegangen werden, daß die Beratungspraxis verschiedener Träger nicht im Einklang mit dem Urteil des Bundesverfassungsgerichts steht, wonach eben das Leben des ungeborenen Kindes Vorrang vor dem Selbstbestimmungsrecht der schwangeren Frau hat. Außerdem gehört es zu den Erfahrungen der Beratungsstellen, daß viele Frauen bereits mit der Indikationsfeststellung eines Arztes zur Beratung kommen und oft lediglich nur noch eine Bescheinigung über die erfolgte Beratung erstreben.

Neben den zweifelhaften Praktiken ist insbesondere festzustellen, daß eine *Veränderung im Rechtsbewußtsein der Bürger* eingetreten ist, die eine gefährliche Langzeitwirkung signalisiert. Es ist nämlich in der Öffentlichkeit durch die Rechtspraxis sowie durch die Krankenkassenfinanzierung von Abtreibungen der Eindruck entstanden, es gebe ein Recht auf Abtreibung. Konnte Willy Brandt in seiner oben erwähnten Rede vor dem Deutschen Bundestag noch ausführen, »die Ehrfurcht vor dem Leben« sei »tief im Wertgefüge unserer Gesellschaft verankert«, so hat heute das Bewußtsein vom Wert und von der Schutzbedürftigkeit des ungeborenen Menschen schweren Schaden erlitten: Ungeborenes menschliches Leben ist nach einer Allensbach-Umfrage für viele, vor allem junge Leute, weniger schützenswert als etwa Robbenbabies[6].

Für die betroffenen Frauen hat sich die Lage durch das seit 1976 gültige Gesetz eher verschlechtert. Dazu das Zeugnis des Arztes Wolfgang Furch, Chefarzt der geburtshilflich-gynäkologischen Abteilung des Städtischen Krankenhauses in Bad Nauheim: »Zwei Gruppen von Menschen sind von der derzeitigen Praxis des § 218 besonders stark betroffen, nämlich einmal die Frauen und zum zweiten die Ärzte. Im Gegensatz zu dem, was häufig in der Öffentlichkeit dazu gesagt wird, hat sich die Lage der Frauen nach der Reform des § 218 deutlich verschlechtert. Sie müssen die ganze Last der Entscheidung tragen, werden oft in erbärmlicher Weise von Partnern oder Eltern im Stich gelassen und von der Umgebung unter Druck gesetzt, eine Abtreibung durchführen zu lassen, auch wenn sie persönlich gar nicht daran denken. Sie sind dem Druck nahezu schutzlos ausgeliefert, da ihnen jetzt der strafgesetzliche Rückhalt fehlt. Es gibt praktisch keine Stelle, die die zunächst wegen einer überraschenden Schwangerschaft in Panik geratenen Frauen durch verständnisvolles Zuhören abholt und zu einer echten Entscheidungsfindung beiträgt. Der gesamte Ablauf von Beratung und Indikationsfeststellung erfolgt unter Zeitdruck – viel zu spät und oft ohne jede Nachdenklichkeit. Ein Teil der Beratungen erfolgt zudem auf der Basis einer ideologischen Voreingenommenheit der Berater, die den Frauen die Abtreibung als die Hilfe andienen, obwohl z. B. die sogenannte unerwünschte Schwangerschaft bei jungen Mädchen aus zerrütteten Familienverhältnissen oft aus einem tieferen Bedürfnis nach Selbstfindung und Bestätigung entspringt, wie Merz in einer eingehenden Untersuchung nachgewiesen hat. Die Frauen müssen schwere seelische Komplikationen (. . .) in Kauf nehmen, weil ihnen von manchen selbsternannten Helfern eingeredet wird, die Möglichkeit, jederzeit auf Wunsch abtreiben lassen zu können, sei Selbstverwirklichung und gleichzeitig das höchste aller jemals von der Frauenbewegung erkämpften Rechte«[7].

Auch die Ärzte, denen durch die gesetzliche Regelung eine hohe Verantwortung für den Schutz des ungeborenen Lebens übertragen worden ist, sind durch die herrschende Praxis des Schwangerschaftsabbruchs ins Zwielicht geraten. Der 87. Deutsche Ärztetag stellte 1984 in Aachen fest: »Die Begründung einer Vielzahl der ›Notlagenindikationen‹ hält einer gerichtlichen Überprüfung anhand der Leitsätze des Bundesverfassungsgerichts vom 25. Februar 1975 (Fristenlösungsurteil) nicht stand«[8]. Bei einer hohen Zahl von Schwangerschaftsabbrüchen in der Bundesrepublik Deutschland werden die gesetzlichen Vorschriften also nicht beachtet. Diese Feststellung trifft jene Ärzte, die sich bei der Indikationsfeststellung oder bei der Durchführung des Schwangerschaftsabbruchs jenseits der gesetzlichen Regelung bewegen.

Mißstände abstellen

Die schweren Rechtsverstöße und Rechtsmißbräuche im Bereich der Meldestatistik, der Beratungspraxis, der Indikationsfeststellung in Verbindung mit einem fast perfekten Abtreibungsservice in Einrichtungen, die unter einem Dach die soziale und die medizinische Beratung durchführen, die Indikation feststellen und auch noch die Abtreibung vornehmen, haben dazu geführt, daß seit der Reform des § 218 der Schutz des ungeborenen Menschen vermindert – nicht verbessert – worden ist. Der gegenwärtige Zustand verletzt die Rechtssicherheit erheblich, und er untergräbt das Bewußtsein von der Unantastbarkeit menschlichen Lebens, wie wir z. B. in der gegenwärtigen Diskussion um die aktive Sterbehilfe feststellen können. Die Verantwortlichen in Parlament und Regierung stellen auf längere Frist den Anspruch in Frage, daß unsere Bundesrepublik ein sozialer Rechtsstaat ist, der das Grundrecht auf Leben und körperliche Unversehrtheit zu garantieren in der Lage ist. Dem weit verbreiteten Mißbrauch der geltenden gesetzlichen Regelungen muß ein Ende gesetzt werden. Der Mißachtung der verpflichtenden Rechtsauslegung des Bundesverfassungsgerichts können Parlament und Regierung, Justiz und Verwaltung auf Dauer nicht untätig zusehen; ansonsten ist der in der Öffentlichkeit entstehende Eindruck berechtigt, der Staat dulde stillschweigend den dauernden Mißbrauch des Gesetzes oder – um noch weiter zu gehen – der Staat billige diesen Mißbrauch sogar.
Wenn wir heute feststellen, daß mehr als drei Viertel der – gemeldeten – straffrei durchgeführten Schwangerschaftsab-

brüche mit einer sozialen Notlage begründet werden, so deutet diese Praxis auf eine *gesetzwidrige Anwendung der Bestimmungen über die Notlagenindikation* hin (vgl. den Gesetzestext im Dokumentationsteil dieses Buches). Die vorhandenen sozialen Sicherungen und die zusätzlichen Hilfen für Schwangere in Notsituationen schließen die Möglichkeit aus, daß es sich bei dieser hohen Zahl »sozial indizierter« Abtreibungen um solch schwere Konflikte handelt, die der medizinischen Indikation nach § 218a Absatz 1 Nr. 2 StGB entsprechen.

Vorrangiges Bemühen aller Verantwortlichen muß es sein, diesen Mißbrauch der sogenannten sozialen Indikation zu unterbinden und durch eine nähere Definition und Umschreibung dieses Tatbestandes zu einer mit der Rechtsprechung des Bundesverfassungsgerichts übereinstimmenden Praxis zu kommen. Immerhin hat das Gericht in seinem »Abtreibungsurteil« 1975 dem Staat aufgegeben, »sich schützend und fördernd vor dieses Leben zu stellen«. Entscheidend dabei sei »die Gesamtheit der dem Schutz des ungeborenen Lebens dienenden Maßnahmen«; diese müsse »einen der Bedeutung des zu sichernden Rechtsgutes entsprechenden tatsächlichen Schutz« gewährleisten (Entscheidungen des Bundesverfassungsgerichts Band 39, S. 1 – BVerfGE 39, 1).

Bei der Beratung ist stets von der Feststellung des Bundesverfassungsgerichts auszugehen, daß das menschliche Leben nach unserer Verfassungsordnung einen Höchstwert darstellt und daß jeder Schwangerschaftsabbruch menschliches Leben unwiderruflich zerstört und somit eine Tötungshandlung ist. Die Beratung hat daher »die Bereitschaft der werdenden Mutter zu stärken, die Schwangerschaft eigenverantwortlich anzunehmen und die Leibesfrucht zum vollen Leben zu bringen« (BVerfGE 39, 45). Die Beratungsstellen müssen sich zum Anwalt auch und vor allem des ungeborenen Menschen machen.

Gemäß § 218b Absatz 1 StGB in Verbindung mit § 218b

Absatz 2 StGB haben die Beratungsstellen die zu ihnen kommenden schwangeren Frauen über die zur Verfügung stehenden öffentlichen und privaten Hilfen für Schwangere, Mütter und Kinder zu beraten und insbesondere über solche Hilfen zu informieren, »die die Fortsetzung der Schwangerschaft und die Lage von Mutter und Kind erleichtern«. Nun ist bekannt, daß viele Beratungsstellen ein anderes Verständnis von Beratung praktizieren. So wird die Aufgabe der Beratung vielfach ausschließlich darin gesehen, der ratsuchenden Frau zu helfen, ihre – wie es heißt – eigene Entscheidung zu finden und durchzutragen. Konsequenterweise wird dann Frauen, die einen Schwangerschaftsabbruch vornehmen lassen wollen, auch nicht eine Hilfe angeboten, die ihr statt des Schwangerschaftsabbruchs einen anderen Weg eröffnen könnte, sondern statt dessen erhält diese Ratsuchende die Adresse eines Arztes, der den Schwangerschaftsabbruch vornimmt. Aber die Beratungsstellen sollen nach Sinn und Zweck des Gesetzes eben nicht »nur informieren (...), ohne auf den Motivationsprozeß gezielt Einfluß zu nehmen« (BVerfGE 39, 61). Das verfassungsrechtlich gebotene Ziel ist vielmehr, »auf eine Fortsetzung der Schwangerschaft hinzuwirken« (BVerfGE 39, 63). Beratungsstellen, die es im Widerspruch zur Rechtsprechung des Bundesverfassungsgerichts ablehnen, ihren Klienten die Hilfen zu vermitteln, die für Frauen und Familien in Notlagen zur Verfügung stehen und der Erhaltung ungeborenen menschlichen Lebens dienen, ist daher die Anerkennung zu entziehen.

Handeln nach dem Auftrag der Verfassung

Wenn nun nach der Beratung für die Schwangere sich nur der »Ausweg« des Schwangerschaftsabbruchs zeigt, muß die Überlegungsfrist der Schwangeren zwischen der Beratung und dem Schwangerschaftsabbruch ausgedehnt werden. Die gegenwärtig geltende Frist von mindestens drei Tagen reicht nicht aus. Da es sich beim *Schwangerschaftsabbruch* um die *Tötung eines Kindes* handelt, braucht die Schwangere ausreichend Zeit für eine verantwortliche Entscheidung und für das Abwägen der aus einem Schwangerschaftsabbruch erwachsenden Konsequenzen. Die Überlegungsfrist der Schwangeren zwischen Beratung und Schwangerschaftsabbruch muß mindestens eine Woche betragen.

Im Zusammenhang mit der sozialen Beratung durch Ärzte muß gefragt werden, ob der Arzt beruflich entsprechend vorgebildet und geeignet ist, eine solche Beratung umfassend zu erteilen. Das Bundesverfassungsgericht hatte in dieser Richtung bereits seinerzeit Bedenken angemeldet, da Sozialrecht und Sozialwesen »schon für den fachlich Vorgebildeten schwer zu überblicken« seien (BVerfGE 39, 62). Besser wäre, die soziale Beratung von einer auf die Schwangerschaftsberatung spezialisierten Beratungsstelle durchführen zu lassen.

Das Verfahren der Ausstellung von Indikationsbescheinigungen muß überprüft werden. Der Vorschlag, der schon vor Jahren geäußert worden ist, daß die Ausstellung von Indikationsbescheinigungen durch ein Ärztegremium vorgenommen werden soll, das einer besonderen Aufsicht unterliegt, muß erneut in die Diskussion eingeführt werden. Ebenfalls muß darauf hingewirkt werden, daß die Indikationsfeststellung von fachlich ausgewiesenen Ärzten vorgenommen wird, um auf diese Weise eine sorgfältige medizinische Abwägung vornehmen und alle Aspekte berücksichtigen zu können.

Weiterhin muß das Leben des ungeborenen Kindes besser geschützt werden durch eine völlige räumliche und personelle Trennung von Sozialberatung, medizinischer Indikationsfeststellung und Durchführung des Schwangerschaftsabbruchs. Wir brauchen ein gesetzliches Verbot von Sozialberatung, medizinischer Indikationsfeststellung und

Durchführung des Schwangerschaftsabbruchs unter einem Dach.

Ebenfalls muß der Gesetzgeber überlegen, ob die Beratung ausgedehnt wird auf das soziale Umfeld der Schwangeren, insbesondere auf den Erzeuger des Kindes. Wie die Praxis zeigt, wird die Schwangere vielfach zum Schwangerschaftsabbruch gedrängt durch den Vater des Kindes oder auch durch ihre oder seine Eltern sowie Freunde und Bekannte. Bei der Beratung geht es darum, den Konflikt aufzuhellen und die tieferen Zusammenhänge, die dem Berater sichtbar sind und der Schwangeren bewußt werden sollen, zu klären. Dabei steht die Schwangere im Mittelpunkt. Wenn sie es wünscht und für erforderlich hält, sollten die Bezugspersonen in die Beratung einbezogen werden (können). Zwar dient die Beratung dazu, die Schwangere auf die grundsätzliche Pflicht zur Achtung des Lebensrechts des ungeborenen Kindes hinzuweisen und sie zur Fortsetzung der Schwangerschaft zu ermutigen. Der Schutz des noch nicht geborenen Menschen bedarf jedoch dringend einer Verbesserung. Daher muß auch etwa der Erzeuger des Kindes in die grundsätzliche Pflicht zur Erhaltung des Lebensrechts des Ungeborenen genommen werden.

Soweit der Erzeuger des Kindes aus eigenem Interesse auf den Abbruch der Schwangerschaft drängt, muß die Schwangere vor einer solchen Fremdbestimmung in Schutz genommen werden können. Es geht bei allem weniger um eine Bestrafung der betroffenen schwangeren Frau als vielmehr darum, das Umfeld der Schwangeren in den Blick zu nehmen. Gegebenenfalls müssen auch diejenigen mit einer Strafsanktion belegt werden, die nüchtern überlegen, wie das zu erwartende Kind als eine mögliche Belastung aus der Welt geschafft werden kann. Dieser Zugriff auf das Umfeld der Schwangeren wird auf lange Sicht nicht zuletzt auch eine Hilfe für die schwangere Frau selbst sein.

Wenn der Schwangerschaftsabbruch nach der Beratung

und nach einer verlängerten Überlegungsfrist von mindestens einer Woche als letzter »Ausweg« bleibt, dann sollte
in Zukunft generell untersagt werden, daß Schwangerschaftsabbrüche in privaten Arztpraxen vorgenommen
werden. Schwangerschaftsabbrüche sollten mit anderen
Worten nur in Krankenhäusern zugelassen sein. Nach
§ 219 Absatz 1 StGB kann ein Arzt eine Schwangerschaft
straffrei abbrechen, wenn ihm die schriftliche Feststellung
eines anderen Arztes darüber vorliegt, ob die Voraussetzungen einer Indikation gegeben sind. Damit soll erreicht
werden, daß die Indikationsfeststellung nicht allein durch
den abbrechenden Arzt vorgenommen wird (wobei für diesen die Indikationsfeststellung des anderen Arztes keine
Verbindlichkeit besitzt). Gegen diese Regelung bestehen
insofern verfassungsrechtliche Bedenken, als es möglich
ist, das Gesetz zu unterlaufen. Beide Ärzte werden aufgrund des Gesetzes von staatlicher Seite nicht kontrolliert.
Durch entsprechende Absprachen und in gemeinsamem
Zusammenwirken können zum Beispiel zwei Ärzte die
soziale und ärztliche Beratung durchführen, die schriftliche
Feststellung der Indikation treffen und die Schwangerschaft abbrechen. Zum Schutz der ungeborenen Kinder
wie auch zum Schutz der Ärzte sollten deshalb jeder Verdacht ausgeschlossen und Schwangerschaftsabbrüche nurmehr in Krankenhäusern zugelassen werden.

Krankenkassenfinanzierung nicht vertretbar

Unhaltbar ist die Finanzierung von Schwangerschaftsabbrüchen durch die Krankenkassen. Dies gilt generell für
alle Indikationen außer der medizinischen. Es ist in diesem
Buch bereits dargetan worden, daß die zwangsweise Heranziehung der Pflichtversicherten zur finanziellen Beteiligung an der Tötung von Kindern im Mutterleib aus nicht
medizinischen Gründen mit der freien Entfaltung der Per-

sönlichkeit, der Menschenwürde und vor allem dem Grundrecht auf Gewissensfreiheit nicht vereinbar ist[9]. Auf diese Frage möchte ich hier daher nicht näher eingehen, sondern vielmehr dafür plädieren, daß grundsätzlich alle Schwangerschaftsabbrüche mit Ausnahme der medizinisch indizierten von den Abtreibungswilligen selbst zu finanzieren sind. Dies erscheint mit Blick auf das Lebensrecht der ungeborenen Kinder geboten, im Hinblick auf die Kosten vertretbar[10]. Nur in begründeten Ausnahmefällen sollte der Staat die Finanzierung übernehmen; denn es darf nicht der Anschein erweckt werden, als fördere der Staat strafloses, aber nach wie vor rechtswidriges Tun.

Die ursprüngliche Absicht des Bundesinnenministeriums, die Kosten für den nicht strafbaren Schwangerschaftsabbruch – soweit es sich um eine Notlagenindikation handelte – aus dem Katalog der Beihilfe zu streichen, war deshalb im Ansatz richtig. Friedrich Karl Fromme ist beizupflichten, wenn er in der Frankfurter Allgemeinen Zeitung vom 12. 06. 1985, Seite 7, schreibt: »Das schien gerechtfertigt, weil es sich hier schwerlich um eine ›Krankheit‹ handelt; das schien auch vertretbar, weil die in der Alimentation des Staates ruhende Beamtin (oder die Beamtenfrau oder -tochter) kaum von einer Schwangerschaft in die ›besonders schwere Notlage‹ getrieben werden kann, die für die ›soziale Indikation‹ Voraussetzung ist.«

Ob in Ausnahmesituationen, in denen mittellose Frauen die Kosten eines straffreien Schwangerschaftsabbruchs nicht aufbringen können, die Sozialhilfe leisten soll, müßte eingehend untersucht werden. Dagegen spricht das Prüfungsverfahren in der gegebenen Form, das der schwangeren Frau in ihrer Bedrängnis zusätzliche Belastungen aufbürdet, die unzumutbar sein können. Statt dessen bietet sich für diese Ausnahmefälle ein mit der Meldestelle verbundenes Abrechnungsverfahren aus Steuermitteln an.

Mit der Abschaffung der Krankenkassenfinanzierung würde klargestellt, daß Schwangerschaft keine Krankheit ist und es sich beim Schwangerschaftsabbruch, konkret: der Tötung eines ungeborenen Menschen, nicht um die Beseitigung einer Krankheit handelt. Wenn das öffentliche Bewußtsein in dieser Richtung nachhaltig verändert werden soll, muß die bisherige Praxis der Finanzierung von Schwangerschaftsabbrüchen durch die Krankenkassen aufgegeben werden. Dem widerspricht auch nicht die Abrechnung von Geburten über die Krankenkassen, weil die Kosten für eine Geburt der Lebenserhaltung und nicht der Lebensvernichtung dienen.

Die derzeitige Abtreibungspraxis werden wir nur dann überwinden, wenn in der Öffentlichkeit wieder deutlich wird, daß *Straffreiheit nicht gleichbedeutend* ist *mit Rechtmäßigkeit.* Deshalb muß die Abtreibung aus der Grauzone vermeintlicher Rechtmäßigkeit herausgelöst werden. Über die Konfliktproblematik hinaus geht es um die Achtung vor dem menschlichen Leben und die Würde des Menschen. Deshalb sollte jährlich im Bundestag anhand eines vom Bundesministerium für Jugend, Familie und Gesundheit zu erstellenden Berichts über Zahlen, Art und Kosten der Abtreibung das Problem erörtert werden.

Bei der Überprüfung gesetzlicher Regelungen ist zu beachten, daß die sogenannte soziale Indikation nach den Erfahrungen der vergangenen Jahre in der Praxis zu einer Art Fristenregelung geführt hat. Diese Entwicklung widerspricht der Rechtsprechung des Bundesverfassungsgerichts, das mit Blick auf das zu schützende Rechtsgut – ein Menschenleben – und das Sozialstaatsgebot des Grundgesetzes als »allgemeine Notlage« eine der medizinischen Indikation vergleichbare Notsituation verlangt. Und in der Tat: Finanziell bedingte Notlagen darf es in unserem Sozialstaat nicht geben. Die Stiftung »Mutter und Kind – Schutz des ungeborenen Lebens« ist hier ein erster wichtiger Schritt, dem weitere folgen müssen. Der Gesetzgeber hat 1985 die soziale Situation von Familien mit Kindern erheblich verbessert. Das vorliegende »Familienpaket«, das

Leistungen in Höhe von 10 Milliarden Mark umfaßt, zählt zu den größten finanziellen Entlastungen der Familien seit Bestehen der Bundesrepublik.

Erziehungsgeld, Anrechnung von Erziehungszeiten in der Rentenversicherung, Kindergeldzuschlag für einkommensschwache Familien wie auch die Bundesstiftung »Mutter und Kind« sollen verhindern, daß durch die Geburt eines Kindes materielle Notlagen entstehen. Für die berufstätige Mutter sind darüber hinaus arbeitsrechtliche Schutzvorschriften vorgesehen, die es ihr ermöglichen, nach einem – verlängerten – Erziehungsurlaub an ihren Arbeitsplatz zurückzukehren.

Was immaterielle Notsituationen betrifft, so stellt sich die Frage, ob es hierfür einer »sozialen Indikation« bedarf. Es muß nämlich deutlich hervorgehoben werden, daß wirkliche Konfliktfälle dieser Art nur einen verschwindenden Bruchteil der heute unter Berufung auf eine »allgemeine Notlage« durchgeführten Abtreibungen ausmachen. Die wenigen Fälle aber, die hier zu lösen wären, könnten durch entsprechende Einordnung und angemessene Rechtspraxis Berücksichtigung finden.

Rangordnung der Werte wiederherstellen

Dies alles gilt um so mehr vor dem Hintergrund einer fortschreitenden Entwicklung der Erzeugung von Menschen außerhalb des Mutterleibes. Der Staat kann das Wohl des Kindes – das gilt auch für das ungeborene – nicht zur privaten Disposition stellen.

Die soziale Indikation aber verleitet dazu, wie die Praxis der letzten Jahre zeigt.

Gesetzgeber und Rechtsprechung müssen den moralischen Status und das Recht des Embryo erneut bedenken. Der Frage, ob § 218 StGB nur die bestehende Schwangerschaft schützt oder den Embryo generell, werden sich die verantwortlichen Politiker stellen müssen.

Ein Volk, das um die geschichtlich-kulturellen Zusammenhänge weiß, darf das Schicksal der ungeborenen Kinder nicht der Verfügbarkeit durch den geborenen Menschen überantworten. Wer Hand anlegt an die ungeborene Nachkommenschaft – warum sollte der davon abzuhalten sein, über kurz oder lang auch Hand anzulegen an den unproduktiven Menschen?

Die Existenzerhaltung der Menschheit und die Existenzsicherung des einzelnen – geborenen – Menschen gehören zu den wichtigsten Aufgaben der Politik. Müßte man als vorrangig für den Politiker nicht auch diejenigen Aufgaben bezeichnen, die den Schutz des ungeborenen Menschen betreffen? Denn nach dem Stand der wissenschaftlichen Erkenntnis kann auch der ungeborene Mensch um seine Existenz bangen, Existenzangst empfinden. Der Geburtsvorgang ist daher kein geeignetes Abgrenzungskriterium, das ein unterschiedliches Engagement im Einsatz für das Leben rechtfertigen würde.

Der Lebensschutz des ungeborenen Menschen aber ist – wie dargelegt – dringend verbesserungsbedürftig. Das gesamte Ausmaß, die bedrückende Problematik der Abtreibung – Tötung wehrloser Menschen – wird in unserer Gesellschaft nicht wahrgenommen. Verglichen mit ihren Bemühungen gegen Krieg, Verfolgung, Zwang und Unterdrückung sind auch die Anstrengungen der Politiker gegen die Abtreibung gering. »Naturgemäß« richtet sich das Augenmerk der Politik zunächst auf den geborenen, sichtbaren Menschen. Wir haben jedoch die Rangordnung der Werte aus dem Blick verloren. Und es wird zu wenig getan, diese Rangordnung im Bewußtsein der Menschen wiederherzustellen – eine Feststellung, die wohl alle politischen Kräfte in der Bundesrepublik Deutschland trifft.

Der Kreis der angesprochenen Probleme aber verläuft parallel zum Kreis des Lebens: Wir alle können nur überleben, wenn wir dem ungeborenen Menschen das gleiche Recht einräumen, wie wir es selber als Geborene beanspruchen. Dem ungeborenen Menschen seine Existenz zu erhalten, ihm die Chance zu geben, das Licht der Welt zu erblicken, wie unsere Eltern die Geburt eines Kindes gern umschrieben haben, mithin: die Gesamtproblematik des Lebensschutzes – dies ist eine elementar wichtige, aktuelle und vorrangige Aufgabe der Politik.

[1] Evert Ketting und Philip van Praag, Schwangerschaftsabbruch – Gesetz und Praxis im internationalen Vergleich, Tübingen 1985.

[2] Vgl. im einzelnen B. Erhard, »Verdunklung, wo Klarheit erforderlich ist – Fast jedes dritte Kind vor der Geburt getötet«, S. 159 ff. in diesem Band.

[3] Bundestags-Drucksache 7/1981 (neu) vom 24. 04. 1974, S. 19: »Der Gesetzgeber und die Behörden sind aber darauf angewiesen, umfassendes Material aus dem gesamten Bundesgebiet zu erhalten.«

[4] S. 159 ff. in diesem Band.

[5] Die Zitate finden sich im Protokoll der 96. Sitzung des Deutschen Bundestages in der 7. Wahlperiode auf S. 6480, 6482.

[6] Die Umfrage ist abgedruckt in der Wochenzeitung »Rheinischer Merkur/Christ und Welt« vom 24. 02. 1984, S. 3/4.

[7] Wolfgang Furch, Mehr Schutz für das ungeborene Leben?, in: Die Neue Ordnung 3/84, S. 216 ff. (S. 219).

[8] Deutsches Ärzteblatt 22/1984, S. 1764.

[9] Vgl. die Beiträge von W. Geiger und W. Philipp in diesem Band.

[10] Vgl. hierzu auch W. Philipp in diesem Band, S. 137 ff. (S. 141 f.).

Benedikt Steinschulte

Die außerparlamentarische Aktion

Von der Schwierigkeit zu überzeugen

Der Vorsitzende des Bundestagsausschusses für Jugend, Familie und Gesundheit hat in seinem Beitrag zu diesem Taschenbuch umrissen, welche Maßnahmen getroffen werden müßten, um die Zahl der Abtreibungen zu reduzieren. Seine Schlußfolgerungen sind das Ergebnis eines Gedankengangs, der bei der Frage ansetzt, was über das hier behandelte Problem aus der Sicht des Genetikers, des Embryologen und des Arztes beweisbar festgestellt werden kann. Die eindeutige, beweisbare Auskunft lautet: *unzweifelhaft artspezifisches menschliches Leben vom Augenblick der Befruchtung an.* Dieses mit naturwissenschaftlichen Methoden ermittelte Ergebnis führt zu der Bewertung, daß das menschliche Leben von Anfang an schutzwürdig ist. Denn jeder nach Fristen abgestufte Schutz wäre willkürlich und daher unvertretbar. Aus diesen Daten hat das Bundesverfassungsgericht 1975 den Schluß gezogen, daß der Staat nur unter eng gefaßten Indikationen eine Abtreibung, d. h. die Tötung menschlichen Lebens, straflos lassen kann.

Die gegenwärtig tatsächlich feststellbare Situation auf diesem Gebiet, die in mehrfacher Hinsicht gegen das Urteil des Bundesverfassungsgerichts verstößt, provoziert die Frage, wer für die verfassungswidrigen Zustände verantwortlich ist und was zur Änderung dieser Verhältnisse sofort und mittelfristig getan werden kann.

Mangel an politischer Führung

Die Bundesregierung, genauer gesagt die die derzeitige Bundesregierung tragenden politischen Kräfte, hielten es bei der Regierungsbildung im Herbst 1982 nicht für geboten, in Wahrnehmung ihres Auftrags zur politischen Führung etwas anderes zu beschließen, als ein beim Bundesverfassungsgericht in Karlsruhe anhängiges Verfahren zur Frage der Krankenkassenfinanzierung von formal indizierten Abtreibungen aller Art abwarten zu wollen. Ein eindeutiger Verzicht auf politische Führung, weil eine Einigung mit der FDP nicht möglich erschien – immerhin hatte diese Partei das geltende Recht maßgeblich mitgeprägt.
Der christdemokratische Teil der Bonner Regierungskoalition hat aber, ganz unabhängig von Koalitionserwägungen, überhaupt nicht ernsthaft versucht – z. B. durch den Hinweis auf die in den letzten zehn Jahren eingerissenen Zustände –, mit dem Koalitionspartner eine Übereinstimmung der normativen Vorgaben des Bundesverfassungsgerichts und der tatsächlichen Verhältnisse anzustreben. Selbst als das beim Bundesverfassungsgericht anhängige Verfahren ohne Entscheidung zur Sache wegen »Unzulässigkeit« zurückverwiesen wurde, verspürte die Bundesregierung einschließlich der Mehrheit des Bundestages (= die politische Führung) keinen »Handlungsbedarf«. Diese Passivität ist um so unbegreiflicher, als mit überzeugenden Gründen von der Klägerin, einer jungen Journalistin, vor Gericht geltend gemacht wurde, daß die derzeitige Krankenkassenfinanzierung von Abtreibungen gegen das Grundrecht auf Gewissensfreiheit verstoße. Einer politischen Gruppierung, die dem »C« verpflichtet ist, müßte an sich das Menschenrecht auf Glaubens- und Gewissensfreiheit als das oberste aller Grundrechte gelten. Empfindet das die Union nicht (mehr)? Auch die FDP dürfte, wenn sie ihrer liberalen Tradition treu bleiben will, an sich keine Einwände dagegen erheben, ein Gesetz in Karlsruhe aus

diesen Gründen überprüfen zu lassen – auch dann nicht, wenn sie selbst einer der Urheber dieses Gesetzes ist.

Unabhängig von Koalitionsrücksichten auf die FDP – machtpolitisch verständlich, im Hinblick auf verfassungswidrige Zustände inakzeptabel – zeichnen sich jedoch auch die meisten der ausschließlich von Unionsparteien geführten Landesregierungen sowie die Unionsparteien selbst durch geradezu aufdringliche Zurückhaltung in dieser Frage aus, will man nicht die »Stiftung Mutter und Kind« und ähnliche materielle Hilfen für wesentliche Beiträge zur Lösung des Problems ansehen. Denn die eigentlichen Schwierigkeiten liegen eben nicht im Bereich des Materiellen. Sie sind im Gegenteil Fragen der Einstellung gerade auch in Kreisen der gut situierten Mittelschicht, die sich nicht mit Geld beantworten lassen. In dieser Hinsicht einen Wandel in die Wege zu leiten, erfordert erheblich mehr Engagement als die verschiedenen politischen Kräfte in der Bundesrepublik Deutschland derzeit zu mobilisieren bereit sind. Dies gilt insbesondere für die C-Parteien, die im Hinblick auf ihren selbstgesetzten Anspruch eigentlich in dieser Frage unter Aufbietung aller Kräfte kämpfen müßten, wenn sie nicht in Zukunft verstärkt sich dem Vorwurf der Heuchelei ausgesetzt sehen und unter Umständen weiter fortschreitende Wahlabstinenz von ehemaligen Stammwählern riskieren wollen.

Vor Jahren hat der amtierende Bundeskanzler Kohl dem damaligen Bundeskanzler Schmidt vorgehalten, sich nur als »leitender Angestellter« der Bundesrepublik zu betrachten und auf geistige Führung zu verzichten. Bei aller Zurückhaltung, die in dieser Frage für die Regierung einer pluralistischen Demokratie angebracht ist – ohne ein Element geistiger Führung degeneriert politische Führung zu kurzatmiger Interessenvertretung. Keine Frage, daß der Kanzler und die Ministerpräsidenten beider Volksparteien, besonders aber der Christdemokraten, sich zur hunderttausendfachen Tötung menschlichen Lebens anders, entschieden deutlicher, häufiger und nicht nur vor einem Publikum mit entsprechenden Erwartungen äußern könnten – äußern müßten. Auch die Bundespräsidenten haben in der Vergangenheit viele Gelegenheiten verstreichen lassen, ohne sich in der gebotenen Klarheit und Häufigkeit zu diesem Thema auf Leben und Tod zu äußern. Gerade der amtierende Präsident, mit breitester Mehrheit gewählt, der wie nur wenige Politiker den Begriff der »geistigen Führung« zu interpretieren versteht, hätte die Fähigkeit, dieses heikle Thema mit den notwendigen Differenzierungen einer weithin uninformierten Öffentlichkeit als Dauerskandal zu vermitteln und Organisationen, die sich um Abhilfe bemühen, mit seiner ganzen Autorität zu unterstützen.

Da zur Zeit weder im Bereich der politischen Führung noch in den geistig führenden Schichten der bundesrepublikanischen Gesellschaft eine wirksame Bewegung zur Eindämmung der Abortzahlen erkennbar ist, stellt sich die Frage, wie die verantwortlichen Instanzen – Parlamente, Regierungen, Verwaltung und Justiz – dazu veranlaßt werden können, sich eines Themas vorrangig, mit dem gebotenen Engagement, mit Phantasie und Durchsetzungskraft anzunehmen, das wie kaum ein anderes Aufmerksamkeit verdient, weil es hier um die unwiderrufliche Vernichtung menschlichen Lebens geht.

Ein Szenario

Im Rahmen eines kurzen Beitrages zu einem Taschenbuch lassen sich natürlich nur einige wenige Gedanken zur operativen Seite der Fragestellung skizzieren, die im übrigen nicht völlig vom theoretischen Teil des Problems zu trennen sind.

Von der Öffentlichkeit weitgehend unbemerkt, arbeitet seit Beginn der 70er Jahre eine Reihe von Gruppen in der gesamten Bundesrepublik, die sich den verstärkten Schutz des Menschen vor der Geburt zum Ziel gesetzt haben. Ihre Mitgliedschaft umfaßt Männer und Frauen jeden Alters. Diese Gruppierungen haben es mit den wenigen ihnen zur Verfügung stehenden Publikationsmitteln bisher nicht vermocht, auf das politische Geschehen effektiv Einfluß zu nehmen. Auch fehlt es offenbar immer noch an einer einheitlichen Zielvorstellung sowie an der ordnenden Hand, die der Einsatzbereitschaft und dem Überzeugungswillen von Mitgliedern und Sympathisanten Richtung und politische Wirkung verleihen könnte. Dieser Zustand muß jedoch nicht anhalten.

Man stelle sich einmal vor, der in den USA derzeit großes Aufsehen verursachende Film »The silent scream« (»Der stumme Schrei«), in dem »live« die Tötung eines ungeborenen Kindes in der ganzen Brutalität des Vorgangs gezeigt wird, würde in nächster Zeit auch in der Bundesrepublik Deutschland – nicht nur auszugsweise im Fernsehen – landauf landab in einer Art Kampagne gezeigt, wie man sie aus dem linksextremen Teil des politischen Spektrums seit den Zeiten des Vietnam-Krieges kennt. Dieser Film würde wahrscheinlich ein Beben in der Bevölkerung auslösen, das sämtliche politischen Kräfte, wenn auch in unterschiedlicher Weise, erfassen würde. Am stärksten wären hier sicherlich die Unionsparteien betroffen, deren Mitglieder, vor allem aber deren Wähler in einem für Wahlergebnisse nennenswerten Ausmaß gegen die Lethargie der eigenen Partei mobilisiert werden könnten. Im politischen Spiel von Druck und Gegendruck würde die Drohung von zwei bis drei Prozent der Wählerschaft (etwa eine Million Stimmen), für den Fall weiterer »tu-nix«-Politik auf diesem Gebiet der Bundestagswahl 1987 fernzubleiben, in den politischen Generalstäben der Unionsparteien, vielleicht sogar der anderen Parteien, größte Hektik auslösen – aus Gründen der Macht, nicht des Gewissens natürlich. Bei dem Kopf-an-Kopf-Rennen, das sich manche auf der Landesliste der Parteien nicht abgesicherte Abgeordnete liefern, würde sicher auch mancher Wahlkreisbewerber sehr nachdenklich, wie er sich wohl verhalten solle. In den USA sind auf ähnliche Weise schon vor Jahren, z. T. aus anderen Gründen, hochfliegende Karriereträume bekannter Politiker beendet worden. Gewiß, die Loyalität der deutschen Wählerschaft zu ihren jeweiligen Parteien ist erheblich größer als in den Vereinigten Staaten. Wenn aber die wahlsoziologischen Ergebnisse der letzten Umfragen nicht täuschen – politisch sensible Zeitgenossen sind schon seit Jahren dieser Überzeugung, die sich mittlerweile verdichtet –, dann läßt die Bindung der jeweiligen Wählerschaft an ihre Partei – vor allem bei der Union, aber auch bei der SPD – in gewissem Umfang nach. Es ist unverkennbar, wenn auch von den Unionsparteien noch nicht richtig erfaßt, daß gerade Jungwähler aus dem kirchlichen Milieu auf Distanz zur Union gehen, was sich in der Frage an die eigenen CDU-wählenden Eltern artikuliert: »Was ist eigentlich an der CDU christlicher als an anderen Parteien?« Und in der Tat ist heute mehr denn je eine halbwegs befriedigende Antwort auf diese Frage nur nach längeren politologischen Erörterungen und programmvergleichenden Studien möglich – dem normalen Wähler ist sie in kurzen Worten nicht mehr zu beantworten. Diese Fragen der jungen Generation wirken auf die Älteren zurück, die sich bei vorläufig gewahrter Loyalität »ihrer« Partei gegenüber allmählich fragen, ob ihre Anliegen noch in guten Händen sind.

Kurzum, dies hier entwickelte Szenario könnte uns einen Bundestagswahlkampf bescheren, in dem nicht nur wirtschafts- und finanzpolitische Fragen zur Überwindung der Arbeitslosigkeit eine Rolle spielen oder Themen der Außen- und Sicherheitspolitik, sondern auch das Thema Schwangerschaftsabbruch/Tötung ungeborener Kinder.

Irrige Auffassungen weit verbreitet

Ein Blick in die Geschichte der letzten hundert Jahre zeigt, daß die Diskussionen vor und besondes nach dem ersten Weltkrieg mit teilweise ähnlichen oder gar identischen Methoden und Parolen bestritten wurden wie zu Beginn der 70er Jahre in der Bundesrepublik (Selbstbezichtigungskampagnen, »Mein Bauch gehört mir« etc.). Ähnliches gilt für die Gegenargumente, die jedoch bei den Debatten vor mehr als zehn Jahren (ebenso wie heute) von bevölkerungspolitischen Beimischungen frei waren. Das Engagement der Abtreibungsgegner ist durch den Gedanken an das ungeborene Kind und nicht etwa durch Probleme der Einsatzstärke der Bundeswehr im nächsten Jahrtausend motiviert – auch wenn Verdächtigungen dieser und ähnlicher Art gezielt verbreitet werden. Auffällig ist jedoch, daß die Argumente der Abtreibungsbefürworter fast die gleichen geblieben sind, so als ob die darbende Arbeiterfrau und Mutter von zehn Kindern der Regelfall und Empfängnisverhütung weithin unbekannt sei. Demgegenüber können sich die Abtreibungsgegner durch die Erkenntnisse der Wissenschaft bestätigt sehen.

Sehr nachdenklich muß es stimmen, wenn immer noch, auch von hochgebildeten Zeitgenossen, die alte irrige Hypothese Ernst Haeckels – das Biogenetische Grundgesetz – als Grunddogma allen Erörterungen zugrundegelegt wird, wonach der Mensch in seiner vorgeburtlichen Phase alle Entwicklungsstadien der menschlichen Stammesgeschichte durchlaufe – so noch 1971 der Publizist Sebastian Haffner im STERN. Das »erkenntnisleitende Interesse« scheint so übermächtig, daß viele Menschen nachweisbare Fakten nicht zur Kenntnis nehmen (wollen), z. B. daß jedes menschliche Leben mit der Befruchtung artspezifisch menschlich ist. Obwohl die sozialen Verhältnisse entdramatisiert sind, obwohl Naturwissenschaft und Medizin in ihren Befunden die Annahmen der Abtreibungsgegner beweisen, verharrt ein nennenswerter Teil der Bevölkerung bei einer Argumentation, die nachweisbar falsch ist.

Eine seriöse Sachdebatte könnte zum Beispiel der Frage nachgehen, inwieweit bei den Abtreibungsregelungen in der Menschheitsgeschichte weltanschaulich-religiöse Auffassungen und naturwissenschaftliche Erkenntnisse über das vorgeburtliche Leben eine Rolle gespielt haben; insbesondere dürfte die Frage von Interesse sein, ob es eine Parallelität zwischen dem Fortschritt medizinischer Erkenntnis über das pränatale Leben und philosophisch oder moraltheologisch wechselnder Bewertung gibt.

Bei all dem wird man damit rechnen müssen, daß ein Teil der Menschen sich, aus welchen Gründen auch immer, trotz der Veränderung der sozialen und medizinisch-naturwissenschaftlichen Gegebenheiten nicht überzeugen läßt, daß menschliches Leben mit der Befruchtung beginnt, oder sich weigert, daraus die entsprechenden Konsequenzen zu ziehen. Die Lernbereitschaft und Lernfähigkeit wird insofern begrenzt sein.

Korrekturen im Geist der Verfassung anstreben

Erfolg oder Mißerfolg einer jeden Aktion sind unter anderem abhängig von der Klarheit der Zielvorstellung. In der Öffentlichkeit wird in periodischen Abständen von verschiedenen Seiten immer wieder die Forderung nach einer Änderung des § 218 erhoben. Diese Forderung läßt auf die Überzeugung schließen, daß bereits eine Gesetzesänderung den Schutz des Kindes vor der Geburt verstärke – eine Meinung, die zunächst begründet werden müßte. Die Rückkehr zum alten Gesetzeszustand ist kaum möglich. Denn auch wenn die damals genannten Abtreibungszahlen weit übertrieben waren – was anzunehmen ist, da dieselbe »Masche« in den USA für die Liberalisierung der Abtreibung äußerst hilfreich war – so muß man doch feststellen, daß trotz einer erheblichen Anzahl von Abtreibungen das damalige Gesetz kaum noch angewendet wurde. Die Gesetzesregelung war durch Nichtanwendung praktisch »ausgetrocknet«. Einem ähnlichen Prozeß der faktischen Nichtbeachtung und des bemühten »Wegschauens« ist derzeit das Urteil des Bundesverfassungsgerichts aus dem Jahr 1975 ausgesetzt – mit dem Unterschied, daß dieses Urteil alle Staatsorgane bindet und nicht direkt den einzelnen Bürger.

Es ist einer privaten Bewegung zum Schutz des ungeborenen Lebens natürlich unbenommen, ein totales Verbot jeder Abtreibung – die medizinisch indizierte ausgenommen – zu fordern. Diese vor zehn Jahren von einer Gruppe um Bruno Heck im Deutschen Bundestag eingenommene Position ist zwar vom theoretischen Standpunkt die mit Abstand konsequenteste – sie wird aber ohne vorausgegangene Maßnahmen anderer Art dem Ziel, das menschliche Leben besser zu schützen, nicht gerecht. Ein solches Gesetz würde einen vollständigen Einstellungswandel weiter Kreise voraussetzen, nicht aber bewirken. Gesetze, die die Bevölkerung innerlich nicht akzeptiert, sollten aber erst gar nicht verabschiedet werden. Ganz abgesehen davon, würde ein derartiges Anti-Abtreibungsgesetz aber auch keinen wirksamen Schutz für das ungeborene Kind garantieren. Manche Gruppen erliegen der Fehleinschätzung, eine straffe Gesetzesregelung bereits mit effektivem Schutz des Lebens gleichzusetzen. Das Beispiel der alten Rechtslage und Rechtsanwendung lehrt aber das Gegenteil. Es empfiehlt sich daher, das Urteil des Bundesverfassungsgerichts jeder öffentlichen Aktion zugrundezulegen. Die Karlsruher Richter haben versucht, eine mittlerweile im Grundkonsens tief gestörte Gesellschaft wieder zusammenzuführen. Dieses Urteil, das zum Beispiel vom katholischen Standpunkt weit entfernt ist (das Vatikanum II bezeichnet die Abtreibung als »verabscheuungswürdige(s) Verbrechen« – Gaudium et Spes Nr. 51), enthält eine Reihe von Aussagen, die Korrekturen notwendig machen, wenn dem Urteil Geltung verschafft werden soll. Es ist aber auch aus einem anderen Grund in unserem Zusammenhang von Interesse. Man kann die Rechtsordnung, insbesondere die Verfassung, als »Zeugnis für den Stand des gesellschaftlich maßgeblichen moralischen Bewußtseins« ansehen[1]. Da kontroverse Fragen, wie z. B. »Abtreibung«, rational nur auf der Basis des moralischen Bewußtseins geführt werden können, das unserer Kultur eigen ist, erhält die Verfassung insofern eine zusätzliche Funktion.

Präzises Wissen Voraussetzung für richtiges Verhalten

Angesichts weit verbreiteter Unkenntnis über das vorgeburtliche Leben, die nicht nur bei Jugendlichen, sondern auch bei überraschend vielen Erwachsenen (vielleicht auch bei dem einen oder anderen politisch Verantwortlichen) festzustellen ist, erscheint es notwendig, alle Anstrengungen zunächst auf sachgerechte Information breitester Kreise der Bevölkerung zu richten. Abgesehen von den Medien sind hier natürlich alle Bildungseinrichtungen und »Multiplikatoren« besonders angesprochen, in erster Linie die staatlichen Institutionen, die ja nicht nur ein dem Stand der Wissenschaft entsprechendes Wissen in den verschiedenen Fächern vermitteln müssen, sondern auch in ihrer Arbeit sich an der Verfassung zu orientieren haben. Hier kommt den Kultusministern in ihrer Zuständigkeit, Richtlinien und Lehrpläne zu bestimmen und deren Befolgung zu überwachen, größte Verantwortung zu.

Es müßte das vorrangige Bemühen einer Pro-Life-Bewegung sein, differenziert nach Bundesländern in Erfahrung zu bringen, was die Heranwachsenden in den Schulen über »Abtreibung« hören, sehen und lesen. Ähnlich wie das Thema »Friede« sollte die Frage des Schwangerschaftsabbruchs ein fächerübergreifendes Thema sein, das den

Heranwachsenden auf der Linie des Verfassungsgerichts ihre Verantwortung deutlich macht: Abtreibung ist nach unserer Grundrechtsordnung nicht die »Notbremse« einer vergessenen oder fehlgeschlagenen Empfängnisverhütung. Was jetzt vom Nationalrat in Österreich einstimmig beschlossen wurde, nämlich die Wehr- und Zivildienstleistenden über verantwortete Vaterschaft zu informieren, könnte ebensogut auch in der Bundesrepublik Deutschland geschehen. Der junge Bundeswehroffizier, der vor Jahren im Rahmen eines »Lebenskundlichen Unterrichts« aus eigener Initiative dieses Thema behandelte, war leider eine Einzelerscheinung. Gerade die intensive Information auch der männlichen heranwachsenden Jugend über einen Umstand, an dem ja beileibe nicht nur die Frauen ursächlich beteiligt sind, ist für eine Verminderung der Abtreibungszahlen von ausschlaggebender Bedeutung – sind es doch oft die ungewollt, gedankenlos oder zynisch Vater gewordenen Erzeuger ungeborener Kinder, die von der widerstrebenden Mutter rücksichtslos die Tötung des Kindes verlangen: »Laß es ›wegmachen‹!« Oft wird ein solches Ansinnen, dem die betroffene Frau meistens ohne Rückhalt preisgegeben ist, mit der Erpressung verbunden, sie andernfalls zu verlassen. Solange diese »Killer-Mentalität« einer nennenswerten Anzahl von Männern nicht gebrochen ist, wird eine notwendige Bedingung für die Reduzierung der Abtreibungen nicht gegeben sein. Dabei sollte das drastische Wort einer Frau zu denken geben: »Man müßte jedem Mann, der auf Abtreibung drängt, ein Messer geben mit der Bemerkung: Töte Dein Kind in neun Monaten selbst.«

Mit bloßer Information aber wird man dem Problem nicht begegnen können – dazu bedarf es der bewußten sittlichen Entscheidung, aus dem Wissen die notwendigen Konsequenzen für das Verhalten zu ziehen. Weil aber jedes ethische Urteil an einen konkreten Tatbestand knüpft, weil Gewissensbildung zunächst ein bestimmtes Wissen voraussetzt, gerade deshalb ist eine vollständige und richtig verstandene Information unabdingbar – sie ist elementare Voraussetzung für verantwortliches Handeln.

Für Verlauf und Ergebnis aller Aktionen wird bereits die Fragestellung von größter Bedeutung sein. Wer wird schon auf die Frage, wie man einer ungewollt schwangeren Frau »helfen« könne, dezidiert erklären, er wolle nicht helfen. Wer etwa antworten würde, er wolle nicht ein Kind vor der Geburt töten, müßte mit der Gegenfrage rechnen: »Sie wollen also nicht helfen?« In einer pluralistischen Gesellschaft, in der die Standpunkte zu diesem Thema so weit auseinanderliegen, ist ein rationales Gespräch auch außerhalb von Wahlkämpfen außerordentlich mühsam. Trotzdem muß man den Versuch unternehmen, durch die Fragestellung das Kind in den Mittelpunkt der öffentlichen Diskussion zu stellen – nicht die Mutter und ihre Selbstverwirklichung.

Gegen sprachliche Verfälschungen

Von besonderer Bedeutung bei dieser Informationsarbeit ist die Sprache. Es beginnt bereits mit dem Gesetzestext: War früher von Abtreibung und Leibesfrucht die Rede, so heißt es heute Schwangerschaftsabbruch – alles »sachliche«, Tatbestände formulierende Worte, die einer Wertung entstammen, die diese Tötungshandlung entweder nicht nachvollzieht oder sie gar nicht wahrnimmt. In der Systematik des Strafgesetzbuches ist der Tatbestand des Schwangerschaftsabbruchs zwar unter »Straftaten gegen das Leben« eingeordnet; aber weder der früher verwendete Begriff »Abtreibung« noch das heute vom Gesetzgeber gebrauchte Wort »Schwangerschaftsabbruch« sind wertungsneutral. Sie stammen aus der Vorstellungswelt des 19. Jahrhunderts, mißachten präziseste, beweisbare wissenschaftliche Erkenntnisse und widersprechen dem Geist der

Verfassung, wie er vom Verfassungsgericht in seinem Urteil beschrieben wird. Diese Gesetzessprache begünstigt eine Strategie, die von einer Minderheit mit größter Konsequenz durchgehalten wird: Das blutige Geschehen, das »Abtreibung«, »Schwangerschaftsabbruch«, »Eingriff« oder – absichtlich verfälschend – »Schwangerschaftsunterbrechung« genannt wird, soll als gegenständlich-sachlicher Vorgang, nicht als Tötung von Leben erscheinen; die bewußt gewählten falschen Etiketten sollen das Nachdenken ausschalten und vielleicht auch das Gewissen beruhigen. Zu welcher Perversion diese versachlichende Sprachregelung entwickelt wurde, erzählte kürzlich der zum Abtreibungsgegner gewordene ehemalige Abtreibungsarzt Dr. Nathanson: Um jede menschliche Regung unter den Ärzten und Schwestern auszuschalten, sei eine Geheimsprache entwickelt worden; der Assistenzarzt frage z. B. nicht: »Ist das Köpfchen noch drinnen?«, sondern: »Ist Nummer 1 noch drinnen?« ...

Dem wissenschaftlichen Erkenntnisstand sowie den Wertungen des Grundgesetzes entsprechend müßte die Begrifflichkeit des Strafgesetzbuches im § 218 mindestens in »Tötung menschlichen Lebens« geändert werden oder in »Tötung eines ungeborenen Kindes«, zumal nach dem Strafrechtstatbestand die ersten zwei Wochen des Lebens ganz außer Betracht bleiben, beim jungen Embryo aber bereits nach drei Wochen das Herz seine lebenswichtige Funktion ausübt. Es bliebe nicht ohne Konsequenzen für das Bewußtsein der Menschen, wenn generell statt von »Abtreibung« von der »Tötung ungeborener Kinder« gesprochen würde.

An dieser Stelle muß aber auch darauf hingewiesen werden, daß Begriffe wie »Massenmord«, »Auschwitz«, »Holocaust« – »Embryocaust« einer sachlichen Diskussion nicht förderlich sind. Denn diese Begrifflichkeit setzt bereits voraus, was vielen Mitmenschen – aus welchen Gründen auch immer – keineswegs selbstverständlich ist, daß nämlich der

Embryo ein »vollwertiger« Mensch ist. Jene Begriffswahl – vom christlichen Standpunkt her durchaus gerechtfertigt – ist sicher überwiegend aus der Verzweiflung entstanden, daß das furchtbare Geschehen der hunderttausendfachen Tötung ungeborenen menschlichen Lebens, ungeborener Kinder, eine große Mehrheit der Zeitgenossen offenbar unberührt läßt. Die Worte sollten wachrütteln – es hat aber den Anschein, daß sie eher als unproportioniert empfunden werden (bis weit in den Bereich der Kirchen hinein) und daher ihre Wirkung verfehlen.

Andererseits ist nicht zu übersehen, daß selbst aus dem Bereich der Kirchen wenig Engagement zur Änderung der gegenwärtigen Situation sichtbar wird. Das muß um so mehr verwundern, als für den religiösen Menschen hinter jedem ungeborenen Leben die Schöpfungskraft und Autorität Gottes steht, dessen Schöpfung im Fall der Abtreibung von anderen Geschöpfen zerstört wird; Gottes Wille, das von ihm den Menschen gegebene Gesetz wird mißachtet – der christliche Glaube nennt das Sünde. Die Reaktion der Christen auf diese (schwere) Sünde ist ziemlich müde – ein Symbol?

Auf die Medien einwirken

Eine Änderung des öffentlichen Bewußtseins auf diesem Gebiet ist ohne Mithilfe der Medien nicht denkbar. Mindesterfordernis ist sachliche Neutralität bei der Berichterstattung über unser Thema. Das bisherige Verhalten der Kommunikationsmittel in dieser Frage läßt da wenig sachliche Berichterstattung und Meinungsbildung erwarten. Die Zustände waren vor über einem Jahrzehnt schon so kraß, daß zum Beispiel der damalige Intendant des WDR, Klaus von Bismarck, auf Befragen zugeben mußte, daß unter allen Programm-Mitarbeitern niemand zu finden gewesen sei, der bereit gewesen wäre, aus Überzeugung einen

Kommentar gegen die damals angestrebte Gesetzesänderung zu sprechen. Die Situation in den Medien ist heute mindestens vergleichbar. Man stelle sich einmal vor, der WDR hätte vor zwei Jahren keinen Journalisten gefunden, der einen Kommentar für die sogenannte Friedensbewegung gesprochen hätte . . .

Die elektronischen Medien in der Bundesrepublik Deutschland (Hörfunk und Fernsehen) unterliegen – wenn auch in unterschiedlicher Form – der Aufsicht durch Vertreter von Parteien und gesellschaftlichen Gruppen, die ihren Einfluß geltend machen können. Hier besteht Gelegenheit, darauf hinzuwirken, bei Sach- und Personalentscheidungen dem Themenbereich Abtreibung erheblich größere Bedeutung als in der Vergangenheit beizumessen.

Die Aufmerksamkeit der Medien könnte durch spektakuläre Aktionen geweckt werden – etwa »friedliche gewaltfreie Besetzung« von Abtreibungskliniken; man darf jedoch sicher sein, daß sich die Berichterstattung hierüber anders als im Fall Mutlangen strikt an die Rechtsprechung des Bundesgerichtshofs zur Nötigung halten würde. Bleibt also nur die Möglichkeit, durch den persönlichen Einsatz vieler an ganz unterschiedlicher Stelle (z. B. Anfragen von Bürgern zu »abtreibungsfreien Zonen«) ein Netzwerk von Gesprächsstoff über die Bundesrepublik zu werfen, das die »Medienbarriere« überwindet. Die Aktionen der »Friedensbewegung«, soweit sie wirklich »gewaltfrei« waren, könnten hier durchaus als methodische Anleitung dienen.

Die innere Logik

Ende April 1985 wurde dem Hersteller des Films »The silent scream«, dem amerikanischen Arzt Dr. Bernhard Nathanson, bei einer von der Arbeitsgemeinschaft evangelischer Ärzte in der Schweiz veranstalteten Pressekonferenz von einem jungen Journalisten folgende Frage gestellt: »Wie können Sie gegen die Abtreibung sein, da Sie doch, wie Sie selbst erklärten, Atheist sind? Wenn es keinen Gott gibt, gibt es auch kein fünftes Gebot, folglich gibt es niemanden, der einem etwas verbieten kann.«

Diese Frage macht deutlich, warum – ganz unabhängig von großen Informationsmängeln – die Abtreibung als Notlösung immer noch viele Befürworter hat: Sie ist die äußerste Konsequenz eines Denkens, das prinzipiell keine Normen akzeptiert, die nicht von Menschen selbst gemacht sind. Der Gedanke, daß alles, was machbar ist, auch erlaubt ist, sofern es dem Menschen gefällt, äußert sich im vitalen Bereich des Sexuellen und hat entsprechende Konsequenzen. Wer sich auf diese Logik einläßt, wird im Bedarfsfall nicht zögern, das zu tun, was ihm machbar und zweckmäßig erscheint. Es ist die innere Logik, die Nachvollziehbarkeit dieses Tuns, die in Zukunft noch ganz andere Dinge möglich erscheinen läßt. Daher sind Gegenmaßnahmen dringend notwendig. Diese Maßnahmen sind jedoch nur dann erfolgversprechend, wenn sie dem Problem an der Wurzel begegnen. Wer die öffentlichen Stellungnahmen und Appelle, das Leben des Menschen vor der Geburt wirkungsvoller zu schützen, aufmerksam zur Kenntnis nimmt, hat immer wieder Veranlassung, sich zu wundern: Selbst in kirchlichen Verlautbarungen beginnt die Erörterung der Abtreibungsproblematik – in diesem einen Punkt der Argumentation vieler Frauenrechtlerinnen durchaus vergleichbar – erst zu einem Zeitpunkt, in dem eigenständiges menschliches Leben bereits entstanden ist. Der Konflikt ist dann aber – wenn die Mutter das Kind ablehnt – bereits unausweichlich. Die eigentlich entscheidende Frage müßte also lauten: Was ist zu tun, damit ein derartiger Konflikt ausgeschlossen werden kann? Spätestens an dieser Stelle wird für jedermann offenkundig, daß die Frage des Schwangerschaftsabbruchs auf das engste mit dem Bereich des Sexualverhaltens zusammenhängt. Die naturgegebene Verknüpfung von sexuellem Tun und (potentieller) Entstehung neuen menschlichen Lebens führt zu einer eindeutigen Schlußfolgerung. Wer vermeiden will, durch sein Verhalten möglicherweise für einen Konflikt mitverantwortlich zu sein, in dessen weiterem Verlauf menschliches Leben getötet wird, muß sich des Zusammenhangs von sexueller Betätigung und der möglichen Entstehung menschlichen Lebens immer bewußt sein. Ein Mehr an Ernst und Verantwortungsgefühl im Umgang miteinander, mehr Humanität wäre wahrscheinlich das Ergebnis.

Faßt man diesen Zusammenhang aber ins Auge[2]), so wird man auch ein weiteres Tabu unserer aufgeklärten Gesellschaft nicht unangetastet lassen können, nämlich die Art und Weise, wie in der Bundesrepublik Deutschland, die ja immerhin ein Kulturstaat zu sein beansprucht, pornographische Darstellungen aller Art feilgeboten werden. Im Hinblick auf unser Thema liegt die Frage nahe, ob diese öffentliche Zur-Schau-Stellung wirklich ohne Bedeutung für ein sittlich verantwortbares Sexualverhalten ist. Ganz zu schweigen von Gedanken an Artikel 1 der Verfassung (»Die Würde des Menschen ist unantastbar«), die Ausbeutung der Frau oder an die Menschen aus anderen Kulturen, die unter uns leben und derartige optische Prostitution aus ihrer Heimat nicht kennen. Es ist mehr als peinlich und darüber hinaus außenpolitisch schädlich, wenn deutschen Politikern in Ländern anderer Kulturen auf die (berechtigte und notwendige) Frage nach der Beachtung der Menschenrechte mit Gegenfragen nach Abtreibung und Pornographie geantwortet wird – allzu berechtigten Gegenfragen.

Schließlich ist ein letzter Hinweis notwendig. So sehr in der Bundesrepublik Deutschland große Anstrengungen zur Eindammung der Abtreibungen unabdingbar sind, so schwer wird – im Hinblick auf die Zustände in den Nachbarländern – eine durchgreifende Besserung ohne eine europaweite Trendumkehr erreichbar sein. In kaum einem anderen europäischen Land sind jedoch die verfassungsrechtlichen Voraussetzungen für einen verbesserten Schutz des Menschen vor der Geburt so günstig wie in der Bundesrepublik Deutschland.

[1] Wolfgang Kluxen, »Anerkennung des Menschen – Ethische Prinzipien und Abtreibung«, in diesem Band S. 99 ff. (S. 104).

[2] Vgl. hierzu auch P.-J. Fietz, »Ist der Papst schuld? – Aufgeklärte Ungereimtheiten«, im Anschluß an diesen Beitrag.

Paul-Johannes Fietz

Ist der Papst schuld?

Aufgeklärte Ungereimtheiten

Dieter, 25, Mathematik-Student, Stipendiat einer politischen Stiftung, die sich dem wissenschaftlichen Nachwuchs verpflichtet weiß: »Der Papst ist der größte Massenmörder unserer Zeit.« Ein nur scheinbar ernstgemeinter Diskussionsbeitrag, ein verunglückter Scherz? Mitnichten – hier wurde ohne schauspielerische Leistung voller Entrüstung die Auffassung vertreten, der Papst sei schuld an den hohen Abtreibungszahlen in aller Welt, weil er die »künstliche Empfängnisverhütung« – sprich: die Pille – katholischerseits nicht freigebe.

Daß Dieter mit der Tendenz seiner Ansicht nicht allein steht, zeigen Meinungsäußerungen allenthalben[1]. Dabei mutet die Vorstellung, jemand verzichte als Katholik aufgrund römischen Diktums auf »künstliche« Verhütung, um dann – sollte es die Situation »erfordern« – in ungleich größerem Maße sich von Rom zu entfernen und die zur sofortigen Exkommunikation führende schwere Sünde der Abtreibung zu begehen[2], eher abenteuerlich an. Mit anderen Worten: Wer dem Papst in der Frage der Empfängnisverhütung aus ehrlicher Überzeugung folgt, wird die Lehre der Katholischen Kirche zur Abtreibung gewiß nicht weniger wichtig nehmen. Ganz abgesehen von Folgerungen für das eigene Sexualverhalten.

Dies gilt zunächst für unsere Breitengrade – trotz Polen, trotz Italien, nominell katholischer Länder also, in denen die Abtreibungszahlen hoch sind. Denn das (offizielle) religiöse Bekenntnis allein sagt noch nichts über die wirklichen Motive für das Unterlassen der Empfängnisverhütung und die dann vielleicht vorgenommene Abtreibung aus.

Aber der Blick in die (Dritte) Welt? Unterstützt er die These vom Papst als dem größten Massenmörder unserer Zeit? An dieser Stelle kann nur von Lateinamerika die Rede sein, weil dort als einzigem Gebiet der sogenannten Dritten Welt die Katholiken in der Mehrheit sind; ein fruchtbarer Boden für Papst-Worte also. Aber auch in diesen Ländern dürfte nicht abgetrieben werden, soweit aus wirklich »katholischen Motiven« heraus nicht »künstlich« verhütet wird. Im übrigen vermischen sich die Gründe dort wie überall (wenn auch in unterschiedlichem Maße) mit Überzeugungen aus der eigenen kulturellen Identität und Tradition.

Bleiben schließlich diejenigen in Lateinamerika, die aus barer Unkenntnis nicht verhüten und denen allein die Kirche Wissen in »künstlicher« Hinsicht vermitteln könnte. Sind es diese, die abtreiben lassen (müssen), weil man ihnen zuvor nichts gesagt hat, sie aber kein Kind mehr in die Welt setzen wollen? Kaum, denn auch und gerade bei ihnen kommen typisch »lateinamerikanische Gründe« hinzu, die das generative Verhalten relativ unabhängig machen von der Kenntnis »künstlicher« Verhütungsmaßnahmen: Der immer noch hohen Säuglings- und Kindersterblichkeit steht gegenüber, daß Kinder als weltliches Statussymbol und durchaus auch als Zeichen göttlicher Gnade sowie als Alterssicherung gelten – möglichst viele überlebende Nachkommen sollen die Familienexistenz sichern; hinzu kommt eine Situation, die sich in weiten Teilen Lateinamerikas, auch was das Wachstum der Bevölkerung angeht, mit dem Zeitalter der Industrialisierung in Europa vergleichen läßt.

Wer hier davon ausgeht, die Abtreibung sei das Ergebnis der nicht gegebenen Pille, macht es sich zu einfach, sieht die Realität im Licht eines konkreten Feindbildes nurmehr verschwommen. Die Wirklichkeit aber ist komplizierter als der simple Gedankengang »katholisch, also keine Pille, daher Abtreibung – schuld ist der Papst« gelten lassen will. Auch in der Abtreibungsfrage läßt sie sich nicht aus einem Grund – monokausal – erklären. Viele Ursachen kommen zusammen, aber soviel scheint sicher: Das päpstliche Veto gegen die Pille ist der geringste Grund für das weltweite Abtreibungsgeschehen. Man könnte diesen Einspruch aus Rom im Gegenteil als unentbehrlich-warnendes Stopp-Schild auf jener abschüssigen Bahn der »Verhütungsmentalität« bezeichnen, von der noch die Rede sein wird.

Die angedeuteten sozio-kulturellen Unterschiede und Eigenheiten schiebt man jedoch souverän beiseite, kultiviert statt dessen die eigenen Vor-Urteile, die schließlich recht präzise sind. So, wie man allen Ländern dieser Welt unsere Form der Demokratie verordnen möchte, ohne die kulturellen, religiösen, weltanschaulichen Bedingtheiten einer Staatsform zu sehen, so will man auch die bevölkerungspolitischen Probleme der Dritten Welt (oder das, was man dafür hält[3])), mit dem ceterum censeo eines päpstlichen Pillen-Plazets in den Griff bekommen.

Ein Mitglied des Bundeshauptausschusses der FDP etwa schreibt an die Frankfurter Allgemeine Zeitung (FAZ vom 25. 09. 1984): »Es ist für mich als Katholiken bedrückend, daß meine Kirche nach wie vor in den Fragen der Geburtenkontrolle und Familienplanung eine derart starre, menschenfeindliche Haltung einnimmt.« Und in der Pose des besonnenen Samariters führt er Klage über die »wahnwitzige Bevölkerungsexplosion« – wobei sich eine Prise Zynismus nicht vermeiden läßt: »Jedes Kind – weltweit gesehen –, das nicht geboren wird, ist ein Segen.« Deshalb sei Nahrungsmittelhilfe an Entwicklungsländer abzulehnen, »es sei denn, sie ist mit ganz strengen Auflagen für Maßnahmen der Geburtenkontrolle verbunden«.

Soweit es um Standpunkte und Einfluß der Katholischen Kirche geht, empfiehlt sich an dieser Stelle ein erneuter Blick auf das »katholische« Lateinamerika. Nehmen wir zu den Stichworten »Bevölkerungsexplosion«, »Überbevölkerung« das Beispiel Brasilien. Dieses Land mit seinen 8,5 Millionen Quadratkilometern reicht an die Größe Europas einschließlich des europäischen Teils der Sowjetunion und der Türkei heran (10,5 qkm); es hat aber »nur« 130 Millionen Einwohner, so daß durchschnittlich 15 Brasilianer auf einem Quadratkilometer wohnen. Zum Vergleich: In Europa sind es bei einer Bevölkerungszahl von annähernd 690 Millionen 65, ohne die europäischen Gebiete der Sowjetunion und der Türkei bereits 99, und in der Bundesrepublik Deutschland, die noch nicht einmal an der Spitze der »Weltrangliste« steht, teilen sich im Durchschnitt gar 247 Einwohner einen Quadratkilometer. Man sieht daran, daß »Überbevölkerung« ein relativer und daher frag-würdiger Begriff ist. Verwendet man ihn trotzdem, so läßt sich mit aller Vorsicht die These vertreten, daß Lateinamerika nicht überbevölkert ist, sondern sich – im Gegenteil – soeben bevölkert.

Aber abgesehen vom oftmals – das Beispiel zeigt es – unnötig dramatisierten Wachstum der Weltbevölkerung, abgesehen auch von dem Eindruck, daß mit den Geburtenraten nur die Symptome, nicht aber die Ursachen des Elends in den Blick genommen werden – abgesehen davon ist es durchaus fraglich, ob das Problem der Dritten Welt in der Tat die mangelnde Kenntnis familienplanender – »künstlicher« – Verhütung ist: Warum eigentlich sollen wir mit all dem, womit wir in Europa (wohlwollend beurteilt) ambivalente Erfahrungen gemacht haben[4], auch die »Entwicklungsländer« belästigen, die in diesem Punkt vielleicht gar nicht so entwicklungsbedürftig sind? Zumal die sicher unverdächtige Weltgesundheitsorganisation (WHO) festgestellt hat, daß »NFP«, die nicht mit Knaus-Ogino zu verwechselnde »natürliche Familienplanung«, neben anderen Vorteilen dieselbe Sicherheit wie die Pille bietet.

Interessanterweise beginnt man auch in Teilen des einschlägigen Spektrums die gerufenen Geister zu verfluchen.

So ist in dem von Abtreibungsbefürwortern geschriebenen Buch »Die Neuen Moralisten«[5] freimütig die Rede von möglichen Folgeerscheinungen der Pille – Beschwerden, die im übrigen ja längst bekannt sind: Depressionen, psychische Labilität, Kopfschmerzen, Spannen bzw. Schmerzen in den Brüsten, Zwischenblutungen, Übelkeit, Gewichtszunahme, Veränderungen in der sexuellen Erregbarkeit, häufigere Pilzinfektionen. Aber während in der Bundesrepublik Deutschland Leute, von denen man es nie erwartet hätte, Sätze wie diesen referieren: »Diese Pillenfresserei, ich mach's nicht mehr mit...«, möchten andere die schönen Pillenerlebnisse auch der Dritten Welt nicht vorenthalten oder gar zwangsweise verordnen. Christa Randzio-Plath im selben Band (S. 63): »Die Pharmaindustrie wünscht das Versuchsfeld Frauen in der Dritten Welt für ihre Pillen und Verhütungsmittel nicht zu verlieren.«

»Sexualität und Kinderkriegen«

Für den Mann stehen jedoch andere Überlegungen im Vordergrund – hätte es doch einiges an Vermessenheit, über das körperliche Befinden der Frau urteilen zu wollen. So greifen wir auf Max Horkheimer zurück, den Begründer der zur Legende gewordenen »Frankfurter Schule«, der bereits 1970 vor dem Hintergrund seiner »Kritischen Theorie« resümierte: »Die Pille müssen wir mit dem Tod der erotischen Liebe bezahlen«[6]. Muß dieser Tod auch noch Exportartikel sein? Derb spricht Germain Greer von der »Verdrängung der (eigentlichen) Sexualität durch reine Genitalität«[7], und in dem schon erwähnten Buch gegen »Die Neuen Moralisten« drückt es der laut Autorenverzeichnis als Hausmann und freier Journalist lebende Dieter Schnack so aus: »Ich war es gewohnt, eine fertig verhütete Frau im Bett zu haben« (S. 141). Und weiter (S. 150): »Immer mehr Frauen sind nicht mehr bereit, mit Pille und

Spirale zu verhüten. Die Gründe dafür sind nicht nur in einem gestiegenen Gesundheitsbewußtsein zu suchen (...). Viele Frauen sind es auch einfach leid, daß ein Teil von ihnen völlig stillgelegt wird. Uns Männern dürfte es guttun, wenn wir wieder erlernen, daß Sexualität und Kinderkriegen sehr eng beieinanderliegen.«

Man muß sich den letzten Satz schon auf der Zunge zergehen lassen, um zu ermessen, daß der Rowohlt-Verlag hier – unbewußt und vom Autor sicher ungewollt – so etwas wie eine späte Rechtfertigung der päpstlichen Ehelehre veröffentlicht. »Sexualität und Kinderkriegen« liegen sehr eng beieinander – und sollten deshalb nicht »künstlich« auseinandergerissen werden. Eben dies meint man auch in Rom.

Moral der Notbremse: machen – wegmachen

Warum also will man mit der – als Oberbegriff gemeinten – Pille (naiv-unwissend oder kühl-berechnend) unsere sexuell-emanzipatorische Revolution exportieren, die – über eine Veränderung des Bewußtseins von der Würde der Person – den Boden urbar gemacht hat für die Abtreibung? Denn die Wahrheit dürfte, wie bereits angedeutet, in der Umkehrung jener Aussage liegen, die uns zu Beginn der angehende Mathematiker Dieter zu suggerieren versucht hat. Machen wir uns den Zusammenhang klar zwischen der Moral der freien Liebe, jener gedankenlos ausgelebten Sexualität, die den Innsbrucker Professor Heribert Berger von »neurotischem Sexualverhalten« sprechen ließ, und der Moral der Notbremse, der Bereitschaft, als letztes Mittel der Verhütung das ungeborene Kind »wegzumachen« wie man es zuvor »gemacht« hat.

»Mit der Sprache beginnt es. Hier haben sich all die Augstein und Nannen ein besonders kräftiges Schulterklopfen verdient.

Nachdenklich werden sollten aber auch die Verantwortlichen der öffentlich-rechtlichen Sendeanstalten, die zuhören, wie beispielsweise der Südwestfunk in seinem dritten Hörfunkprogramm SWF 3 – einem Sender, der vor allem junge Leute anspricht – anregend-gut-gemachte Werbespots für das »Männermagazin« PENTHOUSE ausstrahlt. Nach wie vor aktuell ist insofern die Klage, die die Neue Zürcher Zeitung (NZZ) bereits 1963 in anderem, aber durchaus vergleichbarem Zusammenhang über die »Veraugsteinerung der Intelligenz« führte (damals ging es um die äußere, hier geht es um eine Art der inneren Landesverteidigung): »Stil und Substanz sind im Falle des ›Spiegels‹ schwer zu trennen. Mit so blasierter Ueberheblichkeit, so angeekelt von einer Welt, wo außer dem ›Spiegel‹ selbst nur Dilettanten und Korrumpierte am Werk sind, so leichtfüßig nach links, rechts, oben, unten kickend, so ›wertfrei‹ kann nur schreiben, wer sich am blanken Nichts orientiert oder nichts weiter als Abbruch im Sinne hat.« Und der Ausblick: »Deutschlands Nachbarn und Partner könnten sich auf einiges gefaßt machen, wenn die Geisteshaltung des ›Spiegels‹ zur Geisteshaltung einer deutschen Generation werden sollte.«[8]

Inzwischen sind 23 Jahre vergangen, und das Ergebnis liegt auf dem Markt. Die Sprache allein sagt viel über die Verfasser und alles über den Inhalt.

Verhütungsmentalität

Ist es Zufall, daß zunächst über die Pille für Elfjährige nachgedacht wird, sodann über die »sanfte Pille danach«[9] (ein Frühabtreibungsmittel) und schließlich unter der Überschrift »Neu! Schwangerschaftsabbruch bis zur 10. Woche« über die »schmerzlose Abtreibungspille«[10]? In der »Sprechstunde über Sexualprobleme« bei Professor Dr. Ernest Bornemann in der »Neuen Revue« vom 04. 04. 1985 erfahren wir anschließend, daß der Geschlechtsverkehr schon mit neun Jahren beginnt«. Aha.

Die Beispiele in Deutschlands Druckgewerbe (West) sind unerschöpflich. Da gibt es die vom Fischer-Verlag verlegten »Mädchenfragen« der Holländerin Matine Carton[11]. Nach vielen praktischen Handreichungen für den täglichen Sex-Gebrauch (das Kapitel »Sich selbst streicheln gehört zum Leben« etwa gibt detaillierte Masturbationsanweisungen; aber auch die Spiele zu zweit kommen nicht zu kurz) stößt man folgerichtig auf die Kapitel »Abtreibung ist kein Mord« und »Willst Du ein ungewünschtes Kind bekommen?«.
Dort lesen wir: »In den ersten Wochen der Schwangerschaft ist die Frucht noch kein Baby; es ist ein ganz kleines Etwas in deinem Bauch, in deiner Gebärmutter, das sich erst zu einem selbständig lebenden Wesen entwickeln wird. Dieser Entwicklung können wir noch zuvorkommen während der ersten 2½ Monate, und zwar durch einen Arzt. Das nennen wir Abortus, Abtreibung oder Schwangerschaftsabbruch.« (S. 33). Und eine Seite weiter: »Abtreibungsgegner schreien ›Mord!‹, was natürlich Quatsch ist. Mord bedeutet etwas Lebendiges ermorden, also kann man etwas, was nicht lebt, auch nicht ermorden. Wohl kann man aber dem vorbeugen, daß es Leben wird.«
Obwohl der naturwissenschaftliche Befund eindeutig ist[12], wird so etwas gedruckt, gelesen und – geglaubt. Als sollte die These von der »Verhütungsmentalität« gestützt werden, nach der man bereit ist, als letztes Mittel der Familien- oder individuellen Lebens-Planung auch die Abtreibung einzusetzen, wird im selben Band auf S. 53 festgestellt, daß »inzwischen die Pille und die Abtreibung nichts Außergewöhnliches im Leben mehr sind«.

Ein weiteres Beispiel: Die Familie Zwerenz. Vater Gerhard schreibt die Pornos, pardon: »Erotische Kalendergeschichten«, Mutter Ingrid und Tochter Catharina sorgen sich um die Abschaffung des § 218 des Strafgesetzbuches[13]. Das Töchterchen, damals (Teil 1 setzt 1972 ein) 16 Jahre alt –

jovial nennt sie den Papa »Gerhard« –, ist kompetent genug, Schillers »Kindesmörderin« schlicht »zum Kotzen« zu finden. In aufgeklärt-unverklemmter Diktion (»Vögeln ohne Folgen«) geht sie die Probleme an und weiß: »Der Paragraph 218 gehört in die allgemeine Prüderie« (S. 180). Der Fischer-Verlag war sich auch in diesem Fall nicht zu schade.

Das Stichwort ist nicht Prüderie, sondern Moral. Eine auf soliden Fundamenten gegründete Moral dürfte im Vergleich zu innerweltlichen Hedonismustheorien, die Selbstverwirklichung, Entfaltung und Sinneslust an die erste Stelle setzen, noch immer die sicherste Gewähr dafür bieten, daß das Lebensrecht auch des ungeborenen Kindes anerkannt wird, das man zunächst äußerlich nicht sieht. Ist man dort von keinerlei Skrupeln mehr »gefesselt«, wird man auch hier die »notwendigen Konsequenzen« recht schnell zu ziehen bereit sein. – Prüderie?

Von taktischen Lügen und entschlossenen Minderheiten

Insofern ist es verständlich, daß Hauptgegner militanter Abtreibungsbefürworter, nach denen es allein die Entscheidung der schwangeren Frau zu sein hat, ob sich der Daumen hebt oder nach unten senkt, die Katholische Kirche mit ihrer – relativ – festgefügten Hierarchie und Ehelehre sein muß. Zu den dabei angewandten Methoden äußerte sich vor drei Jahren in der irischen Hauptstadt Dublin der Gynäkologe Dr. Bernard Nathanson, 1968 einer von vier Gründern der »Nationalen Vereinigung für die Aufhebung des Abtreibungsgesetzes« (National Association for Repeal of Abortion Law – NARAL) in den USA, danach Gründer und langjähriger Direktor der größten Abtreibungsklinik der Welt – des »Zentrums für reproduktive und sexuelle Gesundheit« in New York. Heute steht Nathanson in der amerikanischen »Pro-Life-Bewegung« an vorderster Stelle und berichtet über die »faustdicken, unverschämten, unverfrorenen Lügen«, mit denen die NARAL die »katholische Karte« spielte – für ihn »die wichtigste und wirkungsvollste Taktik«[14].

»Die Medien«, so fährt er fort, »nahmen das Thema auf und hämmerten es der amerikanischen Öffentlichkeit ein«. »Eine Lieblingstaktik der Gruppen für die Abtreibung« sei es weiter, »den wissenschaftlichen Beweis, der unwiderlegbar zeigt, daß das Leben bei der Empfängnis beginnt«, abzustreiten. Daß bei uns der publizistische Vorturner dieser Bewegung in Hamburg wohnt und STERN heißt (auch wenn er im Mai 1985 dem zwischen den Stühlen sitzenden Franz Alt unter der Überschrift »Du sollst nicht töten« einen Platz geboten hat) – wen wundert's? Im Verlauf der grobschlächtigen Selbstbezichtigungskampagne von 1971 (»Wir haben abgetrieben!«) vertrat etwa Sebastian Haffner am 8. August in seiner STERN-Kolumne die Meinung, »erst bei der Geburt entsteht menschliches Leben«. Eine nachweisbar falsche Behauptung. Mit gleichem Recht und auf gleichem Niveau könnte man sämtliche beweisbaren Erkenntnisse und Ergebnisse der Wissenschaften – von »zwei mal zwei ist vier« bis zum Datum der Machtergreifung 1933 – zur »Ansichtssache« erklären oder schlicht bestreiten. Um aber auch den letzten Zweifel an seiner Kompetenz auszuräumen, fährt Haffner fort, der Drei-Monats-Fötus sei »Leben etwa auf der Stufe der Qualle oder der Kaulquappe«. Eine solche »Kaulquappe« ist auf der letzten Seite der Bilddokumentation in diesem Band sehr schön wiedergegeben.

Etwas subtiler geht STERN-Redakteurin Uta König zu Werke.

»Bis zum Jüngsten Tag«, schreibt sie in der Ausgabe vom 15. Mai 1985, »bis zum Jüngsten Tag werden sich Theologen, Psychologen, Juristen, Naturwissenschaftler und Politiker streiten, wann menschliches Leben beginnt«.

Allein: Zwischen Menschen, die sich auch nur ein wenig

mit der Materie beschäftigt haben, gibt es diesen Streit nicht mehr. Der Jüngste Tag ist insofern bereits angebrochen. Menschliches Leben beginnt unzweifelhaft im Augenblick der Befruchtung – den experimentellen Beweis hat das »Retortenbaby« erbracht[15].

Fraglich kann allenfalls sein, ob es sich in diesem frühen Stadium bereits um einen »vollwertigen« Menschen handelt – nicht »nur« um menschliches Leben im biologischen Sinne. »Selbstverständlich ist ein Embryo ein sich entwikkelndes menschliches Leben, aber er ist noch kein Kind«, meint etwa Melitta Walter vom Pro-Familia-Bundesvorstand[16]. Die von ihr und anderen vertretene Grenzziehung (der Mensch beginnt mit der Geburt) ist jedoch zu oberflächlich, zu sehr von Äußerlichkeiten geprägt[17]. Gerade eine philosophische Betrachtungsweise wie die hier angesprochene Unterscheidung zwischen menschlichem Leben und Mensch kann nicht den sich ohne »Qualitätsänderung« vollziehenden Geburtsvorgang zum Abgrenzungskriterium solch weitreichender Art erklären.

Aber auch andere – vorgeburtliche – Schwellen, die das menschliche Leben nach mancher Ansicht erst überwinden muß, um zum Menschen zu werden, erscheinen als willkürliche Unterbrechungen einer kontinuierlichen Entwicklung. Da es überdies keine anerkannt-allgemeinverbindliche und alle Grenzsituationen des Lebens erfassende Definition dessen gibt, was den Menschen ausmacht, spricht alles dafür, unter Verzicht auf un-natürliche Grenzziehungen die Zugehörigkeit zur Spezies »Mensch« im Augenblick der Befruchtung entscheidend sein zu lassen[18].

Aber zurück zu Bernard Nathanson. Im Jahre 1968, so fährt der ehemalige Abtreibungsbefürworter fort, habe die Gruppe NARAL gewußt, »daß, wenn man eine sorgfältige, ehrliche Umfrage über die Meinung der Amerikaner zur Abtreibung gemacht hätte, wir eine klare, vernichtende Niederlage erlitten hätten. Was wir nun taten war folgendes: Wir gaben Zahlen an die Medien und an die Öffentlichkeit weiter mit der Erklärung, wir hätten Umfragen gemacht und tatsächlich seien 50 oder 60% der Amerikaner für eine Legalisierung der Abtreibung. Das war natürlich die sehr einträgliche und sehr erfolgreiche Taktik der sich selbst erfüllenden Prophezeiungen. Denn wenn man der amerikanischen Öffentlichkeit lange genug sagte, daß jeder für die Legalisierung der Abtreibung war, dann würde automatisch mit der Zeit wirklich jeder für die Abtreibung sein. Nur sehr wenige Leute sind gern in der Minderheit. Dies war eine unserer sehr nützlichen Taktiken, die Verwendung von erfundenen, unehrlichen, doppeldeutigen Umfragen (...).«

Diese taktischen Lügen, mit deren Hilfe eine »entschlossene Minderheit« in den USA die Freigabe der Abtreibung durchsetzte, scheinen kein Spezifikum der USA, sondern eher symptomatisch zu sein. Wie schrieb Alice Schwarzer am 6. Juni 1971 im STERN – natürlich ohne Quellenangaben, ohne Nachweise, ohne irgendwelche Belege, die die Klarheit der Aussage nur hätten trüben können: »Auf eine Million jährlich wird die Zahl der Abtreibungen in der Bundesrepublik geschätzt.« Und in der Einleitung eines »Beck-Rechtsberaters im dtv« heißt es ähnlich nebulös: »Demonstrationen und eine starke Öffentlichkeitsarbeit führten dazu, daß sich 60% der Bundesbürgerinnen gegen das Abtreibungsverbot aussprachen.«[19] Zweifel an diesen Zahlen, Umfragen und Schätzungen sind nicht erst seit Nathanson erlaubt.

[1] Vgl. etwa »Die Bevölkerungsexplosion in Lateinamerika und die Kirche«, Leserbrief in der Frankfurter Allgemeinen Zeitung (FAZ) vom 03. 04. 1985: Die katholische Kirche trage »eine schwere Verantwortung für die Zustände in Lateinamerika«.

[2] Vgl. Can. 1398 des Codex Iuris Canonici von 1983.

[3] Vgl. etwa DIE WELT vom 08. 05. 1985, S. 6, Interview mit Professor Friedrich August von Hayek: »Keine Angst vor Bevölkerungsexplosion«.

4) Vgl. nur »Rheinischer Merkur/Christ und Welt« vom 26. 01. 1985: »Die Pille gilt nicht allen mehr als Stein der Weisen«; DIE WELT vom 15. 02. 1985: »Immer weniger Frauen schlucken die Pille«.

5) Herausgegeben von Susanne von Paczensky und Renate Sadrozinski, Reinbek 1984, S. 80 ff. (S. 81).

6) Max Horkheimer, Die Sehnsucht nach dem ganz Anderen, Hamburg 1970, S. 74. Seine Begründung: »Liebe gründet in der Sehnsucht, in der Sehnsucht nach der geliebten Person. Sie ist nicht frei vom Geschlechtlichen. Je größer die Sehnsucht nach Vereinigung mit dem geliebten Menschen ist, um so größer ist die Liebe. Hebt man nun dieses Tabu des Geschlechtlichen auf, fällt die Schranke, die Sehnsucht weitgehend erzeugt, dann verliert die Liebe ihre Basis. (. . .) Die Pille macht Romeo und Julia zu einem Museumsstück. Lassen Sie es mich drastisch sagen: Heute würde Julia ihrem Romeo erklären, daß sie nur noch schnell die Pille nehmen wolle und dann zu ihm komme.«

7) Zit. nach Ernst Zilligkofer, Ehe ohne Trauschein, Stuttgart 1976, S. 81.

8) Fred Luchsinger in der NZZ vom 05. 01. 1963: »Zwischenbilanz der ›Spiegel‹-Affäre«.

9) »Vital« 5/85, S. 120.

10) »Neue Revue« vom 19. 10. 1984, S. 114. Zwischenfrage: Schmerzlos für den Embryo? – Der Bonner »Express« macht am 2. Juli 1985 mit der Schlagzeile auf: »Neue Pille! Frauen können selbst abtreiben«.

11) Frankfurt a. M. 1982.

12) Vgl. nur die Beiträge von E. Blechschmidt und J. Lejeune sowie die Bilddokumentation in diesem Band.

13) Ingrid Zwerenz, Frauen – Die Geschichte des § 218, Frankfurt a. M. 1980.

14) Die Rede in Dublin ist wiedergegeben in einem Faltblatt der Europäischen Ärzteaktion in Ulm sowie – leicht gekürzt – in der Zeitschrift »Der Fels« 12/84, S. 346 ff.

15) Vgl. hierzu J. Lejeune (S. 25 f.) sowie W. Kluxen (S. 105) in diesem Band.

16) STERN Nr. 21 vom 15. 05. 1985, S. 15.

17) Vgl. in diesem Zusammenhang das »Astronauten-Beispiel« Lejeunes in diesem Band auf S. 28.

18) Vgl. W. Kluxen, »Anerkennung des Menschen – Ethische Prinzipien und Abtreibung«, in diesem Band S. 99 ff. (S. 105 ff.).

19) Renate Augstein/Hans-Georg Koch, Was man über den Schwangerschaftsabbruch wissen sollte, München 1984, S. 28 f.

Elisabeth Richenhagen

Wissen und Gewissen

Das Leben vor der Geburt in der medizinischen Ausbildung

Wenn ich mich zu dem umstrittenen Thema Abtreibung äußere, so tue ich dies als junge Frau und Mutter eines zwei Jahre alten Sohnes sowie als Ärztin, deren Erfahrungen aus der Studienzeit und den Anfangsjahren der Berufsausübung noch nicht lange zurückliegen.

In einer Zeit, in der jährlich nach Angaben von Fachleuten weit über 200 000 Abtreibungen in den Kliniken und Praxen durchgeführt werden[1], muß sich jeder, der aktiv oder passiv daran beteiligt ist, die Frage stellen lassen, inwieweit er sich über die Tragweite solchen Handelns im klaren ist.

Biologisch gesehen läßt sich der Anfang menschlichen Lebens eindeutig definieren. Es beginnt mit der Verschmelzung zweier Keimzellen – einer weiblichen Eizelle mit dem männlichen Spermium. Das so befruchtete Ei weist im Normalfall 46 Chromosomen auf, die die genetische Information für das wachsende Kind bereits vollständig enthalten. Es wird Arme und Beine, eine typische Kopfform und vielleicht braune Augen und dunkles Haar haben, aber es liegt nicht in unserer Macht vorauszubestimmen, ob dieser Mensch ein Musiker oder ein Maschinenschlosser werden wird, ob ihm ein langes oder kurzes Leben mit mehr oder weniger Sorgen beschieden sein wird oder welche geistige und körperliche Entwicklung er durchmachen wird. Es ist also nicht nur die genetisch exakt determinierte Zellzahl, deren äußeres Erscheinungsbild der Vorstellung entspricht, sondern der Geist und die Seele, die den Menschen ausmachen und ihn als »homo sapiens« über das Tier erheben.

Fehler im genetischen Code – Mißbildungen

Es kommt vor, daß die befruchtete Eizelle, die sich nach einem komplizierten und empfindlichen, aber vollständig determinierten Mechanismus entwickelt, einen Fehler im genetischen Code aufweist. Dank unseres hohen wissenschaftlichen Entwicklungsstandes vermag der Arzt heute, mittels der Entnahme von wenigen Fruchtwassertropfen (Amniozentese) in begrenztem Umfang eine Aussage über eine zu erwartende Mißbildung des Kindes zu machen. Diese Tatsache nehmen viele dann als moralische Rückendeckung für die »Rechtmäßigkeit« einer Abtreibung. Die vorzeitige Eliminierung solcher »benachteiligten« Kinder im Mutterleib bringt bei eingehender Überlegung bestenfalls der Umgebung, der Gesellschaft einen Nutzen, nie aber dem kranken Individuum selbst. Liegt eine sehr schwerwiegende Mißbildung vor, so kommt es ohnehin in den meisten Fällen zu einem spontanen Absterben der Frucht. Noch läßt sich nicht mit absoluter Bestimmtheit jede Mißbildung vorhersagen. Erforscht sind erst eine gewisse Anzahl von Erbkrankheiten wie der Mongolismus, bestimmte Stoffwechselstörungen oder progressive Muskelkrankheiten: Man kennt das Erscheinungsbild und weiß um mögliche Therapieformen. So können sich beispielsweise zum Zeitpunkt der Zelluntersuchung teilweise veränderte Chromosomen zeigen, die jedoch nicht eine erkennbare Mißbildung bei dem Kind hervorrufen müssen, sondern sozusagen als verstecktes Vererbungsmuster erst in der nächsten Generation auftreten können. Haben solche Kinder kein Recht darauf, geboren zu werden? Eine wie auch immer geartete Mißbildung rechtfertigt doch nicht die Geringschätzung des Lebenswertes; kein Mensch wird den Intelligenzgrad oder die Lebensfreude, die in einem solchen Kind stecken, vorhersagen können. Aus meiner eigenen Verwandtschaft weiß ich, daß durchaus positive Signale von geistig und körperlich behinderten Kindern ausgehen können. Die Kinder zeigen meist einen großen Selbstbehauptungswillen, eine unbändige Tatkraft und Energie, und sie äußern ihre Emotionen oder ihre motorische Freude ganz offen. So bilden sich selektive Eigenschaften wie ein exzellentes Gehör und die Freude an der Musik beispielsweise bei einer angeborenen Blindheit aus. Leider sind solche Kinder immer noch vielen Schwierigkeiten in persönlicher und gesellschaftlicher Hinsicht ausgesetzt; diese Situation gilt es, durch unseren persönlichen Einsatz immer weiter zu verbessern – aber wer wird behaupten wollen, daß jenes Leben nicht vollwertig ist? Ein Ja zum Kind jedenfalls müßte an sich auch ein Ja zu einer Behinderung bedeuten.

Der oben beschriebene Trend zu einer verstärkten genetischen Frühdiagnostik birgt meiner Ansicht nach die Gefahr in sich, daß Gesundheit lenkbar wird und daß der Ausmerzung »lebensunwerten« Lebens Vorschub geleistet wird.

Wenn es die Aufgabe der Medizin sein soll, gegen Krankheit und Tod, für die Gesundheit und für das Leben zu kämpfen, so muß der Arzt im besonderen konsequent handeln und danach leben. Er soll nach bestem Wissen und Gewissen einen von der Natur verursachten »Schaden« zu mildern versuchen. Wenn so viel von Humanität geredet wird, sollte die Diskussion auch dort ansetzen, wo »Menschsein« beginnt, nämlich im Augenblick der Verschmelzung zweier Keimzellen. Es ist ein sehr subjektives Unterfangen, den Beginn menschlichen Lebens zu einem späteren Zeitpunkt festzusetzen, sei es nun die Einnistungsphase, sei es ein Zeitpunkt abgeschlossener Organentwicklung, z. B. der Nieren oder des Herzens nach 21 Tagen, oder sei es das erste Zeichen einer Gemütsäußerung des Föten nach drei Monaten. Selbst das Verhindern der Nidation der Morula, also das Verhindern des Einnistens der bereits befruchteten Eizelle in die Gebärmutterschleimhaut, bedeutet Vernichtung von Leben, da das wachsende Kind nach wenigen Tagen zugrunde gehen wird, wenn es an der Ernährung seitens des mütterlichen Organismus gehindert wird.

Bloße Wissensvermittlung im Medizinstudium

Während des Universitätsstudiums habe ich als Studentin in den Vorlesungen nur am Rande etwas über Praxis und Problematik von Abtreibungen erfahren.

Der Mediziner unterscheidet zwischen dem »Abortus criminalis«, der durch Seifenlaugenspülungen, Fruchtblasensprengung oder Einführen von Fremdkörpern in die Gebärmutter hervorgerufen wird, und der »legalen Interruptio graviditatis«, die heutzutage üblicherweise durch eine »Abrasio«, d. h. durch das instrumentelle Ausschaben der Gebärmutter, herbeigeführt wird. Jeder Fachkundige weiß um die möglichen Spätfolgen dieser Manipulation: Es kann bei einer später erwünschten Schwangerschaft beispielsweise zu Frühgeburten, zu Eileiterschwangerschaften oder zur Sterilität kommen mit allen dazugehörigen Risiken für das Wohl und das Leben der betroffenen Frau[2].

Bei der Rückblende auf die klinischen Semester an der Universität, also dem mehr praxisorientierten Teil des Medizinstudiums, wird mir bewußt, worauf man bei der Ausbildung zum Arzt Wert legt. Es geht um die Vermittlung von Daten und Fakten, von immer präziseren und technisch ausgereifteren Operationstechniken, von neuen Therapiemöglichkeiten mit immer besseren Pharmaka, von sich ständig weiterentwickelnden diagnostischen Möglichkeiten, die dem Arzt von heute mit an die Hand gegeben werden. Dies ist zweifelsohne ein wichtiges Anliegen,

gerade wenn man bedenkt, daß es im Bereich der Intensiv-
medizin in den letzten Jahren zu einer deutlichen Verbesserung der Überlebenschance nach Akutsituationen wie
beispielsweise einem Herzinfarkt, nach großen chirurgi-
schen Eingriffen oder nach der notfallmäßigen Erstversor-
gung Schwerstverletzter gekommen ist. Da bleibt dann am
Rande der Vorlesung nur noch wenig Zeit, um mit den
Professoren oder den Kommilitonen in Grundsatzdiskus-
sionen über das menschliche Leben vor der Geburt einzutreten. Allenfalls werden die unterschiedlichen Standpunkte zum Sterben bzw. zum Leben nach dem Tod
erkennbar, also den Grenzsituationen des Lebens, wo es
nicht mehr in der Macht des Arztes liegt zu heilen.
Tritt der so vorbereitete junge Arzt in den Berufsalltag ein,
wird er sich zunächst sehr umsehen müssen, um mit der
Realität von Krankheit und menschlicher Not zurechtzu-
kommen. Schon nach wenigen Monaten wird er viel dazu-
gelernt haben, und es wird sich zeigen, welche Grundsätze
sein weiteres Leben, sei es beruflich oder privat, bestimmen werden.
Wenn ich an meine Anfangsjahre als Ärztin zurückdenke,
so hebt sich sehr deutlich meine Zeit als Stationsärztin ab,
in der ich auf einer gemischten Station aus Chirurgie,
Gynäkologie und Urologie aus entfernter chirurgischer Perspektive Patientinnen zu Gesicht bekam, die überwiegend
aufgrund der sogenannten »sozialen Indikation« abtreiben
ließen. Für meine Fachkollegen war das der Alltag, und die
Frauen konnten, ohne größeren pflegerischen Aufwand
verursacht zu haben, binnen kurzer Zeit wieder entlassen
werden. Eines fiel mir dabei auf: Keine der Frauen, ob es
nun die 40jährige Mutter von bereits drei Kindern oder der
unbedarfte, ledige Teenager von 18 Jahren war, wirkte bei
der Entlassung sichtlich befreiter oder glücklicher als zum
Zeitpunkt der stationären Aufnahme. Waren alle jene sich
nur oberflächlich über die Tragweite dessen, was da an
ihnen geschehen war, im klaren?

Entscheidungsfreiheit der Schwangeren?

Führen wir uns die Situation der Frauen vor Augen, die ungewollt schwanger sind. Ohne Zweifel stellt eine ungewollte Schwangerschaft eine besondere Konfliktsituation dar. Um so weniger darf man die Schwangere dann aus einem Gefühl der Bequemlichkeit zu einer schnellen Tötung ihres Kindes bewegen, weil man ihr dadurch persönliche und soziale Unannehmlichkeiten ersparen will. Die vorsätzliche Zerstörung menschlichen Lebens ist keine humane Lösung, wie so oft behauptet wird; bei vielen Beratungsstellen finden Abtreibungswillige aber viel Verständnis, ja sogar Unterstützung für ihre Überlegung, dem unerwünschten Zustand ein schnelles Ende zu setzen. Es werden Aufklärungsgespräche geführt, bei denen lediglich die »soziale Notlage« besprochen und medizinisch-technische Ratschläge erteilt werden, es folgen die Gutachten zweier unabhängiger Frauenärzte, und die schwangere Frau wird mit einem oft verunsicherten Gefühl wieder in ihre »Notlage« entlassen. Wer ermutigt denn die Schwangere, ihr Kind trotz scheinbar nicht zu bewältigender Probleme auszutragen, und hilft ihr, sinnvolle Lösungen im privaten Umfeld zu finden? Es ist vermessen, hier von einer Entscheidungsfreiheit zu sprechen, ob das Kind nun ausgetragen werden soll oder nicht: Diese Freiheit kann es für eine Frau in einer solchen Lage, bedrängt durch die Öffentlichkeit, die Familie und/oder den Erzeuger, zu diesem Zeitpunkt nicht mehr geben. So wird sie gezwungen sein, in einem Zustand größter körperlicher und psychischer Umstellung eine Entscheidung zu treffen, die sie in erster Linie moralisch zu verantworten hat.
Heute demonstrieren viele für die Menschenrechte, für den Schutz der Umwelt, für die Erhaltung des Friedens – nur wer kämpft mit gleicher Vehemenz für das Recht des ungeborenen Lebens, für die Menschen, die bereits unbemerkt unter uns leben?

Was soll man davon halten, daß Menschlichkeit und Menschenwürde im gleichen Atemzug mit Töten genannt werden, wie Alice Schwarzer[3] es tut, wenn sie behauptet, daß jede Frau »ein Recht auf menschenwürdige Abtreibung« hat. Sie sieht in diesem Punkt eine elementare Voraussetzung für die Emanzipation der Frau. Wenn sie in gleicher Weise die »längst überfällige Angleichung von geschriebenem Recht an praktisches Recht« fordert, macht sie sich zur Sprecherin einer gefährlichen Staatsphilosophie, deren Folgen – die Abtreibung als Rechtsanspruch – fatal wären.

Aus dem Gesagten spricht ein äußerst materialistisches Lebensverständnis, wie auch der weitverbreitete Slogan »Mein Bauch gehört mir« deutlich macht. Ungeborenes Leben wird als ein Besitz betrachtet, den es zu schützen und zu bewahren gilt, solange es den eigenen Wohlstand und den gewohnten Lebenswandel nicht beeinträchtigt. Wenn es aber »ungelegen« kommt, bedingt durch den Beruf, die Freizeitgestaltung oder den falsch gewählten Lebenspartner, so läßt man es lieber zerstören, töten. Die Natur beweist doch, daß das von der Schwangeren nicht gewollte Kind vom Zeitpunkt seiner Entstehung an leben will und daß es hochwirksamer Pharmaka oder Operationstechniken bedarf, um dem ungeborenen Leben ein Ende zu bereiten.

Kein Gebärzwang

Wer schließlich zwingt denn eine Frau, um jeden Preis zu gebären? Jeder junge Mensch weiß um die von der Natur bestimmte Fortpflanzungsfähigkeit der Frau, an der es nichts zu rütteln gibt. Mit den verschiedenen Möglichkeiten, eine Empfängnis zu verhüten, werden heutzutage schon sehr junge Mädchen vertraut gemacht, so daß hierzulande keine oder kaum eine ungewollte Schwangerschaft auf Informationsmängel zurückgeführt werden kann.

Wirkliche Emanzipation und Verantwortungsbewußtsein dem Leben gegenüber zeigen sich in der Bereitschaft zum Verzicht auf sexuelles Tun. Wo diese Bereitschaft fehlt, verselbständigt sich die Sexualität derart, daß sie zu zwanghaftem Handeln degeneriert, dessen unerwünschte Folgen gegebenenfalls bedenkenlos beseitigt werden. Diese Auffassung steht in einem merkwürdigen Widerspruch zu der oft erhobenen Forderung nach Konsumverzicht zugunsten der Umwelt.

Ist es dennoch zu einer Schwangerschaft gekommen, so sollte jede Beratung eindeutig für das Leben Stellung nehmen. Wir sollten den Mut haben, die Schwangere, die sich in einer psychischen Notlage befindet, auf die schwere Zeit großer Gefühlsschwankungen nach einer Abtreibung hinzuweisen. So manche betroffene Frau hat schon offen bekundet, welche Angst- und Schuldgefühle sie während der hormonellen Umstellung des Körpers nach einem solchen Gewaltakt geplagt haben.

Fühlt sich die Schwangere dennoch außerstande, dem Kind die gewünschte Geborgenheit und soziale Sicherheit zu geben, sollte sie eine Freigabe des Kindes zur Adoption erwägen. Gott sei Dank läßt ihr die Natur im Normalfall neun Monate Zeit dazu, so daß eine Entscheidung in jeder Hinsicht heranreifen wird.

Jedes Kind verkörpert das Leben. Vielleicht sollte so manche unentschlossene schwangere Frau die Vitalität eines Kindes auf sich wirken lassen, ehe sie sich zu einer Abtreibung entschließt – immerhin eine Entscheidung auf Leben und Tod.

[1]   Vgl. hierzu den Beitrag von B. Erhard in diesem Band (Anm. d. Hrsg.).

[2]   Vgl. hierzu den zweiten Teil des Beitrages von G. Langendörfer in diesem Band (Anm. d. Hrsg.).

[3]   »Heiner Geißler hat recht«, in: DER SPIEGEL Nr. 40/1984, S. 35.

Dokumentation

I.
Das Urteil des Bundesverfassungsgerichts
vom 25. Februar 1975 zur »Fristenlösung«[1]

Leitsätze:

1. Das sich im Mutterleib entwickelnde Leben steht als selbständiges Rechtsgut unter dem Schutz der Verfassung (Art. 2 Abs. 2 Satz 1, Art. 1 Abs. 1 GG).
Die Schutzpflicht des Staates verbietet nicht nur unmittelbare staatliche Eingriffe in das sich entwickelnde Leben, sondern gebietet dem Staat auch, sich schützend und fördernd vor dieses Leben zu stellen.
2. Die Verpflichtung des Staates, das sich entwickelnde Leben in Schutz zu nehmen, besteht auch gegenüber der Mutter.
3. Der Lebensschutz der Leibesfrucht genießt grundsätzlich für die gesamte Dauer der Schwangerschaft Vorrang vor dem Selbstbestimmungsrecht der Schwangeren und darf nicht für eine bestimmte Frist in Frage gestellt werden.
4. Der Gesetzgeber kann die grundsätzlich gebotene rechtliche Mißbilligung des Schwangerschaftsabbruchs auch auf andere Weise zum Ausdruck bringen als mit dem Mittel der Strafdrohung. Entscheidend ist, ob die Gesamtheit der dem Schutz des ungeborenen Lebens dienenden Maßnahmen einen der Bedeutung des zu sichernden Rechtsgutes entsprechenden tatsächlichen Schutz gewährleistet. Im äußersten Falle, wenn der von der Verfassung gebotene Schutz auf keine andere Weise erreicht werden kann, ist

---

[1] Auszüge aus: Entscheidungen des Bundesverfassungsgerichts Band 39, S. 1 ff. – Die im Text enthaltenen Literatur- und Rechtsprechungs-Hinweise sind nicht wiedergegeben.

der Gesetzgeber verpflichtet, zur Sicherung des sich entwickelnden Lebens das Mittel des Strafrechts einzusetzen.
5. Eine Fortsetzung der Schwangerschaft ist unzumutbar, wenn der Abbruch erforderlich ist, um von der Schwangeren eine Gefahr für ihr Leben oder die Gefahr einer schwerwiegenden Beeinträchtigung ihres Gesundheitszustandes abzuwenden. Darüber hinaus steht es dem Gesetzgeber frei, andere außergewöhnliche Belastungen für die Schwangere, die ähnlich schwer wiegen, als unzumutbar zu werten und in diesen Fällen den Schwangerschaftsabbruch straffrei zu lassen.
6. Das Fünfte Gesetz zur Reform des Strafrechts vom 18. Juni 1974 (die sogenannte Fristenlösung, Anm. d. Hrsg.) ist der verfassungsrechtlichen Verpflichtung, das werdende Leben zu schützen, nicht in dem gebotenen Umfang gerecht geworden.

Aus den Gründen:

C.

Die Frage der rechtlichen Behandlung des Schwangerschaftsabbruchs wird in der Öffentlichkeit seit Jahrzehnten unter mannigfachen Gesichtspunkten diskutiert. In der Tat wirft dieses Phänomen des Soziallebens vielfältige Probleme biologischer, insbesondere humangenetischer, anthropologischer, ferner medizinischer, psychologischer, sozialer, gesellschaftspolitischer und nicht zuletzt ethischer und moraltheologischer Art auf, die Grundfragen menschlicher Existenz berühren. Aufgabe des Gesetzgebers ist es, die aus diesen verschiedenen Sichtweisen entwickelten, unter sich vielseitig verschränkten Argumente zu würdigen, sie durch spezifisch rechtspolitische Überlegungen sowie durch die praktischen Erfahrungen des Rechtslebens zu ergänzen und auf dieser Grundlage die Entscheidung zu gewinnen, in welcher Weise die Rechtsordnung auf diesen sozialen Vorgang reagieren soll. Die nach außergewöhnlich umfangreichen Vorarbeiten im Fünften Strafrechtsreformgesetz getroffene gesetzliche Regelung kann vom Bundesverfassungsgericht allein unter dem Gesichtspunkt geprüft werden, ob sie mit dem Grundgesetz als dem höchsten in der Bundesrepublik geltenden Recht vereinbar ist. Gewicht und Ernst der verfassungsrechtlichen Fragestellung werden deutlich, wenn bedacht wird, daß es hier um den Schutz menschlichen Lebens geht, eines zentralen Wertes jeder rechtlichen Ordnung. Die Entscheidung über Maßstäbe und Grenzen der gesetzgeberischen Entscheidungsfreiheit erfordert eine Gesamtschau des verfassungsrechtlichen Normenbestandes und der in ihm beschlossenen Wertordnung.

I.

1. Art. 2 Abs. 2 Satz 1 GG schützt auch das sich im Mutterleib entwickelnde Leben als selbständiges Rechtsgut.

a) Die ausdrückliche Aufnahme des an sich selbstverständlichen Rechts auf Leben in das Grundgesetz – anders als etwa in der Weimarer Verfassung – erklärt sich hauptsächlich als Reaktion auf die »Vernichtung lebensunwerten Lebens«, auf »Endlösung« und »Liquidierung«, die vom nationalsozialistischen Regime als staatliche Maßnahmen durchgeführt wurden. Art. 2 Abs. 2 Satz 1 GG enthält ebenso wie die Abschaffung der Todesstrafe durch Art. 102 GG »ein Bekenntnis zum grundsätzlichen Wert des Menschenlebens und zu einer Staatsauffassung, die sich in betonten Gegensatz zu den Anschauungen eines politischen Regimes stellt, dem das einzelne Leben wenig bedeutete und das deshalb mit dem angemaßten Recht über Leben und Tod des Bürgers schrankenlosen Mißbrauch trieb«.

b) Bei der Auslegung des Art. 2 Abs. 2 Satz 1 GG ist auszugehen von seinem Wortlaut: »Jeder hat das Recht auf Leben...«. Leben im Sinne der geschichtlichen Existenz eines menschlichen Individuums besteht nach gesicherter biologisch-physiologischer Erkenntnis jedenfalls vom

14. Tage nach der Empfängnis (Nidation, Individuation) an. Der damit begonnene Entwicklungsprozeß ist ein kontinuierlicher Vorgang, der keine scharfen Einschnitte aufweist und eine genaue Abgrenzung der verschiedenen Entwicklungsstufen des menschlichen Lebens nicht zuläßt. Er ist auch nicht mit der Geburt beendet; die für die menschliche Persönlichkeit spezifischen Bewußtseinsphänomene z.B. treten erst längere Zeit nach der Geburt auf. Deshalb kann der Schutz des Art. 2 Abs. 2 Satz 1 GG weder auf den »fertigen« Menschen nach der Geburt noch auf den selbständig lebensfähigen nasciturus beschränkt werden. Das Recht auf Leben wird jedem gewährleistet, der »lebt«; zwischen einzelnen Abschnitten des sich entwickelnden Lebens vor der Geburt oder zwischen ungeborenem und geborenem Leben kann hier kein Unterschied gemacht werden. »Jeder« im Sinne des Art. 2 Abs. 2 Satz 1 GG ist »jeder Lebende«, anders ausgedrückt: jedes Leben besitzende menschliche Individuum; »jeder« ist daher auch das noch ungeborene menschliche Wesen.

c) Gegenüber dem Einwand, »jeder« bezeichne sowohl in der Umgangs- als auch in der Rechtssprache gemeinhin eine »fertige« menschliche Person, eine reine Wortinterpretation spreche daher gegen die Einbeziehung des ungeborenen Lebens in den Wirkungsbereich des Art. 2 Abs. 2 Satz 1 GG, ist zu betonen, daß jedenfalls Sinn und Zweck dieser Grundgesetzbestimmung es erfordern, den Lebensschutz auch auf das sich entwickelnde Leben auszudehnen. Die Sicherung der menschlichen Existenz gegenüber staatlichen Übergriffen wäre unvollständig, wenn sie nicht auch die Vorstufe des »fertigen Lebens«, das ungeborene Leben, umfaßte. (...)

2. Die Pflicht des Staates, jedes menschliche Leben zu schützen, läßt sich deshalb bereits unmittelbar aus Art. 2 Abs. 2 Satz 1 GG ableiten. Sie ergibt sich darüber hinaus auch aus der ausdrücklichen Vorschrift des Art. 1 Abs. 1 Satz 2 GG; denn das sich entwickelnde Leben nimmt auch

an dem Schutz teil, den Art. 1 Abs. 1 GG der Menschenwürde gewährt. Wo menschliches Leben existiert, kommt
ihm Menschenwürde zu; es ist nicht entscheidend, ob der
Träger sich dieser Würde bewußt ist und sie selbst zu
wahren weiß. Die von Anfang an im menschlichen Sein
angelegten potentiellen Fähigkeiten genügen, um die Menschenwürde zu begründen. (. . .)

II.

1. Die Schutzpflicht des Staates ist umfassend. Sie verbietet
nicht nur – selbstverständlich – unmittelbare staatliche Eingriffe in das sich entwickelnde Leben, sondern gebietet
dem Staat auch, sich schützend und fördernd vor dieses
Leben zu stellen, das heißt vor allem, es auch vor rechtswidrigen Eingriffen von seiten anderer zu bewahren. An
diesem Gebot haben sich die einzelnen Bereiche der
Rechtsordnung, je nach ihrer besonderen Aufgabenstel-
lung, auszurichten. Die Schutzverpflichtung des Staates
muß um so ernster genommen werden, je höher der Rang
des in Frage stehenden Rechtsgutes innerhalb der Wertordnung des Grundgesetzes anzusetzen ist. Das menschliche Leben stellt, wie nicht näher begründet werden muß,
innerhalb der grundgesetzlichen Ordnung einen Höchstwert dar; es ist die vitale Basis der Menschenwürde und
die Voraussetzung aller anderen Grundrechte.
2. Die Verpflichtung des Staates, das sich entwickelnde
Leben in Schutz zu nehmen, besteht grundsätzlich auch
gegenüber der Mutter. Unzweifelhaft begründet die natürliche Verbindung des ungeborenen Lebens mit dem der
Mutter eine besonders geartete Beziehung, für die es in
anderen Lebenssachverhalten keine Parallele gibt. Die
Schwangerschaft gehort zur Intimsphäre der Frau, deren
Schutz durch Art. 2 Abs. 1 in Verbindung mit Art. 1 Abs. 1
GG verfassungsrechtlich verbürgt ist. Wäre der Embryo
nur als Teil des mütterlichen Organismus anzusehen, so
würde auch der Schwangerschaftsabbruch in dem Bereich

privater Lebensgestaltung verbleiben, in den einzudringen dem Gesetzgeber verwehrt ist. Da indessen der nasciturus ein selbständiges menschliches Wesen ist, das unter dem Schutz der Verfassung steht, kommt dem Schwangerschaftsabbruch eine soziale Dimension zu, die ihn der Regelung durch den Staat zugänglich und bedürftig macht. Das Recht der Frau auf freie Entfaltung ihrer Persönlichkeit, welches die Handlungsfreiheit im umfassenden Sinn zum Inhalt hat und damit auch die Selbstverantwortung der Frau umfaßt, sich gegen eine Elternschaft und die daraus folgenden Pflichten zu entscheiden, kann zwar ebenfalls Anerkennung und Schutz beanspruchen. Dieses Recht ist aber nicht uneingeschränkt gewährt – die Rechte anderer, die verfassungsmäßige Ordnung, das Sittengesetz begrenzen es. Von vornherein kann es niemals die Befugnis umfassen, in die geschützte Rechtssphäre eines anderen ohne rechtfertigenden Grund einzugreifen oder sie gar mit dem Leben selbst zu zerstören, am wenigsten dann, wenn nach der Natur der Sache eine besondere Verantwortung gerade für dieses Leben besteht.

Ein Ausgleich, der sowohl den Lebensschutz des nasciturus gewährleistet als auch der Schwangeren die Freiheit des Schwangerschaftsabbruchs beläßt, ist nicht möglich, da Schwangerschaftsabbruch immer Vernichtung des ungeborenen Lebens bedeutet. Bei der deshalb erforderlichen Abwägung »sind beide Verfassungswerte in ihrer Beziehung zur Menschenwürde als dem Mittelpunkt des Wertsystems der Verfassung zu sehen«. Bei einer Orientierung an Art. 1 Abs. 1 GG muß die Entscheidung zugunsten des Vorrangs des Lebensschutzes für die Leibesfrucht vor dem Selbstbestimmungsrecht der Schwangeren fallen. Diese kann durch Schwangerschaft, Geburt und Kindeserziehung in manchen persönlichen Entfaltungsmöglichkeiten beeinträchtigt sein. Das ungeborene Leben hingegen wird durch den Schwangerschaftsabbruch vernichtet. Nach dem Prinzip des schonendsten Ausgleichs konkurrierender grundgesetzlich geschützter Positionen unter Berücksichtigung des Grundgedankens des Art. 19 Abs. 2 GG muß deshalb dem Lebensschutz des nasciturus der Vorzug gegeben werden. Dieser Vorrang gilt grundsätzlich für die gesamte Dauer der Schwangerschaft und darf auch nicht für eine bestimmte Frist in Frage gestellt werden. Die bei der dritten Beratung des Strafrechtsreformgesetzes im Bundestag geäußerte Meinung, es gehe darum, den Vorrang »des aus der Menschenwürde fließenden Selbstbestimmungsrechtes der Frau gegenüber allem anderen, auch dem Lebensrecht des Kindes, für eine bestimmte Frist herauszustellen«, ist mit der grundgesetzlichen Wertordnung nicht vereinbar.

3. Von hier aus erschließt sich die von der Verfassung geforderte Grundhaltung der Rechtsordnung zum Schwangerschaftsabbruch: Die Rechtsordnung darf nicht das Selbstbestimmungsrecht der Frau zur alleinigen Richtschnur ihrer Regelungen machen. Der Staat muß grundsätzlich von einer Pflicht zur Austragung der Schwangerschaft ausgehen, ihren Abbruch also grundsätzlich als Unrecht ansehen. In der Rechtsordnung muß die Mißbilligung des Schwangerschaftsabbruchs klar zum Ausdruck kommen. Es muß der falsche Eindruck vermieden werden, als handle es sich beim Schwangerschaftsabbruch um den gleichen sozialen Vorgang wie etwa den Gang zum Arzt zwecks Heilung einer Krankheit oder gar um eine rechtlich irrelevante Alternative zur Empfängnisverhütung. Der Staat darf sich seiner Verantwortung auch nicht durch Anerkennung eines »rechtsfreien Raumes« entziehen, indem er sich der Wertung enthält und diese der eigenverantwortlichen Entscheidung des Einzelnen überläßt.

III.

Wie der Staat seine Verpflichtung zu einem effektiven Schutz des sich entwickelnden Lebens erfüllt, ist in erster Linie vom Gesetzgeber zu entscheiden. Er befindet darüber, welche Schutzmaßnahmen er für zweckdienlich und geboten hält, um einen wirksamen Lebensschutz zu gewährleisten.

1. Dabei gilt auch und erst recht für den Schutz des ungeborenen Lebens der Leitgedanke des Vorranges der Prävention vor der Repression. Es ist daher Aufgabe des Staates, in erster Linie sozialpolitische und fürsorgerische Mittel zur Sicherung des werdenden Lebens einzusetzen. Was hier geschehen kann und wie die Hilfsmaßnahmen im einzelnen auszugestalten sind, bleibt weithin dem Gesetzgeber überlassen und entzieht sich im allgemeinen verfassungsgerichtlicher Beurteilung. Dabei wird es hauptsächlich darauf ankommen, die Bereitschaft der werdenden Mutter zu stärken, die Schwangerschaft eigenverantwortlich anzunehmen und die Leibesfrucht zum vollen Leben zu bringen. Bei aller Schutzverpflichtung des Staates darf nicht aus den Augen verloren werden, daß das sich entwickelnde Leben von Natur aus in erster Linie dem Schutz der Mutter anvertraut ist. Den mütterlichen Schutzwillen dort, wo er verlorengegangen ist, wieder zu erwecken und erforderlichenfalls zu stärken, sollte das vornehmste Ziel der staatlichen Bemühungen um Lebensschutz sein. Freilich sind die Einwirkungsmöglichkeiten des Gesetzgebers hier begrenzt. Von ihm eingeleitete Maßnahmen werden häufig nur mittelbar und mit zeitlicher Verzögerung durch eine umfassende Erziehungsarbeit und die dadurch erreichte Veränderung gesellschaftlicher Einstellungen und Anschauungen wirksam.

2. Die Frage, inwieweit der Staat von Verfassungs wegen verpflichtet ist, zum Schutz des ungeborenen Lebens auch das Mittel des Strafrechts als der schärfsten ihm zur Verfügung stehenden Waffe einzusetzen, kann nicht von der vereinfachten Fragestellung aus beantwortet werden, ob der Staat bestimmte Handlungen bestrafen muß. Notwendig ist eine Gesamtbetrachtung, die einerseits den Wert des verletzten Rechtsgutes und das Maß der Sozialschädlichkeit der Verletzungshandlung – auch im Vergleich mit

anderen unter Strafe gestellten und sozialethisch etwa gleich bewerteten Handlungen – in den Blick nimmt, andererseits die traditionellen rechtlichen Regelungen dieses Lebensbereichs ebenso wie die Entwicklung der Vorstellungen über die Rolle des Strafrechts in der modernen Gesellschaft berücksichtigt und schließlich die praktische Wirksamkeit von Strafdrohungen und die Möglichkeit ihres Ersatzes durch andere rechtliche Sanktionen nicht außer acht läßt.

Der Gesetzgeber ist grundsätzlich nicht verpflichtet, die gleichen Maßnahmen strafrechtlicher Art zum Schutze des ungeborenen Lebens zu ergreifen, wie er sie zur Sicherung des geborenen Lebens für zweckdienlich und geboten hält. Wie ein Blick in die Rechtsgeschichte zeigt, war dies bei der Anwendung strafrechtlicher Sanktionen nie der Fall und traf auch für die bis zum Fünften Strafrechtsreformgesetz gegebene Rechtslage nicht zu.

a) Aufgabe des Strafrechts war es seit jeher, die elementaren Werte des Gemeinschaftslebens zu schützen. Daß das Leben jedes einzelnen Menschen zu den wichtigsten Rechtsgütern gehört, ist oben dargelegt worden. Der Abbruch einer Schwangerschaft zerstört unwiderruflich entstandenes menschliches Leben. Der Schwangerschaftsabbruch ist eine Tötungshandlung; das wird aufs deutlichste dadurch bezeugt, daß die ihn betreffende Strafdrohung – auch noch im Fünften Strafrechtsreformgesetz – im Abschnitt »Verbrechen und Vergehen wider das Leben« enthalten ist und im bisherigen Strafrecht als »Abtötung der Leibesfrucht« bezeichnet war – die jetzt übliche Bezeichnung als »Schwangerschaftsabbruch« kann diesen Sachverhalt nicht verschleiern. Keine rechtliche Regelung kann daran vorbeikommen, daß mit dieser Handlung gegen die in Art. 2 Abs. 2 Satz 1 GG verbürgte grundsätzliche Unantastbarkeit und Unverfügbarkeit des menschlichen Lebens verstoßen wird. Von hier aus gesehen ist der Einsatz des Strafrechts zur Ahndung von »Abtreibungshandlungen« ohne Zweifel legitim; er ist in den meisten Kulturstaaten – unter verschieden gestalteten Voraussetzungen – geltendes Recht und entspricht insbesondere auch der deutschen Rechtstradition. Ebenso ergibt sich hieraus, daß auf eine klare rechtliche Kennzeichnung dieses Vorgangs als »Unrecht« nicht verzichtet werden kann.

b) Indes kann Strafe niemals Selbstzweck sein. Ihr Einsatz unterliegt grundsätzlich der Entscheidung des Gesetzgebers. Er ist nicht gehindert, unter Beachtung der oben angegebenen Gesichtspunkte die grundgesetzlich gebotene rechtliche Mißbilligung des Schwangerschaftsabbruchs auch auf andere Weise zum Ausdruck zu bringen als mit dem Mittel der Strafdrohung. Entscheidend ist, ob die Gesamtheit der dem Schutz des ungeborenen Lebens dienenden Maßnahmen, seien sie bürgerlich-rechtlicher, öffentlich-rechtlicher, insbesondere sozialrechtlicher oder strafrechtlicher Natur, einen der Bedeutung des zu sichernden Rechtsgutes entsprechenden tatsächlichen Schutz gewährleistet. Im äußersten Falle, wenn nämlich der von der Verfassung gebotene Schutz auf keine andere Weise zu erreichen ist, kann der Gesetzgeber verpflichtet sein, zum Schutz des sich entwickelnden Lebens das Mittel des Strafrechts einzusetzen. Die Strafnorm stellt gewissermaßen die »ultima ratio« im Instrumentarium des Gesetzgebers dar. Nach dem das ganze öffentliche Recht einschließlich des Verfassungsrechts beherrschenden rechtsstaatlichen Prinzip der Verhältnismäßigkeit darf er von diesem Mittel nur behutsam und zurückhaltend Gebrauch machen. Jedoch muß auch dieses letzte Mittel eingesetzt werden, wenn anders ein effektiver Lebensschutz nicht zu erreichen ist. Dies fordern der Wert und die Bedeutung des zu schützenden Rechtsgutes. Es handelt sich dann nicht um eine »absolute« Pflicht zu strafen, sondern um die aus der Einsicht in die Unzulänglichkeit aller anderen Mittel erwachsende »relative« Verpflichtung zur Benutzung der Strafdrohung. Demgegenüber greift der Einwand nicht durch, aus einer

Freiheit gewährenden Grundrechtsnorm könne niemals eine staatliche Verpflichtung zum Strafen abgeleitet werden. Wenn der Staat durch eine wertentscheidende Grundsatznorm verpflichtet ist, ein besonders wichtiges Rechtsgut auch gegen Angriffe Dritter wirksam zu schützen, so werden oft Maßnahmen unvermeidlich sein, durch welche die Freiheitsbereiche anderer Grundrechtsträger tangiert werden. Insofern ist die Rechtslage beim Einsatz sozialrechtlicher oder zivilrechtlicher Mittel grundsätzlich nicht anders als bei dem Erlaß einer Strafnorm. Unterschiede bestehen allenfalls hinsichtlich der Stärke des erforderlichen Eingriffes. Allerdings muß der Gesetzgeber den hierbei entstehenden Konflikt durch eine Abwägung der beiden einander gegenüberstehenden Grundwerte oder Freiheitsbereiche nach Maßgabe der grundgesetzlichen Wertordnung und unter Beachtung des rechtsstaatlichen Verhältnismäßigkeitsgrundsatzes lösen. Würde man die Pflicht generell verneinen, auch das Mittel des Strafrechts einzusetzen, so würde der zu gewährende Lebensschutz wesentlich eingeschränkt. Dem Wert des von Vernichtung bedrohten Rechtsgutes entspricht der Ernst der für die Vernichtung angedrohten Sanktion, dem elementaren Wert des Menschenlebens die strafrechtliche Ahndung seiner Vernichtung.

3. Die Verpflichtung des Staates zum Schutz des werdenden Lebens besteht – wie dargelegt – auch gegenüber der Mutter. Hier läßt jedoch der Einsatz des Strafrechts besondere Probleme entstehen, die sich aus der singulären Lage der schwangeren Frau ergeben. Die einschneidenden Wirkungen einer Schwangerschaft auf den körperlichen und seelischen Zustand der Frau sind unmittelbar einsichtig und bedürfen keiner näheren Darlegung. Sie bedeuten häufig eine erhebliche Änderung der gesamten Lebensführung und eine Einschränkung der persönlichen Entfaltungsmöglichkeiten. Nicht immer und nicht voll wird diese Belastung dadurch ausgeglichen, daß die Frau in ihrer Auf-

gabe als Mutter neue Erfüllung findet und daß die Schwangere Anspruch auf den Beistand der Gemeinschaft hat (Art. 6 Abs. 4 GG). Hier können sich im Einzelfall schwere, ja lebensbedrohende Konfliktsituationen ergeben. Das Lebensrecht des Ungeborenen kann zu einer Belastung der Frau führen, die wesentlich über das normalerweise mit einer Schwangerschaft verbundene Maß hinausgeht. Es ergibt sich hier die Frage der Zumutbarkeit, mit anderen Worten die Frage, ob der Staat auch in solchen Fällen mit dem Mittel des Strafrechts die Austragung der Schwangerschaft erzwingen darf. Achtung vor dem ungeborenen Leben und Recht der Frau, nicht über das zumutbare Maß hinaus zur Aufopferung eigener Lebenswerte im Interesse der Respektierung dieses Rechtsgutes gezwungen zu werden, treffen aufeinander. In einer solchen Konfliktslage, die im allgemeinen auch keine eindeutige moralische Beurteilung zuläßt und in der die Entscheidung zum Abbruch einer Schwangerschaft den Rang einer achtenswerten Gewissensentscheidung haben kann, ist der Gesetzgeber zur besonderen Zurückhaltung verpflichtet. Wenn er in diesen Fällen das Verhalten der Schwangeren nicht als strafwürdig ansieht und auf das Mittel der Kriminalstrafe verzichtet, so ist das jedenfalls als Ergebnis einer dem Gesetzgeber obliegenden Abwägung auch verfassungsrechtlich hinzunehmen.

Für die inhaltliche Ausfüllung des Unzumutbarkeitskriteriums müssen jedoch Umstände ausscheiden, die den Pflichtigen nicht schwerwiegend belasten, da sie die Normalsituation darstellen, mit der jeder fertig werden muß. Vielmehr müssen Umstände erheblichen Gewichts gegeben sein, die dem Betroffenen die Erfüllung seiner Pflicht außergewöhnlich erschweren, so daß sie von ihm billigerweise nicht erwartet werden kann. (. . .)

Wenn der Gesetzgeber echte Konfliktsfälle dieser Art aus dem Strafrechtsschutz herausnimmt, verletzt er nicht seine Verpflichtung zum Lebensschutz. Auch in diesen Fällen darf der Staat sich nicht damit begnügen, bloß zu prüfen und gegebenenfalls zu bescheinigen, daß die gesetzlichen Voraussetzungen für einen straffreien Schwangerschaftsabbruch vorliegen. Vielmehr wird auch hier von ihm erwartet, daß er Beratung und Hilfe anbietet mit dem Ziel, die Schwangere an die grundsätzliche Pflicht zur Achtung des Lebensrechts des Ungeborenen zu mahnen, sie zur Fortsetzung der Schwangerschaft zu ermutigen und sie – vor allem in Fällen sozialer Not – durch praktische Hilfsmaßnahmen zu unterstützen. (. . .)

D.
I.

1. Die von der Verfassung geforderte rechtliche Mißbilligung des Schwangerschaftsabbruchs muß auch in der Rechtsordnung unterhalb der Verfassung deutlich in Erscheinung treten. Davon können – wie dargelegt – nur die Fälle ausgenommen werden, in denen die Fortsetzung der Schwangerschaft der Frau auch unter Berücksichtigung der in Art. 2 Abs. 2 Satz 1 GG getroffenen Wertentscheidung nicht zumutbar ist. (. . .)

2. Es gibt viele Frauen, die von vornherein zum Schwangerschaftsabbruch entschlossen und einer Beratung, wie sie §218c Abs. 1 vorsieht, nicht zugänglich sind, ohne daß ein nach der Wertordnung der Verfassung achtenswerter Grund für den Abbruch vorliegt. Diese Frauen befinden sich weder in einer materiellen Notlage noch in einer schwerwiegenden seelischen Konfliktsituation. Sie lehnen die Schwangerschaft ab, weil sie nicht willens sind, den damit verbundenen Verzicht und die natürlichen mütterlichen Pflichten zu übernehmen. Sie mögen ernstliche Gründe für ihre Haltung gegenüber dem werdenden Leben haben; es sind aber keine Gründe, die gegenüber dem Gebot des Schutzes menschlichen Lebens Bestand haben können. Die Schwangerschaft ist diesen Frauen nach den oben wiedergegebenen Grundsätzen zumutbar. (. . .)

Die Strafnorm richtet sich grundsätzlich an alle Rechtsunterworfenen und verpflichtet sie in gleicher Weise. Zwar gelingt es den Strafverfolgungsbehörden praktisch nie, alle Täter, die gegen das Strafgesetz verstoßen, einer Bestrafung zuzuführen. Die Dunkelziffern sind bei den verschiedenen Strafdelikten verschieden hoch. Unbestritten sind sie bei Abtreibungstaten besonders erheblich. Indessen darf darüber die generalpräventive Funktion des Strafrechts nicht vergessen werden. Sieht man die Aufgabe des Strafrechts in dem Schutz besonders wichtiger Rechtsgüter und elementarer Werte der Gemeinschaft, so kommt gerade dieser Funktion eine hohe Bedeutung zu.

Ebenso wichtig wie die sichtbare Reaktion im Einzelfall ist die Fernwirkung einer Strafnorm, die in ihrem prinzipiellen normativen Inhalt (»die Abtreibung ist strafbar«) nunmehr seit sehr langer Zeit besteht. Schon die bloße Existenz einer solchen Strafandrohung hat Einfluß auf die Wertvorstellungen und die Verhaltensweisen der Bevölkerung.

Das Wissen um die Rechtsfolgen im Falle ihrer Übertretung bildet eine Schwelle, vor deren Überschreitung viele zurückschrecken. Diese Wirkung wird ins Gegenteil verkehrt, wenn durch eine generelle Aufhebung der Strafbarkeit auch zweifellos strafwürdiges Verhalten für rechtlich einwandfrei erklärt wird. Dies muß die in der Bevölkerung herrschenden Auffassungen von »Recht« und »Unrecht« verwirren. Die rein theoretische Verlautbarung, der Schwangerschaftsabbruch werde »toleriert«, aber nicht »gebilligt«, muß wirkungslos bleiben, solange keine rechtliche Sanktion erkennbar ist, die die gerechtfertigten Fälle des Schwangerschaftsabbruchs von den verwerflichen klar scheidet. Entfällt die Drohung mit Strafe ganz allgemein, so wird notwendig im Bewußtsein der Staatsbürger der Eindruck entstehen, in allen Fällen sei der Schwangerschaftsabbruch rechtlich erlaubt und darum auch sozialethisch nicht mehr zu mißbilligen. Der »gefährliche Schluß von der rechtlichen Sanktionslosigkeit auf das moralische

Erlaubtsein« (Engisch) liegt zu nahe, als daß er nicht von einer großen Anzahl Rechtsunterworfener gezogen würde. (...)

IV.

Dem Grundgesetz liegen Prinzipien der Staatsgestaltung zugrunde, die sich nur aus der geschichtlichen Erfahrung und der geistig-sittlichen Auseinandersetzung mit dem vorangegangenen System des Nationalsozialismus erklären lassen. Gegenüber der Allmacht des totalitären Staates, der schrankenlose Herrschaft über alle Bereiche des sozialen Lebens für sich beanspruchte und dem bei der Verfolgung seiner Staatsziele die Rücksicht auch auf das Leben des Einzelnen grundsätzlich nichts bedeutete, hat das Grundgesetz eine wertgebundene Ordnung aufgerichtet, die den einzelnen Menschen und seine Würde in den Mittelpunkt aller seiner Regelungen stellt. Dem liegt, wie das Bundesverfassungsgericht bereits früh ausgesprochen hat, die Vorstellung zugrunde, daß der Mensch in der Schöpfungsordnung einen eigenen selbständigen Wert besitzt, der die unbedingte Achtung vor dem Leben jedes einzelnen Menschen, auch dem scheinbar sozial »wertlosen«, unabdingbar fordert und der es deshalb ausschließt, solches Leben ohne rechtfertigenden Grund zu vernichten. Diese Grundentscheidung der Verfassung bestimmt Gestaltung und Auslegung der gesamten Rechtsordnung. Auch der Gesetzgeber ist ihr gegenüber nicht frei; gesellschaftspolitische Zweckmäßigkeitserwägungen, ja staatspolitische Notwendigkeiten können diese verfassungsrechtliche Schranke nicht überwinden. Auch ein allgemeiner Wandel der hierüber in der Bevölkerung herrschenden Anschauungen – falls er überhaupt festzustellen wäre – würde daran nichts ändern können. (...)

II.

Die nach dem Fünfzehnten Strafrechtsänderungsgesetz vom 18. Mai 1976 bis heute gültige Fassung der Abtreibungsparagraphen

Strafgesetzbuch (StGB)

§ 218 Abbruch der Schwangerschaft

(1) Wer eine Schwangerschaft abbricht, wird mit Freiheitsstrafe bis zu drei Jahren oder mit Geldstrafe bestraft.

(2) In besonders schweren Fällen ist die Strafe Freiheitsstrafe von sechs Monaten bis zu fünf Jahren. Ein besonders schwerer Fall liegt in der Regel vor, wenn der Täter

1. gegen den Willen der Schwangeren handelt oder
2. leichtfertig die Gefahr des Todes oder einer schweren Gesundheitsschädigung der Schwangeren verursacht.

Das Gericht kann Führungsaufsicht anordnen (§ 68 Abs. 1 Nr. 2).

(3) Begeht die Schwangere die Tat, so ist die Strafe Freiheitsstrafe bis zu einem Jahr oder Geldstrafe. Die Schwangere ist nicht nach Satz 1 strafbar, wenn der Schwangerschaftsabbruch nach Beratung (§ 218b Abs. 1 Nr. 1, 2) von einem Arzt vorgenommen worden ist und seit der Empfängnis nicht mehr als zweiundzwanzig Wochen verstrichen sind. Das Gericht kann von einer Bestrafung der Schwangeren nach Satz 1 absehen, wenn sie sich zur Zeit des Eingriffs in besonderer Bedrängnis befunden hat.

(4) Der Versuch ist strafbar. Die Frau wird nicht wegen Versuchs bestraft.

§ 218a Indikation zum Schwangerschaftsabbruch

(1) Der Abbruch der Schwangerschaft durch einen Arzt ist nicht nach § 218 strafbar, wenn

1. die Schwangere einwilligt und

2. der Abbruch der Schwangerschaft unter Berücksichtigung der gegenwärtigen und zukünftigen Lebensverhältnisse der Schwangeren nach ärztlicher Erkenntnis angezeigt ist, um eine Gefahr für das Leben oder die Gefahr einer schwerwiegenden Beeinträchtigung des körperlichen oder seelischen Gesundheitszustandes der Schwangeren abzuwenden, und die Gefahr nicht auf eine andere für sie zumutbare Weise abgewendet werden kann.

(2) Die Voraussetzungen des Absatzes 1 Nr. 2 gelten auch als erfüllt, wenn nach ärztlicher Erkenntnis

1. dringende Gründe für die Annahme sprechen, daß das Kind infolge einer Erbanlage oder schädlicher Einflüsse vor der Geburt an einer nicht behebbaren Schädigung seines Gesundheitszustandes leiden würde, die so schwer wiegt, daß von der Schwangeren die Fortsetzung der Schwangerschaft nicht verlangt werden kann,

2. an der Schwangeren eine rechtswidrige Tat nach den §§ 176 bis 179 begangen worden ist und dringende Gründe für die Annahme sprechen, daß die Schwangerschaft auf der Tat beruht, oder

3. der Abbruch der Schwangerschaft sonst angezeigt ist, um von der Schwangeren die Gefahr einer Notlage abzuwenden, die

   a) so schwer wiegt, daß von der Schwangeren die Fortsetzung der Schwangerschaft nicht verlangt werden kann, und

   b) nicht auf eine andere für die Schwangere zumutbare Weise abgewendet werden kann.

(3) In den Fällen des Absatzes 2 Nr. 1 dürfen seit der Empfängnis nicht mehr als zweiundzwanzig Wochen, in den Fällen des Absatzes 2 Nr. 2 und 3 nicht mehr als zwölf Wochen verstrichen sein.

§ 218b Abbruch der Schwangerschaft ohne Beratung der Schwangeren

(1) Wer eine Schwangerschaft abbricht, ohne daß die Schwangere
1. sich mindestens drei Tage vor dem Eingriff wegen der Frage des Abbruchs ihrer Schwangerschaft an einen Berater (Absatz 2) gewandt hat und dort über die zur Verfügung stehenden öffentlichen und privaten Hilfen für Schwangere, Mütter und Kinder beraten worden ist, insbesondere über solche Hilfen, die die Fortsetzung der Schwangerschaft und die Lage von Mutter und Kind erleichtern, und
2. von einem Arzt über die ärztlich bedeutsamen Gesichtspunkte beraten worden ist,
wird mit Freiheitsstrafe bis zu einem Jahr oder mit Geldstrafe bestraft, wenn die Tat nicht in § 218 mit Strafe bedroht ist. Die Schwangere ist nicht nach Satz 1 strafbar.

(2) Berater im Sinne des Absatzes 1 Nr. 1 ist
1. eine von einer Behörde oder Körperschaft, Anstalt oder Stiftung des öffentlichen Rechts anerkannte Beratungsstelle oder
2. ein Arzt, der nicht selbst den Schwangerschaftsabbruch vornimmt und
    a) als Mitglied einer anerkannten Beratungsstelle (Nummer 1) mit der Beratung im Sinne des Absatzes 1 Nr. 1 betraut ist,
    b) von einer Behörde oder Körperschaft, Anstalt oder Stiftung des öffentlichen Rechts als Berater anerkannt ist oder
    c) sich durch Beratung mit einem Mitglied einer anerkannten Beratungsstelle (Nummer 1), das mit der Beratung im Sinne des Absatzes 1 Nr. 1 betraut ist, oder mit einer Sozialbehörde oder auf andere geeignete Weise über die im Einzelfall zur Verfügung stehenden Hilfen unterrichtet hat.

(3) Absatz 1 Nr. 1 ist nicht anzuwenden, wenn der Schwangerschaftsabbruch angezeigt ist, um von der Schwangeren eine durch körperliche Krankheit oder Körperschaden begründete Gefahr für ihr Leben oder ihre Gesundheit abzuwenden.

§ 219 Abbruch der Schwangerschaft ohne ärztliche Feststellung

(1) Wer eine Schwangerschaft abbricht, ohne daß ihm die schriftliche Feststellung eines Arztes, der nicht selbst den Schwangerschaftsabbruch vornimmt, darüber vorgelegen hat, ob die Voraussetzungen des § 218a Abs. 1 Nr. 2, Abs. 2, 3 gegeben sind, wird mit Freiheitsstrafe bis zu einem Jahr oder mit Geldstrafe bestraft, wenn die Tat nicht in § 218 mit Strafe bedroht ist. Die Schwangere ist nicht nach Satz 1 strafbar.

(2) Ein Arzt darf Feststellungen nach Absatz 1 nicht treffen, wenn ihm die zuständige Stelle dies untersagt hat, weil er wegen einer rechtswidrigen Tat nach Absatz 1 oder den §§ 218, 218b, 219a, 219b oder 219c oder wegen einer anderen rechtswidrigen Tat, die er im Zusammenhang mit einem Schwangerschaftsabbruch begangen hat, rechtskräftig verurteilt worden ist. Die zuständige Stelle kann einem Arzt vorläufig untersagen, Feststellungen nach Absatz 1 zu treffen, wenn gegen ihn wegen des Verdachts einer der in Satz 1 bezeichneten rechtswidrigen Taten das Hauptverfahren eröffnet worden ist.

§ 219a Unrichtige ärztliche Feststellung

(1) Wer als Arzt wider besseres Wissen eine unrichtige Feststellung über die Voraussetzungen des § 218a Abs. 1 Nr. 2, Abs. 2, 3 zur Vorlage nach § 219 Abs. 1 trifft, wird mit Freiheitsstrafe bis zu zwei Jahren oder mit Geldstrafe bestraft, wenn die Tat nicht in § 218 mit Strafe bedroht ist.

(2) Die Schwangere ist nicht nach Absatz 1 strafbar.

§ 219b Werbung für den Abbruch der Schwangerschaft

(1) Wer öffentlich, in einer Versammlung oder durch Verbreiten von Schriften (§ 11 Abs. 3 – darunter fallen auch Ton- und Bildträger, Abbildungen und andere Darstellungen, Anm. d. Hrsg.) seines Vermögensvorteils wegen oder in grob anstößiger Weise
1. eigene oder fremde Dienste zur Vornahme oder Förderung eines Schwangerschaftsabbruchs oder
2. Mittel, Gegenstände oder Verfahren, die zum Abbruch der Schwangerschaft geeignet sind, unter Hinweis auf diese Eignung
anbietet, ankündigt, anpreist oder Erklärungen solchen Inhalts bekanntgibt, wird mit Freiheitsstrafe bis zu zwei Jahren oder mit Geldstrafe bestraft.
(2) Absatz 1 Nr. 1 gilt nicht, wenn Ärzte oder anerkannte Beratungsstellen (§ 218b Abs. 2 Nr. 1) darüber unterrichtet werden, welche Ärzte, Krankenhäuser oder Einrichtungen bereit sind, einen Schwangerschaftsabbruch unter den Voraussetzungen des § 218a vorzunehmen.
(3) Absatz 1 Nr. 2 gilt nicht, wenn die Tat gegenüber Ärzten oder Personen, die zum Handel mit den in Absatz 1 Nr. 2 erwähnten Mitteln oder Gegenständen befugt sind, oder durch eine Veröffentlichung in ärztlichen oder pharmazeutischen Fachblättern begangen wird.

§ 219c Inverkehrbringen von Mitteln zum Abbruch der Schwangerschaft

(1) Wer in der Absicht, rechtswidrige Taten nach § 218 zu fördern, Mittel oder Gegenstände, die zum Schwangerschaftsabbruch geeignet sind, in den Verkehr bringt, wird mit Freiheitsstrafe bis zu zwei Jahren oder mit Geldstrafe bestraft.

(2) Die Teilnahme der Frau, die den Abbruch ihrer Schwangerschaft vorbereitet, ist nicht nach Absatz 1 strafbar.
(3) Mittel oder Gegenstände, auf die sich die Tat bezieht, können eingezogen werden.

§ 219 d Begriffsbestimmung

Handlungen, deren Wirkung vor Abschluß der Einnistung des befruchteten Eies in der Gebärmutter eintritt, gelten nicht als Schwangerschaftsabbruch im Sinne dieses Gesetzes.

Der Mensch vor der Geburt

Das Leben vor der Geburt beginnt, wenn die reife (weibliche) Eizelle mit einer (männlichen) Samenzelle verschmilzt. An diesem Tag fängt eine Entwicklung an, die erst mit dem Tod endet. Sie ist fließend. Nichts in ihr geschieht ohne Vorbereitung. Nichts ohne Folgen. Die Geburt ist nur ein Übergang.

Es ist noch nicht lange her, da glaubte man, das ungeborene Kind sei den ausgedehntesten Teil seiner Zeit im Mutterleib ein unempfindsames, dumpfes, primitiv vegetierendes Etwas. Ein Zellklumpen – denken heute noch viele und meinen damit den Embryo in den ersten zwölf Wochen. Man sieht es nicht, man spürt es nicht, das verborgene Leben, das Kind. Die Mutter fühlt es zum ersten Mal nach etwa drei Monaten, wenn es sich bewegt. Lange bevor so Notiz von ihm genommen wird, ist es jedoch ungeachtet seiner Winzigkeit ein hochdifferenziertes Wesen, mit keinem Tier vergleichbar, unverwechselbar menschlich in allen seinen Merkmalen.

So unglaublich es uns scheint: Wenn der Embryo noch nicht einmal ganze zwei Millimeter groß ist, funktioniert bereits sein Gehirn – es steuert seine weitere Entwicklung. Und wenn er dreieinhalb Millimeter »groß« ist, das heißt etwa 25 Tage alt, dann sind schon alle seine Organe angelegt: Sein Herz, die Haut, das Zentralnervensystem, die Leber, die Lunge, der Darm und die Geschlechtsorgane.

Aus: Katharina Zimmer, Das Leben vor der Geburt, München 1984.

**Bitte beachten Sie
die folgenden Seiten**

Ratgeber

Als Band mit der Bestellnummer 66 033 erschien:

Dr. med. Jutta Peters

ICH WERDE MUTTER

Schwangerschaft – Geburt – Stillzeit

Schwangerschaft, Geburt und Stillzeit stellen die
Frau während der wichtigsten Stationen ihres Le-
bens vor eine Fülle von Problemen. Sie wird diese
um so besser meistern, je aktiver sie sich gemein-
sam mit ihrem Partner an den einzelnen Vorgängen
beteiligt.
Die Autorin, selbst Mutter zweier Kinder, gibt –
verbunden mit einer reichen Anzahl praktischer
Hinweise – Antwort auf wichtige Fragen, zum
Beispiel:
Welche Arten von Schwangerenvorsorge gibt es?
Welche Methode für eine problemlose Geburts-
vorbereitung ist die beste?
Geburtseinleitung oder programmierte Geburt?
Klinik oder Hausgeburt?
Brust oder Flasche: beliebig austauschbar?
Entwickelt sich mein Kind normal?

Ein praktisches Handbuch für alle, die sich verantwortlich dafür fühlen, daß die »sensitive Phase«
für Eltern und Kind ein prägendes Erlebnis wird.

Als Band mit der Bestellnummer 66 091 erschien:

Sabine Weilandt

KLAPPERSTORCH & KULLERBAUCH

999 praktische und ungewöhnliche Tips für werdende Mütter und Väter

Wußten Sie schon, daß . . .

. . . die Herztöne des ungeborenen Kindes doppelt so schnell sind wie die der Erwachsenen?

. . . Krampfadern nach der Geburt meist von allein wieder verschwinden?

. . . Eisenmangel zu unzureichender Sauerstoffversorgung des Babys führt?

. . . sich Ihr Hauttyp für die Dauer der Schwangerschaft völlig verändern kann?

Dieses und sehr viel mehr Wissenswertes über Schwangerschaft, Geburt und Wochenbett erfahren Sie aus diesem Ratgeber.

SACHBUCH

Als Band mit der Bestellnummer 60 122 erschien:

Kurt Allgeier

ELTERNLEXIKON
A – Z

**Kindererziehung muß nicht problematisch sein!
Ratschläge für den richtigen Umgang mit Kindern**

Kurt Allgeier, selbst Vater von fünf Kindern, vermittelt keine neue Erziehungslehre und keine Patentrezepte, sondern gibt seine Einsichten und Erfahrungen an junge Mütter und Väter weiter.

In 250 Stichworten behandelt Kurt Allgeier sämtliche Probleme, die im Umgang mit Kindern auftreten können, und macht sie damit erstmals ›nachschlagbar‹.

BASTEI
LÜBBE